**위대한 기업의 선택**

KB191635

GREAT BY CHOICE: UNCERTAINTY, CHAOS AND LUCK--WHY
SOME THRIVE DESPITE THEM ALL
by James C. Collins and Morten T. Hansen

This Korean edition was published by Gimm-Young Publishers, Inc. in 2012
by arrangement with James C. Collins and Morten T. Hansen c/o Curtis
Brown Ltd., New York through KCC(Korea Copyright Center Inc.), Seoul.

# GREAT BY CHOICE

## 짐 콜린스 · 모튼 한센

김명철 옮김

김영사

# 위대한 기업의 선택

지은이_ 짐 콜린스·모튼 한센
옮긴이_ 김명철

1판 1쇄 발행_ 2012. 10. 5
1판 14쇄 발행_ 2023. 10. 26

발행처_ 김영사
발행인_ 고세규

등록번호_ 제406-2003-036호
등록일자_ 1979. 5. 17.

경기도 파주시 문발로 197(문발동) 우편번호 10881
마케팅부 031)955-3100, 편집부 031)955-3200, 팩스 031)955-3111

값은 뒤표지에 있습니다.
ISBN 978-89-349-5956-4 03320

홈페이지_ www.gimmyoung.com        블로그_ blog.naver.com/gybook
인스타그램_ instagram.com/gimmyoung   이메일_ bestbook@gimmyoung.com

좋은 독자가 좋은 책을 만듭니다.
김영사는 독자 여러분의 의견에 항상 귀 기울이고 있습니다.

한 번의 큰 성공보다
일관성 있는 작은 행동이 위대함을 결정한다.

**짐 콜린스**

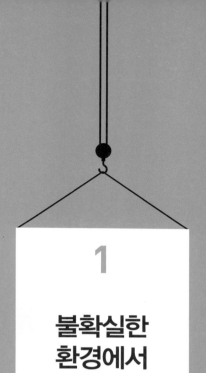

**1**

불확실한
환경에서
번창한 기업들

미래에 무슨 일이 생길지 우리는 알 수 없다.

**피터 번스타인**Peter L. Bernstein[1]

**1**

우리는 미래를 예측할 수 없다. 그러나 창조할 수는 있다.

기억을 15년 전으로 되돌려 그 당시 벌어진 일들을 떠올려보자. 우리의 생활과 일터, 나라와 세계를 불안정하게 만들었던 예기치 못한 사건들이 있었다. 놀라거나 당황한 사람도, 큰 충격을 받아 망연자실해진 사람도, 기뻐하는 사람도, 두려워하는 사람도 있었겠지만 그 일들을 미리 예상할 수 있었던 사람은 거의 없었다. 누구도 인생의 우여곡절을 확실하게 예측할 수는 없다. 삶은 불확실하고 미래는 알 수 없다. 이는 좋은 일도, 나쁜 일도 아니다. 중력처럼 그저 존재하는 사실일 뿐이다. 그러나 우리에게 주어진 이 운명을 어떻게 극복할 수 있을지는 여전히 풀어야 할 과제로 남아 있다.

미국이 전 세계의 안정과 안전, 부를 거머쥐고 있다는 착각에서 깨어나기 시작한 2002년부터 모튼과 나는 이 책의 바탕이 된 9년간의 연구를 시작했다. 당시 장기간 지속되던 호황장세는 무너졌고 정부 예산의 흑자 기조는 다시 적자로 돌아섰다. 2001년 9·11테러가 일어나자 모든 사람들은 공포와 분노를 느꼈고 뒤이어 전쟁이 일어났다. 다른 한편으로는 전 세계적으로 치열하고 파괴적인 기술 변화와 글로벌 경쟁이 계속되었다. 이런 상황에서 단순한 질문 하나가 내 머릿속에 떠올랐다. 왜 어떤 기업들은 혼란과 혼돈 속에서도 번창하는 반면 다른 기업들은 그렇지 못할까? 격동으로 흔들리거나, 예측할 수도 통제할 수도 없는 크고 빠른 힘에 타격을 받으면서도 뛰어난 성과를 거두는 기업들은 다른 기업들과 무엇이 다른 것일까?

연구 과제를 선택하는 건 늘 우리가 아니다. 오히려 연구 과제가 우리를 선택할 뿐이다. 가끔 어떤 질문은 우리의 목을 잡고 "제대로 대답할 때까지 숨도 못 쉬게 하겠어!"라고 소리친다. 우리는 점점 더 무질서해지는 세상 속에서 떨쳐내기 힘든 불안감을 느꼈고 취약한 자신의 모습을 절감했기에, 이번 연구의 주제가 된 질문에 마치 멱살을 잡힌 듯 얽매였다. 이번 문제는 지적으로 흥미로웠을 뿐 아니라 개인적으로도 의미가 있었다. 학생들과 함께 시간을 보내고 기업 및 사회 부문의 리더들과 일하면서 그들 마음속에도 우리와 같은 고민이 있다는 것을 알았다. 그러나 그 와중에도 여러 사건이 터졌고 우리의 불안감은 더욱 커졌다. 다음에는 무슨 일이 벌어질까? 단지 우리가 아는 건 아무도 이를 모른다는 사실이다.

하지만 어떤 회사와 리더들은 이런 혼란스런 세상에서도 나아갈 길을 아주 잘 찾아낸다. 단순히 상황에 맞춰 대응하는 것이 아니라 스스로 길을 만들어낸다. 그리고 살아남는 데서 그치지 않고 성공한다. 단순히 성공하는 것을 넘어 번창한다. 오래 지속될 수 있는 위대한 기업을 만드는 것이다. 물론 혼돈과 불확실성, 불안정이 좋은 환경이라고 생각하지는 않는다. 기업과 리더, 조직과 사회가 '혼돈을 발판 삼아' 번창하는 건 아니다. 하지만 그들은 '혼돈 속에서도' 번창할 수 있다.

이를 알아보기 위해 우리는 불리한 위치에서 시작해 커다란 성과를 내고 통제 불가능하고 빠르고 불확실하며, 해를 입을 수 있는 거대한 힘으로 둘러싸인 불안정한 상황에서도 성공을 일궈낸 기업들을 찾기 시작했다. 그런 다음 이들에게는 어떤 차이점이 있는지 밝혀내기 위해, 승자와 낙오자를 대조하는 방식을 사용했다. 즉 동일한 극단적 환경에서 큰 성과를 내는 데 실패한 비교 기업과 대조했다.

우리는 큰 성과를 거둔 연구 대상 기업군에 '10X'라는 이름을 붙였는데, 그 이유는 이 기업들이 그럭저럭 살아남거나 조금 성공하는 데 그치지 않고 정말 대단한 성과를 냈기 때문이다. 모든 10X 기업들은 동종 업계의 주가 지수를 최소 10배 이상 앞질렀다. 만약 당신이 1972년 말 10X 기업의 주식에 1만 달러를 투자했다면(뉴욕증권거래소 NYSE나 미국증권거래소, 혹은 나스닥NASDAQ 데이터를 이용할 수 없는 기간의 해당 기업 주식수익률은 전체 주식시장 수익률과 동일한 것으로 간주한다), 2002년 말에는 600만 달러 이상이 되었을 것이다. 이는 주식시장의 일반 회사 주식보다 32배 많다.[2]

이 연구의 핵심이 무엇인지 파악하기 위해 10X 기업 중 하나인 사우스웨스트항공의 사례를 살펴보자. 1972~2002년 동안 항공 산업에 닥쳤던 모든 일들을 떠올려보라. 유가폭등, 항공규제 완화, 노사분규, 항공관제사 파업, 극심한 경기후퇴, 금리 급등, 항공기 피랍, 줄줄이

이어진 파산 행렬, 거기에 2001년 9월 11일에는 테러리스트들의 공격까지 있었다. 그런데도 만약 당신이 1972년 12월 31일에 사우스웨스트항공(당시 세 대의 항공기를 보유한 영세한 업체로 겨우 적자를 면하고 있는 형편이었으며, 이 신생 회사를 고사시키려는 거대한 항공사들 틈바구니에 끼어 있었다)에 1만 달러를 투자했다면, 이 돈은 2002년 말에 거의 1,200만 달러로 불어났을 것이다. 전체 시장 대비 63배에 달하는 수익이며 월마트, 인텔, GE, 존슨앤드존슨, 월트디즈니보다 나은 성과다. 실제로 〈머니매거진Money Magazine〉의 분석에 따르면, 1972~2002년까지 30년간 공개적으로 거래된 S&P 500 기업들 중에서 사우스웨스트항공은 투자자들에게 최고의 수익을 안겨주었다.[3] 업계를 뒤흔들었던 그 모든 사건과 충격, 장기간 지속된 불확실한 환경을 고려하면 실로 놀랍기 그지없다.

어째서 사우스웨스트항공은 이런 열악한 환경을 극복할 수 있었을까? 이 기업이 자신에게 닥친 운명을 극복하기 위해 취했던 행동은 무엇이었을까? 어떻게 다른 기업들과는 달리 아주 뛰어난 성과를 거둘 수 있었을까? 동일한 가능성을 갖고 동일한 사업 모델을 취했던 퍼시픽사우스웨스트항공Pacific Southwest Airlines, PSA은 실패한 반면, 사우스웨스트항공은 어떻게 이처럼 번창할 수 있었을까? 이 단 한 가지 비교도 우리 연구의 본질을 잘 보여준다.

수많은 학생과 독자들이 "이번 연구가 이전에 《성공하는 기업들의 8가지 습관》과 《좋은 기업을 넘어 위대한 기업으로》에서 수행했던 연구와 다른 점은 무엇입니까?"라는 질문을 우리에게 던졌다. 연구 방식은 역사적 비교 분석으로 전과 유사하며, 위대한 기업이 어떤 기업인지 묻는 것도 전과 마찬가지다. 하지만 이번 연구에서는 다른 연구들과는 달리 각 기업의 성과나 위상뿐만 아니라 그들이 처했던 극단적인 환경까지 고려해 연구 대상을 선정했다.

우리가 성과와 환경을 모두 고려해 기업을 선택한 것은 다음 두 가지 이유 때문이다. 첫째, 앞으로도 세상은 여전히 불안정하고 미래는 예측하기 힘들 것인데, 이 같은 환경에서도 극단적 장애물들을 극복한 훌륭한 조직은 다른 조직과 어떤 차이점이 있는지 알 필요가 있다. 둘째, 최고의 기업과 그 리더가 극단적 환경에 처했을 때를 살펴보면 안정된 환경에서는 잘 드러나지 않았던 사실을 알 수 있다. 여러분이 햇볕이 따사롭게 내리쬐는 초원에서 느긋하게 도보여행을 하는데, 동행하는 사람이 세계에서 가장 위험한 산봉우리로 등반대를 훌륭히 이끌었던 산악인이었다고 해보자. 아마도 여러분은 관찰을 통해 그 산악인이 짐을 더 꼼꼼하게 챙기는 등 다른 사람과는 좀 다르다는 사실을 알아차릴 수도 있다. 하지만 별 위험한 일이 벌어질 것 같지 않은 유쾌한 봄날 여행에서는 그 산악인이 어떤 면에서 정말 뛰어난지 알아채기란 어렵다. 이제 반대로 에베레스트 산 중턱에서 똑같은 산악인과 함께 살인적인 눈보라와 싸우고 있다고 상상해보자. 그런 환경에서는 그 산악인이 어떤 면에서 남들과 다르고, 무엇 때문에 대단한지 훨씬 더 명확하게 알 수 있을 것이다.

— 극단적인 환경에 처한 리더들을 연구하는 것은 행동과학 실험을 하거나 실험실 원심 분리기를 사용하는 것과 같다. 리더들을 극단적인 환경에 밀어넣으면 위대함과 평범함 사이의 명백한 차이점이 분리되어 드

러난다. 이런 환경에 놓인 리더들을 연구함으로써 진정 훌륭한 리더와 평범한 리더의 차이가 무엇인지 살펴보고자 한다.

이제 1장의 나머지 부분에서는 연구 과정을 간단하게 설명하고 그 과정에서 알게 된 놀라운 사실 중 몇 가지를 소개하려 한다. 우리의 연구방법론에 대해 더 자세한 설명을 보려면 부록을 보면 된다. 그리고 2장에서는 성공한 기업의 리더들에게서 발견한 사실을 자세히 살펴보고, 3~6장까지는 그들이 어떻게 회사를 이끌고 만들어갔는지를 다른 기업과 비교하면서 알아볼 것이다. 또한 7장에서는 운Luck에 대해 살펴본다. 우리는 운의 의미를 규정하고, 수치화했다. 그래서 10X 기업들이 더 운이 좋았는지를 판단했으며, 이들이 어떠한 방식으로 타 기업들과는 다르게 운을 활용하는지 밝혔다.

## 10X 기업 찾기

우리는 다음 세 가지 기본 항목을 충족시키는 10X 기업을 찾기 위해 1년을 보냈다.

1. 전체 주식시장 그리고 해당 업계와 비교하여 15년 이상 놀라운 결과를 유지한 기업.
2. 통제할 수 없고, 빠르고, 해를 입을 만한 사건들로 가득 찬 매우 격동적인 환경에서 그런 결과를 이뤄낸 기업.

3. 이제 막 창업했거나 규모가 작았던 탓에 처음에는 취약한 위치
   에 놓여 있었지만 나중에 크게 성공해 10X 대열에 오른 기업.

우리는 이를 충족하는 기업을 찾기 위해, 처음 목록에 있던 2만 400개
의 기업을 11차례에 걸쳐 체계적으로 걸러냈다(부록 B 참조). 극단적
환경에서 큰 성과를 낸 기업들을 연구하고자 했기 때문에, 우리는 그
런 기업들을 선정할 때에도 극단적인 기준을 사용했다. 최종적으로
선정된 10X 기업은 우리가 연구에서 살펴본 특정 기간 동안 매우 두
드러진 성과를 냈다.

논의를 더 진행하기 전에 연구 대상이 된 기업들에 대한 유의사항
을 하나 언급하고자 한다. 우리는 이들 기업이 이룩했던 큰 성과를 현
재까지가 아니라, 2002년까지의 특정 기간 동안 연구했다. 그래서 당

| '10X 기업' 최종 명단 |

| 10X 기업 | 조사 기간 | 투자된 1만<br>달러의 가치* | 시장과<br>비교한 성과 [4] | 동종 업계와<br>비교한 성과 [5] |
|---|---|---|---|---|
| 암젠 | 1980~2002 | 450만 달러 | 24배 | 77.2배 |
| 바이오멧 | 1977~2002 | 340만 달러 | 18.1배 | 11.2배 |
| 인텔 | 1968~2002 | 390만 달러 | 20.7배 | 46.3배 |
| 마이크로소프트 | 1975~2002 | 1,060만 달러 | 56배 | 118.8배 |
| 프로그레시브 | 1965~2002 | 270만 달러 | 14.6배 | 11.3배 |
| 사우스웨스트항공 | 1967~2002 | 1,200만 달러 | 63.4배 | 550.4배 |
| 스트라이커 | 1977~2002 | 530만 달러 | 28배 | 10.9배 |

● 누적 주식수익과 배당은 재투자했다고 가정. 1972년 12월 31일에 각 회사당 1만 달러를 투자하여 2002년 12월
31일까지 보유했다고 봄. 만약 1972년 12월 31일에 회사가 상장되어 있지 않았다면, 그 기업의 데이터가 처음으
로 주가연구센터에 기록된 달이 될 때까지 시장 수익률만큼 투자액이 늘어난 것으로 간주.
● 이 책에 쓰인 모든 주식수익 계산치의 출처는 시카고대학 부스 경영대학원 주가연구센터 ⓒ200601 CRSP®,
http://www.crsp.chicagobooth.edu.

신이 이 글을 읽고 있을 때쯤이면 의아할 정도로 연구 대상이었던 기업들 중 몇몇은 몰락하여 휘청거리고 있을 수 있다. 하지만 이상하게 생각할 건 없다. 이 연구를 최전성기의 스포츠 명가에 대한 연구에 빗대어 생각해보자. 1960~1970년대에 존 우든John Wooden 감독 아래에서 농구 명가를 이루었던 UCLA 브루인스 농구팀(12년 동안 미국대학체육협회NCAA 10번 우승 기록)이 감독 퇴임 후 위축되었다 하더라도, 최전성기 시절의 브루인스 팀을 연구해서 얻은 통찰력은 퇴색하지 않는다.[6] 마찬가지로 어느 위대한 기업이 쇠락할 수는 있지만 그 전성기 기록은 빛을 잃지 않는다. 우리는 바로 전성기 시절에 초점을 맞추었고 거기에 근거해 연구를 진행했다.


## 대조 연구의 위력

우리의 연구방법에서는 대조군을 사용한다. 중요한 질문은 "위대한 기업들이 어떤 공통점을 갖고 있느냐?"가 아니라 "위대한 기업들이 비교 기업들과 달리 무엇을 공통으로 갖고 있는가?"이다. 비교 대상이 된 기업들은 10X 기업들과 같은 시기에 동일하거나 매우 비슷한 기회를 갖고, 같은 업계에 있었지만 훌륭한 성과를 내지 못했다. 우리는 엄격한 점수 시스템을 이용해서 10X 기업에 해당하는 비교 기업을 체계적으로 선정했다(부록 C 참조). 전체적으로 10X 기업들은 비교 기업들보다 30배 이상 뛰어난 성과를 거뒀다.[7] 우리는 이 두 기업군을 해당 분석 시기 동안 대조하면서 여러 가지를 발견했다.

다음은 10X 기업들과 비교 기업들을 최종적으로 선정한 결과이다. 암젠Amgen은 제넨테크Genentech와 비교하고, 바이오멧Biomet은 커쉬너Kirschner와, 인텔Intel은 AMD와, 마이크로소프트Microsoft는 애플Apple과, 프로그레시브Progressive는 세이프코Safeco와, 사우스웨스트항공Southwest Airlines은 퍼시픽사우스웨스트항공PSA과, 스트라이커Stryker는 미국외과주식회사United States Surgical Corporation, USSC와 비교했다.

애플은 비교 기업으로 선정됐지만 현재는 역사상 가장 눈부시게 재기한 회사이다. 이 연구에서는 마이크로소프트가 엄청난 성공을 거둔 반면 애플은 거의 파산할 지경이었던 1980~1990년대에 초점을 맞췄다. 애플이 주식시장에 상장한 1980년 12월 말에 애플 주식을 사서 분석 시기 말인 2002년까지 보유했다면 투자금은 전체 주식에 비교해 80퍼센트 이상 떨어졌을 것이다.[8] 뒷부분에서 스티브 잡스가 복귀한 후 애플의 재기에 대해 언급하겠지만, 시간이 지나면서 기업들이 비교 기업에서 10X 기업으로, 혹은 그 반대로도 바뀔 수 있다는 사실을 눈여겨볼 가치가 있다. 좋은 기업에서 위대한 기업으로 올라서는 것은 언제든지 가능하다.


## 데이터를 통해 밝혀진 놀라운 사실

다음으로는 짝을 이루는 기업에 대한 역사적 분석을 수행했다. 각 기업이 설립된 이후 2002년까지 해마다 어떻게 변화했는지 명확하게 파악하기 위해 7,000개 이상의 역사적 기록을 수집했다. 업계의 역동

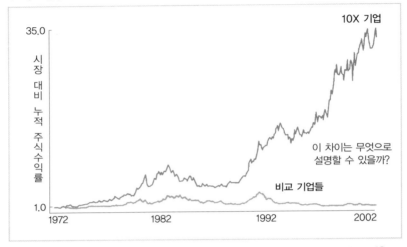

● 참고: 상장 후 첫째 달 CRSP 데이터가 나오기 전까지는 각 기업의 주식수익률을 전체 시장 수익으로 잡음.

성, 설립기반, 조직, 리더십, 기업문화, 혁신, 기술력, 리스크, 재무관리, 전략, 전략적 변화, 속도, 운 등의 항목별 데이터를 체계적으로 분석했다. 시험하거나 증명해야 할 이론을 정해두고 연구를 시작했던 건 아니며, 오히려 연구 중 수집된 데이터에 놀라워하면서 밝혀진 사실에 기초해 기존의 견해를 수정해가길 기대했다.

— 이 책에 선보이는 개념들은 수집된 자료를 이용해 처음부터 다시 틀을 만들어 발전시킨 것들이다. 반복적인 방법을 통해 자료에서 개념을 만들면서, 이를 증거와 대비해 시험해보고, 그것이 여러 증거에 따라 달라지면 새로운 개념으로 대체했다. 이렇게 수정하고 시험해보고 다시

수정해서, 모든 개념이 증거와 부합하도록 만들었다.

우리는 실제 역사적 사건을 연구의 주된 근거로 삼았다. 분석의 핵심은 10X 기업들을 비교 기업들과 일정 기간 동안 대조하고 "대체 어떤 차이가 있지?" 하고 자문하는 데 있다. 이러한 질문 방식은 상황에 대한 분석을 도와줬을 뿐만 아니라 뿌리 깊은 미신을 깨는 데도 큰 위력을 발휘했다. 실제로 연구를 통해 발견된 사실은 일반적인 직관과는 정반대로 드러났다. 연구를 통해 거짓임이 드러난 미신 중 일부를 살펴본다면 다음과 같다.

**뿌리 깊은 미신** | 격변하는 세상에서는 위험을 감수하고 더 과감하게 행동하는 예지력이 있는 리더들이 성공한다.
**밝혀진 사실** | 훌륭한 리더들은 미래를 예견할 수 있는 선지자들이 아니었다. 그들은 어떤 것이 효과가 있는지 그 이유를 알아내고 기존의 증명된 토대 위에서 회사를 이끌었다. 그들은 비교 기업들보다 더 많이 위험을 무릅쓰려고 하지 않았고 더 대담하지도, 예지력이 있지도, 창의적이지도 않았다. 오히려 더 절제하고 경험에 의존하며 피해망상을 보이는 사람들이었다.

**뿌리 깊은 미신** | 10X 기업들의 두드러진 특징은 혁신이다.
**밝혀진 사실** | 당연히 10X 기업들도 혁신을 단행한다. 그렇지만 비교 기업들보다 반드시 더 혁신적이었다는 근거는 없다. 오히려 10X 기업들이 덜 혁신적인 경우도 있었다. 혁신 자체는 우리가 예상했던

비장의 무기가 아니었다. 중요한 것은 혁신을 조절하는, 즉 창의성에 절제력을 덧붙이는 능력이다.

뿌리 깊은 미신 | 무엇이든 빠르게 해야 한다. 그렇지 않으면 실패한다.
밝혀진 사실 | 세상이 '빠르게' 돌아가니까 결정도 행동도 '빠르게' 해야 한다는 생각은 파멸을 자초하는 지름길이다. 10X 리더들은 언제 빠르게 움직여야 하는지, 언제 그러면 안 되는지 잘 알아낸다.

뿌리 깊은 미신 | 주위 환경이 크게 변하면 조직 내부에도 큰 변화가 필요하다.
밝혀진 사실 | 10X 기업들은 조직 내부의 변화가 비교 기업들보다 적었다. 주위 환경이 급격하게 변한다고 해서 자신도 그렇게 변해야 하는 건 아니기 때문이다.

뿌리 깊은 미신 | 10X로 성공한 기업은 운이 매우 좋았다.
밝혀진 사실 | 두 기업군 모두 비슷하게 운이 좋았다. 운의 좋고 나쁨을 따지는 것보다, 주어진 운을 어떻게 활용할지가 더 중요한 문제다.


## 새로운 시각, 계속되는 탐색

이 책은 《성공하는 기업의 8가지 습관》으로 시작하여 《좋은 기업을 넘어 위대한 기업으로》,《위대한 기업은 다 어디로 갔을까》에서 했던 분석에 더해 좋은 기업과 위대한 기업의 차이를 연구한 추가 저작이다. 그동안 연구한 전체 자료는 75개 회사에 걸쳐, 각 기업의 역사를 모두 합하면 6000년이 넘는 기간을 포함하고 있다.[9]

우리는 각각의 연구가 어둠상자에 구멍을 뚫고 안으로 빛을 비춰, 좋은 기업을 위대한 기업으로 만들어주는 원칙을 상자 안에서 발견하려는 실험과 비슷하다고 생각한다. 매번 새로운 연구를 하다보면 추가적인 역학관계가 드러나기도 하고, 기존에 밝혀진 원리들을 새로운 각도에서 볼 수 있게 되기도 한다. 우리가 알아낸 개념들이 위대함의 근본 원인이라고 주장할 수는 없지만, 이를 근거로 상관관계를 찾아 냈다고 할 수는 있다. 우리가 밝혀낸 결과를 적절하게 응용하면 오래 지속되는 위대한 기업을 만들 가능성이 더 높아질 것이다.

여기에서는 리더십의 다섯 단계에 직접 관련되는 부분을 제외하고 고슴도치 콘셉트, 사람 먼저(적합한 사람을 버스에 태워라), 핵심 가치, BHAGs(크고 위험하고 대담한 목표), 규율의 문화, 스톡데일 패러독스, 시계 만들어주기, 몰락의 5단계, 플라이 휠 같은 이전 책들에서 밝혔던 원리들을 언급하지 않았는데 그 이유는 간단하다. 이미 잘 설명해 놓은 개념을 다시 말할 필요가 없기 때문이다. 물론 우리는 이전 책에서 언급된 원리들을 시험해보고 그게 혼란하고 불확실한 세상에서 실제로 적용된다는 것을 알아냈기 때문에, 책 마지막 부분에서 이 책의 개념들이 어떻게 이전 책의 개념들과 연결되는가를 묻는 질문에 대답을 적어놓았다. 그러나 이 책을 쓴 중요한 목적은 이번 연구에서 얻은 새로운 개념들을 알려주는 데 있다.

모든 연구를 끝낸 지금 매우 평온한 기분이다. 마치 마법이라도 건 것처럼 이제는 안정적이고 예측 가능한 삶을 살 수 있으리라고 생각해서 그런 건 아니다. 복잡해진 세상, 세계화, 기술의 발전으로 인해 변화의 속도는 오히려 빨라지고 불안정함은 더 커지고 있다. 우리가 평온한 기분을 느끼는 이유는 이 거친 환경에서도 성공할 수 있는 방법을 더 많이 알게 되었기 때문이다. 예측 불가능한 미래를 더 잘 대비할 수 있게 된 것이다.

사실 이 작업은 본질적으로 경영에 대한 연구라기보다 좋은 조직을 위대한 조직으로 만들어줄 수 있는 원칙에 대한 연구다. 우리는 어떠한 종류의 조직이든 오랫동안 지속될 위대한 조직으로 만들기 위해 필요한 게 무엇인지 밝혀내고 싶다. 증시에서 거래되고 있는 주식회사들을 데이터로 사용한 이유는 명확하고 일관된 측정이 가능하도록 수치로 표시된 자료와 광범위한 역사적 데이터를 제공받을 수 있었기 때문이다. 물론 공립학교, 병원, 스포츠 팀, 교회, 군대, 구호단체, 관현악단 등 많은 조직은 각각의 핵심 목표가 서로 다르기에 성과에 대한 기준도 다르다. 이런 조직들이 아주 불확실한 환경에서 어떻게 뛰어난 성과를 거둘 수 있는지는 여전히 풀어야 할 과제로 남아 있다. 위대함은 경영인들에게만이 아니라 인류에게 주어진 과제다.

이제 이 연구의 여정으로 당신을 초대하려 한다. 주어진 과제와 의문에는 실제 사례를 통해 답하자. 유용하다고 생각되는 것은 실제로 적용해서, 사건에 대응하기 급급한 기업이 아니라 사건 자체를 만들어내는 위대한 기업을 건설하자. 영향력 있는 경영학자 피터 드러커가 말했듯, 미래를 예측하는 가장 좋은 방법은 미래를 창조하는 것이다.[10]

**2**

10X 리더

승리는 준비된 자에게 찾아오며, 사람들은 이를 행운이라 부른다.
패배는 미리 준비하지 않은 자에게 찾아오며, 사람들은 이를 불행이라 부른다.

**로알 아문센**Roald Amundsen, 《남극The South Pole》[1]

## 2

1911년 10월, 두 팀의 탐험대가 역사상 최초로 남극점에 도달하고
자 원정을 준비하고 있었다. 이 중 한 팀은 경주를 마치고 안전하게
귀가하게 될 것이다. 하지만 다른 한 팀의 앞에는 통렬한 패배를 인정
할 일과 더불어 목숨이 달린 경주길이 기다리고 있었다. 결국 그들은
그 경주를 끝내 마치지 못하고 다가온 겨울에 휩쓸려버리고 말았다.
발견된 몇몇 대원의 마지막 일기와 가족들에게 쓴 편지에서 알 수 있
듯, 두 번째 남극원정대는 5명의 대원 모두 기진한 상태에서 동상과
통증으로 쓰러져갔고, 눈 속에서 서서히 얼어 죽었다.

이 두 팀은 완벽한 비교 대상이다. 각각의 리더는 바로 승자인 로알
아문센과 패자인 로버트 스콧Robert Scott으로, 39세와 43세라는 비슷한
나이와 경험을 소유한 사람들이었다. 아문센은 북극으로 가는 북서항
로를 처음 개척하고 이어서 남극 탐험에 도전했다. 스콧 또한 1902년

남극원정대를 이끌고 남위 82도까지 도달했던 경험이 있었다. 아문센과 스콧은 각각 비슷한 날짜에 여름에도 기온이 거의 영하 20도에 육박하고 휘몰아치는 강풍까지 겹치는 불확실하고 험난한 환경 속으로 발을 내딛어 2,250킬로미터 이상의 거리를 왕복해야 하는 도전을 앞두고 있었다. 이때가 1911년이었다는 사실을 기억하라. 그들에게는 베이스캠프와 연락할 수 있는 아무런 현대적인 통신 수단이 없었다. 당시에는 무전기나 핸드폰, 위성통신망도 없었으며 조난을 당한다 해도 구조는 거의 불가능한 일이었다. 마침내 한 명의 리더는 탐험대에게 승리와 무사귀환을 안겨주었고, 다른 리더는 결국 대원들을 패배와 죽음으로 이끌었다.[2]

무엇이 이 두 사람의 운명을 갈라놓았을까? 왜 한 명은 극한의 상황에서도 눈부신 성공을 거둔 반면 다른 한 명은 목숨조차 보존하지 못했을까? 이는 매우 흥미로운 질문인 동시에 이 책의 전반적인 주제를 잘 보여주는 질문이다. 우리가 연구하고 조사한 기업 리더들 중 10X 리더들은 아문센과 같이 행동하였고, 비교 대상 리더들은 스콧처럼 행동한 것을 볼 수 있었다. 기업 리더들에 대해 살펴보기 전에 잠시 아문센과 스콧에 대한 이야기를 좀 더 자세히 해보자.

## 당신은 아문센인가, 아니면 스콧인가?

로알 아문센은 20대 후반이었던 1899년에 항해사 자격증을 따기 위해 두 달간 노르웨이에서 스페인까지 3,200킬로미터에 이르는 항해 여행을 떠났다. 자, 여기서 아문센은 과연 무엇을 타고 그 여정을 완주했을까? 마차로? 말로? 배로? 기차로?

바로 자전거였다.

그런가 하면 아문센은 돌고래가 에너지 공급원으로 적합한지 확인 해볼 요량으로 이를 날것으로 먹어보기도 했다. 그러고는 언젠가 난 파를 당했을 때 주변에 돌고래가 있다면 식량으로 먹어도 되겠다는 결론을 내렸다.

아문센은 이렇게 이후에 도전할 원정의 기반을 쌓으면서 육신을 부 단히 단련함과 동시에, 무엇이 가장 효과적인 방법인지 알아내기 위 해 실질적인 경험을 가능한 한 많이 쌓아갔다. 그는 심지어 에스키모 들의 삶을 배우려고 그들과 함께 여행을 떠나기도 했다. 얼음과 추위, 눈보라와 바람 속에서 수백 년간 살면서 경험과 지혜를 쌓은 그들과 함께 살아보는 것보다 더 좋은 방법이 어디 있겠는가? 그는 에스키모 들로부터 개로 썰매를 끄는 법을 배웠다. 또 그들의 절대 서두르지 않 는 모습과 함께 영하의 기온에서는 지나치게 땀을 흘려서 몸이 얼어 붙지 않도록 천천히 그리고 꾸준히 움직여야 한다는 사실을 배웠다. 그는 에스키모들의 헐렁한 의복(땀이 증발하는 것을 도와줌)과 보호 장비 또한 사용해보았다. 그리고 그들의 방식을 체계적으로 연습하며 극지 방까지 가는 과정에서 맞닥뜨릴 수 있는 모든 상황에 대비하여 스스 로를 훈련했다.

아문센의 철학은 다음과 같았다. "예상치 못한 폭풍우가 휘몰아치 고 난 후 자신의 나약함과 지구력의 부족함을 깨닫지 말고, 그 전에 미리 준비하라. 돌고래 고기를 날로 먹을 수 있는지 없는지도 모르는 상태에서 조난을 당하기 전에 미리 준비하라. 최고의 스키 실력과 썰매 개를 다루는 능력은 남극 원정을 떠나기 전에 갖추어라. 좋지 않은 상황에서도 에너지로 가득한 저장고에서 힘을 공급받을 수 있도록 모든 순간 열심히 대비하고 비축하라. 그리고 상황이 유리해지면 확실히 제대로 치고 나갈 수 있도록 준비하라."

반면 로버트 스콧은 아문센과는 확실히 대조되는 모습을 보여준다. 남극 원정을 떠나기 전 그에게는 크로스컨트리 스키를 열정적으로 훈련할 기회도, 수천 마일의 자전거 여행을 해볼 기회도 있었다. 또한 에스키모들과 함께 생활해볼 수도 있었다. 그러나 그는 그렇게 하지 않았다. 특히 썰매 개들과 함께 훈련해봄으로써 운송수단을 선택할 때 조랑말 대신 썰매 개를 택할 수도 있었다. 스콧은 조랑말을 선택했다. 그러나 조랑말은 썰매 개와 달리 살가죽 표면으로 땀을 분비하기 때문에 묶어두면 몸 위로 얼음이 덮여 버리고, 눈 위에서는 발이 빠져서 잘 걷지 못하며 고기를 먹지 않는다. 반면 썰매 개를 선택한 아문센은 탐험 도중에 약한 개들을 죽여서 그 고기를 강한 개들에게 먹이려고 생각하고 있었다. 또한 스콧은 가장 극한의 환경인 남극에서는 아직 성능이 확실히 검증되지 않은 '모터 썰매'를 선택하는 도박을 했다. 결국 모터 썰매의 엔진은 며칠이 지나지 않아 망가지고 말았고 조랑말들은 일찍 죽어버렸다. 그래서 대원들은 대부분의 여정 내내 무거운 썰매를 직접 끌면서 눈길을 헤치고 걸어가야만 했다.

스콧과는 달리 아문센은 예측할 수 없는 상황으로 인한 타격을 최소화할 수 있는 수많은 장치들을 체계적으로 준비했다. 그는 식량 저장소를 설치할 때 주요 저장소에 깃발을 꽂아두었을 뿐 아니라 총 20

개의 검은색 깃발(흰 눈 속에서도 잘 알아볼 수 있도록)을 저장소 양쪽으로 정확히 1마일(약 1.6킬로미터)마다 설치했다. 이는 탐험대가 돌아오는 길에 눈 폭풍을 만나 혹시 진로를 살짝 벗어났을 경우에도 목표를 찾을 수 있는 시야를 폭 10킬로미터 이상 확보하기 위해서였다. 그리고 돌아오는 길에는 남은 거리를 정확히 파악할 수 있도록 1/4마일마다 쓰고 남은 포장 용기로 표시를 해두었으며, 8마일마다는 대나무 깃대에 매단 검은 깃발을 꽂아두었다. 이와는 대조적으로 스콧은 주요 저장소에 깃발 하나만 꽂아두고, 가는 길에는 아무런 표시도 남기지 않았다. 이는 만약 진로를 조금이라도 벗어날 경우 큰 재앙을 초래하는 꼴이 되었다.

또한 아문센은 5명의 대원당 3톤의 식량과 물품을 저장한 반면 스콧은 17명의 대원들을 위해 그저 1톤만 저장해두었다. 원정의 마지막 박차를 가하던 남위 82도 지점에서 아문센은 남아 있는 저장소들을 그냥 지나치고도 100마일을 더 갈 수 있는 식량을 보유하고 있었으나, 스콧의 팀은 애초 계획을 아슬아슬하게 마칠 정도의 식량만 가지고 갔기에 저장소 한 곳만 놓치더라도 치명적인 결과가 초래될 것이 확실했다. 또 다른 사소한 사항 하나가 이 두 사람의 차이점을 극명하게 보여준다. 스콧은 주요 고도 측정 장비인 위도계를 하나만 챙겼다. 그런데 그 위도계가 그만 깨져버리자 그는 불같이 화를 내며 격분했다. 반면 아문센은 만약의 사고에 대비하여 위도계를 총 4개 준비했다.

아문센은 앞으로 어떤 일이 닥쳐올지 정확히 알지 못했다. 그는 그 지방의 정확한 지형, 산악 경로의 고도, 맞닥뜨리게 될 장애물에 대해서도 알지 못했다. 예상치 못한 사고들로 인해 큰 타격을 입을 수도 있었다. 하지만 아문센은 전체 여정을 계획할 때 큰 사고와 우발적인 사건들의 영향을 체계적으로 최소화할 수 있도록 적극적으로 대비했다. 특히 자신에게 뜻밖의 사고가 닥칠 가능성까지 고려하여 그럴 경우에도 원정대는 계속 행군할 수 있도록 계획을 세워두기까지 했다. 반면 스콧은 제대로 준비되지 않은 채로 원정을 떠났고, 그 후 일기에서 자신의 불운에 대해 한탄했다. "날씨 운이 끔찍하게도 안 좋다." 또 어떤 날은 다음과 같은 말로 일기를 시작했다. "우리 팀에게 할당된 몫의 불운보다도 더 많은 불운이 닥치는 것 같다. 운이 차지하는 비중은 얼마나 큰가!"

1911년 12월 15일, 밝은 햇살이 눈 덮인 광활한 평원을 비추고 바람이 약하게 부는 영하 23도의 날씨에 아문센은 남극점에 도달했다. 아문센과 대원들은 남극점에 노르웨이 국기를 꽂고, 그곳을 노르웨이 국왕에게 헌정했다. 그리고 곧바로 다음 작업에 착수했다. 텐트를 세우고 노르웨이 국왕에게 그들이 성공했다는 기록을 담은 편지를 써서 혹시 원정대가 돌아가는 길에 사고를 당할 경우를 대비하여 수신인을 스콧 대령 앞으로(스콧의 원정대가 이후에 도착할 것이라고 예측했기 때문에) 써두었다. 아문센은 스콧과 그의 대원들이 580킬로미터나 뒤에서 썰매를 직접 끌면서 걸어오고 있다는 사실을 알지 못했던 것이다.

한 달도 더 지난 후인 1912년 1월 17일 오후 6시 30분경, 남극점에 도착한 스콧은 이미 아문센 팀이 꽂아놓은 노르웨이 국기를 바라보고 있었다. 그는 그날 일기에 다음과 같이 썼다. "우리는 끔찍한 하루를 보냈다. 실망한 우리에게 설상가상으로 맞바람은 초속 4~5미터 정도로 불어왔고 기온은 영하 22도였다. 오오, 이런! 남극에 먼저 도달한 기록을 놓쳐버린 우리에게는 얼마나 지독하고 끔찍한 곳인가." 같은 날 아문센은 이미 북쪽으로 760킬로미터 가량 이동하여 남위 82도에 위치한 식량 저장소에 도착했다. 이제 8일 정도 남은 쉬운 여정을 앞두고 있었다. 한편 스콧은 남극점을 등지고 돌아서서 1,120킬로미터 이상 썰매를 끌고 돌아가야 하는 먼 거리를 마주했다. 그때는 계절이 막 바뀌기 시작할 무렵으로 날씨는 더욱 추워졌고 식량은 줄어드는 가운데 대원들은 눈 속에서 사투를 벌였다.

아문센과 대원들은 1월 25일 정확히 아문센이 계획한 날짜에 아주 건강한 상태로 본부의 베이스캠프에 도착했다. 그리고 3월 중순경, 스콧의 원정대는 식량 부족에 시달리며 지치고 절망에 빠진 가운데 눈 속에 꼼짝없이 갇히고 말았다. 8개월 후 영국의 정찰대가 눈 덮인 작고 외로운 텐트 안에서 얼어 있는 스콧과 대원들의 사체를 발견했는데, 그곳은 바로 식량 저장소를 불과 16킬로미터 앞둔 지점이었다.[3]


## 상황이 달랐던 것이 아니라 행동이 달랐다

아문센과 스콧이 현저하게 다른 결과를 낸 것은 그들이 극적으로 다른 상황에 처했기 때문이 아니다. 아문센과 스콧의 팀은 각각 처음 34일간 좋은 날씨를 정확히 같은 비율인 56퍼센트로 겪었다.[4] 그들은 같은 해에 같은 목표를 가지고 같은 환경에 처해 있었기 때문에 각각의 성공과 실패의 원인을 단순히 환경적 요인 때문이라고 할 수 없다. 그들의 운명이 갈린 것은 서로 아주 다르게 행동했기 때문이었다.

우리가 조사하고 연구한 리더들 또한 마찬가지였다. 아문센과 스콧처럼 우리가 둘씩 짝지어 연구한 리더들은 같은 시기에 같은 환경에 놓여 있던 사람들이었다. 하지만 어떤 리더들은 '10X 리더'임을 증명한 반면 다른 쪽의 리더들은 그렇지 못했다. 이들은 상대편과는 구별되는 어떤 특유의 행동양식들을 보여주고 있었다. 이번 장에서는 이런 특성들을 살펴보고, 이어지는 장들에서는 10X 리더들이 회사를 어떻게 성공적으로 키웠는지 자세하게 다루겠다.

우선 10X 리더들에게서 발견할 수 '없었던' 특성을 알아보자.

그들은 더 창조적인 사람들이 아니었다.

그들은 더 비전을 좇는 사람들이 아니었다.

그들은 더 권위적인 사람들이 아니었다.

그들은 더 큰 야망을 품은 사람들이 아니었다.

그들은 더 운이 좋았던 사람들이 아니었다.

그들은 더 모험적인 사람들이 아니었다.

그들은 더 영웅적인 사람들이 아니었다.

그들은 더 크고 대담한 행보를 보인 사람들이 아니었다.

우리는 10X 리더들에게 창조적인 열정과 거침없는 야망, '한번 크게 도박을 걸어보자' 하는 용기가 없었다는 말을 하려는 것이 아니다. 그들은 모두 이런 특성을 보였지만, 이는 비교 대상이 되는 다른 리더들 또한 마찬가지였다. 그렇다면 이들 사이의 두드러진 차이는 무엇일까? 우선 10X 리더는 통제할 수 있는 것과 통제할 수 없는 것의 역설을 수용했다.

— 10X 리더들은 계속적으로 불확실한 상황을 맞을 것이라는 사실, 그리고 자신을 둘러싼 세상의 중요한 측면들을 통제할 수도 정확히 예측할 수도 없다는 사실을 잘 알고 있었다. 그러나 그들은 통제할 수 없는 상황과 기회가 성과를 결정한다는 생각은 거부한다. 그들은 자신의 운명에 대한 책임을 온전히 자신이 지려고 했다.

10X 리더들은 위의 개념들을 핵심 행동양식 세 가지를 통해 실제로 생생히 보여주고 있다. 광적인 규율, 실증적 창의성, 생산적 피해망상이 그것이다. 이 세 가지 핵심 행동양식을 살아서 움직이게 해주는 중심 원동력이 바로 단계5의 야망이다. 이 행동양식들은 혼란스럽고 불안정한 환경에서도 그들이 10X 결과를 이룩해낼 수 있었던 것과 밀접한 연관이 있다. 광적인 규율을 통해 10X 기업이 계속 목표를 향해 나아갈 수 있고, 실증적 창의성을 통해 기업은 활기가 넘치게 되며, 생산적 피해망상은 기업을 살아 있게 해주고, 단계5의 야망은 영감을 주고 동기를 부여해준다.

**광적인 규율**

1990년대 후반 프로그레시브의 CEO였던 피터 루이스Peter Lewis는 언뜻 보면 이해하기 어려운 일을 겪었다. 월스트리트에서 프로그레시

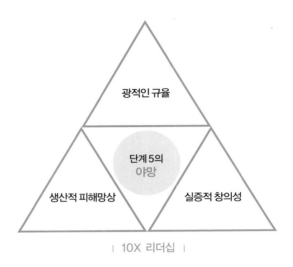

| 10X 리더십 |

브의 주가가 크게 널뛰었던 것이다. 1998년 10월 16일 프로그레시브의 주가는 하루 만에 20달러 가까이, 즉 18퍼센트나 급격히 상승했다. 그날 이 회사에 뭔가 큰 변화가 있었는가? 아니었다. 경제가 갑자기 휘청거렸는가? 아니었다. 주식시장이 18퍼센트 정도 회복세를 보였는가? 아니었다. 그날 프로그레시브에서는 그 어떤 중요한 일도 일어나지 않았다. 그러나 주가는 놀랍게도 18퍼센트나 치솟았다.

그리고 바로 다음 분기인 1999년 1월 26일, 프로그레시브의 주가는 하루 만에 19퍼센트에 달하는 30달러 가까이 급락했다. 그날 이 회사에 뭔가 큰 변화가 있었는가? 아니었다. 경제가 갑자기 휘청거렸는가? 아니었다. 주식시장이 폭락을 겪었는가? 아니었다. 그날 프로그레시브에서는 그 어떤 중요한 일도 일어나지 않았다. 하지만 주가는

19퍼센트나 급락했다.[5]

　이렇게 주가가 널뛰었던 부분적인 이유는 피터 루이스의 신념 때문이었다. 루이스는 월스트리트를 만족시켜주기 위해 애널리스트들에게 앞으로 얼마나 수익을 올릴지 미리 알려줌으로써 확실하게 수익을 소위 '예측'하도록 해주는 게임을 거부했다. 이런 행동은 심도 있는 분석과 현장 조사 대신 손쉬운 지름길을 선택하는 것이라고 보았다. 또한 그는 회사들이 '소득을 적절히 만져서' 분기별로 평균화함으로써 주식시장을 안정시켜야 한다는 주장에 대해 규율이 없는 짓이라며 반대했다. 그러나 이런 그의 행동은 문제를 일으켰다. 루이스가 "우리가 얼마나 벌지 알려줄테니 당신들은 우리가 얼마나 벌지 예측하시오. 누이 좋고 매부 좋지요?"와 같은 방법의 분기별 소득을 평균화하는 것을 거부하였기에 애널리스트들은 프로그레시브의 소득을 지속적으로 예측할 수 없었다. 어떤 애널리스트가 다음과 같이 불평할 정도였다. "차라리 동전을 던지듯 찍고 말까봐요."[6]

　그래서 1998년 10월 16일 프로그레시브는 애널리스트들의 예측보다 주당 44퍼센트나 웃도는 수익을 내는 바람에 주가가 치솟았으며, 1월 16일에는 예측보다 주당 16퍼센트나 떨어지는 바람에 주가가 떨어졌던 것이다. 루이스가 계속 그런 게임을 거부했다면 프로그레시브의 주가는 계속 널뛰면서 적대적 매수자들에 의해 위험에 처했을 것이다. 이 위험성을 무시하는 것은 극지방 탐험가가 강력한 눈 폭풍이 몰아칠 가능성을 무시하는 것과 같았다. 그러나 굴복하는 것은 자신의 원칙을 놓고 타협하는 행위였다. 루이스는 어떻게 했을까?

　그는 옵션 A(무시하는 것)와 옵션 B(굴복하는 것)를 모두 거부하고 옵션 Q를 선택했다. 프로그레시브는 미국 증권거래위원회에 올라 있는 회사로는 최초로 매달 재무 상태를 담은 보고서를 발행하는 회사가 되었다. 이 보고서는 실제 실적 데이터를 제공해주었으며, 이를 통해 애널리스트들은 보다 쉽게 분기별 성과를 추정할 수 있게 되었다. 다른 회사들은 자신들이 통제할 수 없는 거대한 외부의 힘이 둘러싸고 있는 상황에서 다른 방법이 없다고 생각했기에 시키는 대로 굴복하는 게임을 했다. 그러나 루이스는 프로그레시브를 이런 외부적 압력으로부터 해방시켰다. 그는 이런 압력이 존재한다는 사실은 받아들이면서도 노력을 통해 그 영향을 완화시켰던 것이다.[7]

이 이야기가 '규율'과 무슨 관련이 있을까?

규율은 본질적으로 '일관성 있는 행동'을 뜻한다. 가치, 장기적 목표, 행동기준, 일처리 방식 등에 있어서 시간이 지나도 계속 일관성을 지키는 것이다. 규율은 엄격한 통제와는 다른 것이다. 정책과도 다르다. 규율은 위계적인 복종이나 관료적 원칙을 고수하는 것과도 다르다. 진짜 규율의 필수 요소는 자신의 가치관과 행동기준, 장기적 목표를 거스르는 압력이 들어왔을 때 그것을 거부할 수 있는 정신적인 독립을 말한다. 10X 리더들에게 규율의 합법적인 형태는 자기 규율, 즉 위험하고 어떤 대가를 치르더라도 훌륭한 결과물을 내고자 하는 내면의 의지를 갖고 있는 것을 말한다.

10X 리더들은 목표를 위해 지속적으로 규율을 고수하며 자신의 관점을 굽히지 않는다. 그들은 어떤 사건에 과민반응하지 않으며 다수의 의견에 순응하거나 목표와 상관없는 기회를 잡으려고 달려가지도 않는다. 그들에게는 엄청난 인내심과 함께 자신의 기준을 지키면서도

지나친 욕심을 부리지 않는 충분한 절제력이 있다. 우리는 10X 리더들에게서 발견한 규율을 어떻게 설명할 것인지 논의하는 과정에서 어려움을 겪었다. 대다수의 CEO들은 어느 정도의 규율을 소유하고 있지만 10X 리더들은 완전히 다른 수준의 규율을 보여주었다. 그래서 10X 리더들은 그저 어떤 규율을 지키는 정도가 아니라 광적으로 준수한다는 결론을 내렸다. 루이스가 매달 재무보고서를 발표하기로 결정한 것은 아문센이 노르웨이에서 스페인까지 자전거로 횡단하고, 돌고래 고기를 날것으로 먹는 것과 같은 맥락이다. 그들의 행동은 절대로 정상적인 범주에 속하지 않았다.

사우스웨스트항공의 허브 켈러허Herb Kelleher 회장은 즐거운 마음을 지니고 유머를 사랑하며, 격식과 인습을 타파하는 분위기 속에서 맹렬한 '전투적 기상'이 불타오르는 열정적인 직원들이 무엇보다 중요하다고 생각했다.[8] 켈러허는 직원들이 일에서 즐거움을 느끼고 회사를 사랑할 때에만 최상의 고객 서비스가 이루어진다는 사실을 잘 알고 있었다. 비행기 몇 대로 텍사스에서 통근항로를 운영하는 회사로 출발해 국제적인 대형 항공사로 발전해가는 과정에서 이런 분위기를 계속 유지하는 것은 점점 더 어렵고도 중요한 일이 되었다. 그래서 켈러허는 자신이 그런 문화를 광적일 정도로 존중하는 행동의 표본이 되기로 결심했다.

켈러허는 한 TV 프로그램에서 이렇게 말했다. "내가 하나 장담하지요. 새벽 2시에 꽃 달린 모자에 털목도리, 보라색 옷을 걸치고서 격납고에 가는 항공사 회장은 아마도 세상에서 저 하나뿐일 겁니다."[9]〈월간 텍사스Texas Monthly〉의 표지 모델이 되어달라는 요청을 받았을 때 그는 새하얀 옷에 앞지퍼를 내려 맨가슴을 드러내고 촬영장에 나타났다. 그리고 '허비가 미쳤어요'라는 헤드라인에 엘비스 프레슬리 춤을 추는 모습으로 표지 모델이 되었다.[10] 그는 스티븐스항공 Stevens Aviation 을 상대로 광고 슬로건 소유권 분쟁을 벌일 때에도 접견실이 아니라 수백 명의 직원들이 치어리더 술을 흔들어대고 있는 경기장에서 스티븐스의 CEO를 만나 그에게 팔씨름으로 승부를 가리자는 제안을 하기도 했다.[11] 우리는 연구를 진행하면서 켈러허의 화려한 기행은 헌터 톰슨 Hunter Thompson 의 말(일이 어려워지면 힘든 일이 계속 일어난다 - 옮긴이) 을 살짝 뒤틀어 인용(일이 이상하게 되면 CEO도 이상해진다)하게 만든다고 농담했다.

　그러나 켈러허의 이런 면을 단순히 괴상하다고만 생각하면 요점을 놓치게 된다. 그는 단지 괴짜라서 그런 행동을 한 것이 아니다. 켈러허는 마치 무대 위에서 맡은 배역을 완벽하게 연기하는 실력파 배우처럼, 회사의 분위기에 활력과 생기를 불어넣기 위해 일관되게 특이한 행동을 한 것이다. 그는 사우스웨스트항공을 키워가는 데에만 열중했던 사람으로, 가장 저렴하면서도 가장 즐거운 항공사로 만들기 위해 쉼 없이 모든 경쟁에서 이겨나갔다. 켈러허는 1987년에 이렇게 이야기했다. "나는 여가 시간에 일을 합니다. 일주일 동안 7일 내내, 주로 밤 8~9시까지 일을 하지요." 그리고는 자기계발을 위해 자기 전에 집에 있는 수천 권의 책들을 읽는다고 했다.[12] 켈러허는 마치 거칠고 코믹한 행동 뒤로 치명적인 강타를 숨기고 있는 무하마드 알리와도 같았다. 우리는 알리가 기자회견하는 모습을 보고 웃듯이 켈러허의 모습을 보고 웃을 수 있지만, 만약 그와 링 위에서 싸우게 된다

면 단박에 나가떨어지고 말 것이다. 이런 그의 경쟁적이고 맹렬한 기
상은 사우스웨스트항공 직원들이 모인 자리에서 그가 한 연설에서도
잘 드러난다. "만약 누군가가 우리를 한방 먹이겠다고 한다면, 그 사
람을 때려눕히고 밟아 시궁창에 처넣은 후에 다음 일을 계속 진행하
십시오."[13]

— 켈러허와 루이스는 다른 10X 리더들과 마찬가지로 기존 관행을 따르
지 않았다. 그들은 가치와 목적, 장기적 목표, 엄격한 행동기준을 준수
하며 기업을 시작했고, 광적인 규율을 통해 이를 고수했다. 만약 그것을
위해 정상적인 행동범주에서 벗어나야만 했다면 기꺼이 그랬다. 외적인
압력이나 사회적 규범조차 그들의 진로를 바꾸지 못했다. 불확실하고
험난한 상황 속에서 군중의 광기를 따르는 것은 망하는 지름길이다.

어떻게 그들의 마음속에는 이런 독립심이 있었을까? 이는 남들과
다른 타고난 대담함이 있었거나 자신만만하고 반항적이라서 그랬던
것이 아니다. 바로 경험에 의거한 실증적인 태도가 있었기 때문이다.
이것이 10X 리더들의 세 가지 핵심 행동양식 중 두 번째 요소이다.

### 실증적 창의성

1994년 인텔의 중역이었던 앤디 그로브Andy Grove는 혈액검사 후에
걱정스러운 결과를 통보받았다. 전립선 특이항원 수치가 5를 기록하
고 있었는데, 이는 각설탕만한 크기의 종양이 전립선 안에서 자라고
있다는 것을 의미했다. 의사는 그로브에게 비뇨기과를 방문해보라고

권했다. 웬만한 사람은 그대로 따랐을 것이다. 그러나 그로브의 반응은 달랐다. 그는 대신 의학자들을 대상으로 저술한 연구논문을 찾아 읽기 시작했다. 그로브는 문헌을 샅샅이 뒤졌다. 전립선 특이항원 검사가 실제로 나타내는 것은 무엇인가? 생화학은 어떻게 작용하는가? 전립선암의 통계자료는 어떠하며 각 치료법의 장단점은 무엇인가? 그는 또한 읽은 자료들이 확실한지 입증해보기 위해 여러 연구원에 혈액 샘플을 보내 각각의 수치가 얼마나 다르게 나타나는지를 기록했다. 이 모든 일을 끝낸 후에야 비뇨기과에 방문했다.

그러나 그때에도 그로브는 의사들이 제시하는 치료법에 의지하지 않았다. MRI 검사와 뼈 정밀촬영을 마친 후 그는 더 광범위한 조사 체계를 가동하며, 근본 자료들에 직접적으로 접근하여 가장 중요한 자료들을 걸러냈다. 그는 전립선암 관련 도서의 참고문헌에 있는 모든 서적들을 찾아 탐독한 뒤, 그 책 이후 6~9개월 내로 출판된 과학 문헌들도 살펴보았다. 그 후에는 그 책들에 언급된 더 많은 자료들까지 수집하곤 했다. 그로브는 낮에는 CEO로서의 빡빡한 일정을 모두 소화한 후 밤에는 전립선암 연구에 몰두하여, 자료들을 이어 맞추고 서로 다른 연구 결과들을 참조하며 그 모든 내용을 이해하고자 애썼다. 이를 통해 학계에서는 여러 가지 다른 암 치료법이 서로 효과적이라고 주장하며 싸움을 벌이고 있음을 알게 되었다. 결국 결정은 그의 몫이었다. 자신에게 벌어질 여러 가능성을 고려하여 수집한 정보를 토대로 자신만의 논리적인 결론을 내리는 것이었다. 그는 후에 〈포춘〉에 이렇게 썼다. "내 목숨과 행복한 삶이 여러 사람들의 서로 다른 생각들에 온전히 달려 있는 환자로서, 저는 여러 학문 분야에 걸친 저만의 연구를 해야겠다고 생각했어요."[14]

그로브는 생체검사를 받고 종양이 심각하다는 사실을 알게 되었다. 그래서 자신의 뛰어난 지적 능력으로 다음에 무엇을 해야 할지 고민했다. 암의 치료법은 주로 수술이나 방사선 치료, 화학 요법을 어느 정도 결합해서 쓴다. 그리고 각각의 방법에는 각각의 부작용과 치료 결과, 생존율이 따라 나온다. 게다가 의사들은 자신의 전문 분야에만 몰두하기 때문에 어떤 특정 방법에 대한 편견을 갖고 있기 마련이었다. 그로브는 전통적인 수술, 저온 수술, 외부방사선 치료법, 시드 요법, 고도 방사능 요법, 혼합 요법을 지지하는 의사들을 찾아냈다. 전통적인 방법인 수술이 가장 좋다는 의견이 지배적이었지만, 그로브는 자신이 직접 자료와 증거물들을 살펴본 후에야 방사선 혼합 요법을 선택했다. 후에 그는 이렇게 회상했다. "제가 스스로 찾아낸 치료법을 믿어보기로 결정했습니다."[15]

당신은 아마 지금쯤 이렇게 생각하고 있을지 모른다. '세상에, 이렇게 오만하고 바보 같은 사람이 다 있나! 그동안 의학 분야 전체가 이뤄낸 업적에 반항하다니, 대체 자기가 뭐라고 생각하는 거지?' 하지만 이런 식으로 한번 생각해보라. 그로브는 의학 분야의 업적 자체가 권위자들 내에서도 너무나 큰 불일치와 불확실성을 보이고 있으며, 이런 역학구조는 급격히 진보하는 기술로 인해 더욱 심해지고 있음을 발견했다. 그로브가 단순히 팔이 부러졌다면, 치료법은 불확실하지 않고 사망할 가능성도 전혀 없으므로 정보를 정리하고 자료를 수집하는 데 수백 시간을 보내지 않았을 것이다. 그러나 심각한 결과를 야기할 수 있는 질병이었기에 치료법의 불확실성은 더욱 중대하고 심각한 문제가 된다. 그래서 그로브는 다른 10X 리더들처럼 곧바로 실증적인 증거를 찾아 나섰던 것이다.

— 사회심리학적 연구에 의하면 대다수의 사람들은 어떻게 될지 모르는 불확실한 상황이 닥쳤을 때 다른 사람을 의지한다고 한다.[16] 그러나 10X 리더들은 그와 같은 상황에서 전통적으로 효과가 있다고 알려진 방식을 따르거나, 다른 사람들이 어떻게 하는지를 살펴보거나, 전문가나 권위자의 말은 들어보지 않는다. 그들은 무엇보다 우선 실증적인 증거를 찾아 나선다.

여기서의 요점은 그저 남과 다르기 위해서 특별한 행동을 하고 독립적이어서는 안 된다는 것이다. 자신의 정신적 독립에 힘을 실어주기 위해, 그리고 자신의 창조적인 본능을 입증하기 위해 더욱 실증적으로 행동하는 것이다. 우리는 '실증적'이라는 말을 다른 사람의 의견이나 변덕, 전통적 방법이나 권위, 검증되지 않은 방법에 의지하는 대신, 직접 관찰하고 실험하며 증거자료를 살펴본다는 뜻으로 사용하고자 한다. 실증적인 기반이 있을 때 10X 리더들은 대담하고 창조적인 행동을 할 수 있으며 위험도 무릅쓸 수 있게 된다. 앤디 그로브가 자신의 암 치료를 위해 사용한 방법은 특이하고 창조적이었지만 엄격한 규칙과 증거자료들에 기반하고 있었다.

남극 원정을 계획할 때 아문센은 아무도 진지하게 고려하지 않았던 장소에 베이스캠프를 차렸다. 이런 대담한 결정으로 그는 처음부터 남극과 80킬로미터 더 가까운 지점에서 출발할 수 있었다. 모든 사람이 맥멀도 해협 McMurdo Sound 이 출발지로 최적의 장소라고 생각했다. 그곳은 이미 다른 탐험가들이 많이 이용한 안정적인 장소였다. 그러나 아문센은 웨일스 만 Bay of Whales 을 선택했다. 다른 원정대 리더들은 웨일스 만의 얼음이 불안정하기 때문에 그곳에 베이스를 짓는 것은 무모한 일이라고 생각했다. 그러나 아문센은 1841년 로스의 항해 일지를 포함해 이전 탐험대들의 일지와 자료들을 모조리 수집했다. 그는 증거자료들의 세부적인 내용까지 자세히 살펴보면서 일치점과 불일치점을 기록하고 모든 가능성들을 평가했다. 그리고 흥미로운 점을 하나 발견했다. 웨일스 만에 대한 전통적인 불신으로 이곳이 70년간이나 돔과 같은 형태를 유지해왔다는 사실이었다. 아문센은 이 장애물의 특정한 형태가 안정적인 지대의 증거라는 결론을 내렸다. 헌트 포드는 그의 이런 결정에 대해 다음과 같은 글을 남겼다. "아문센은 최초로 확실한 결론을 내린 사람이었다. 왜냐하면 그가 최초로 자료들을 조사한 사람이었기 때문이다. 그는 그렇게 범상치 않은 인물이었다. 그는 증거자료들을 조사하고 검토하여 논리적인 추론을 이끌어 낼 수 있는 명석한 극지방 탐험가였다."[17]

─ 10X 리더들이 비교 기업의 리더들에 비해 일반적으로 더 대담한 행동을 하는 것은 아니다. 두 기업군 모두 규모가 큰 도박과 같은 결정을 내리거나 극적인 행동을 취하기도 했다. 10X 리더들이 다른 리더들보다 확실한 자신감을 보인 것도 아니었다. 오히려 비교 대상인 리더들이 뻔뻔스러울 정도로 자신감이 넘치기도 했다. 그러나 10X 리더들은 자신의 결정과 행동에 대해 훨씬 더 심도 깊은 실증적 기반이 있었으며,

이로 인해 굳건하고 안정된 자신감을 가지고 위험을 무릅쓰는 행동을 할 수 있었던 것이다.

실증적으로 행동하는 특성들이 10X 리더들을 우유부단하게 만드는가? 실제로는 그렇지 않다. 마치 아문센이 웨일스 만에서 출발하기로 결심하고 이를 실행에 옮겼듯이, 그로브는 증거자료들을 확실히 숙지한 후 암에 대해 결단력 있는 행동을 취했다. 10X 리더는 행동하는 데 있어 분석을 바탕으로 하지 않는다. 그들은 실증을 토대로 결단력 있게 행동한다. 그러나 실증적인 확신과 자신감이 있다고 해서 10X 리더들이 안정감이나 편안함을 느낀 것은 아니었다. 실제로 갑자기 닥쳐올 위협에 계속 두려워했다. 그래서 그들은 계속 대비했다. 그것이 바로 세 번째 핵심 행동양식이다.

### 생산적 피해망상

1986년 초 마이크로소프트의 중역들은 주식 상장을 위한 투자설명서를 수정하고자 증권사 관계자 및 변호사들과 만났다. 그리고 증권사 관계자들과 변호사들은 투자자들이 감수해야 할 위험부담을 확실히 주지시키기 위해 마이크로소프트의 중역들에게 부정적인 견해를 퍼부을 전투태세를 갖추고 나왔다. 하지만 예상과 달리 중역들은 지속적인 성공과 장밋빛 미래를 이야기하는 지나치게 낙관적인 리더가 아니라 제대로 된 비관론자였다. 당시 부회장이었던 스티브 발머Steve Ballmer는 잠재적인 위험성, 위기, 종말, 치명적인 타격, 불행, 재앙 등의 낱말이 가득한 시나리오를 끝없이 늘어놓았다. 주식인수 관련 업무를 맡은 증권사 관계자들은 이를 받아 적느라 바빴다. 어느 정도 시간이 흐른 다음에야 그 모든 끔찍한 가능성들을 겨우 받아들인 주식 인수자는 발머에게 이렇게 말했다. "상황이 좋을 때가 이 정도라면, 상황이 안 좋을 때는 당신들을 절대로 만나고 싶지 않군요."[18]

발머는 생산적 피해망상의 대통령격인 빌 게이츠 아래에서 걱정부 장관을 지낼 정도였다. 그는 스탠퍼드 경영대학원을 중퇴하고 마이크로소프트를 설립하려는 게이츠와 뜻을 함께했다. 당시 발머는 회사의 성장률을 계산한 뒤 17명의 사원을 고용해야 한다는 결론을 내렸다. 그 말을 들은 빌 게이츠는 버럭 화를 냈다. "회사를 파산시키고 싶은 건가? 절대로 안 돼! 회사를 재정 파탄에 이르게 놔둘 수 없어! 17명이라고? 적어도 1년은 유지할 수 있는 현금을 보유하고 있어야 되는데? 단 한 푼의 수입도 없이 1년이나 말이야!"[19]

1994년 빌 게이츠는 이렇게 말했다. "두려움이 나를 이끌어가도록 하면서도 이는 숨기고 있어야 합니다. 나는 주기적으로 실패 가능성에 대해 고려하고 있습니다." 그는 사무실에 헨리 포드의 사진을 걸어 놓았다. 그리고 포드가 GM이 나타나자 자리를 내주었듯이 가장 위대한 성공을 이룬 기업가도 최고의 자리를 빼앗길 수 있다는 사실을 상기하곤 했다. 그는 끊임없이 제2의 빌 게이츠가 나타나지 않을까 걱정했다. 어떤 괴짜 고등학생이 하루에 2시간밖에 자지 않으면서 작고 어두운 방에 틀어박혀 열정적으로 연구를 거듭하여, 결국 마이크로소프트에게 치명타를 입힐 프로그램을 가지고 나타날지도 모르는 일이었다.[20]

쉽게 두려워하는 빌 게이츠의 성격은 후에 '악몽 메모'로 알려진 사건에서 잘 드러난다. 1991년 6월 17일부터 20일까지 4일간 마이크로 소프트의 주식이 11퍼센트나 급락하면서 게이츠의 개인 자산이 30억 달러 이상 하락했다. 이는 앞으로 벌어질 가능성이 있는 악몽 같은 시나리오들이 가득 적힌 그의 메모가 유출되어 〈산호세머큐리뉴스San Jose Mercury News〉에 실렸기 때문이었다. 빌 게이츠가 직접 쓴 그 메모에는 경쟁사들, 기술, 지적 재산권, 재판 문제, 마이크로소프트의 고객 지원의 단점과 같은 여러 가지 걱정, 위협 요소들이 가득했다. 심지어 "우리 회사에 닥친 이런 악몽은 현실이다"라고 선언하는 글귀까지 있었다. 그가 이 메모를 작성했던 때는 윈도우가 지배적인 소프트웨어가 되어가던 시점으로, 동종 업계에서 가장 강력한 주자로 급성장하고 있던 시기임을 주목할 필요가 있다. 빌 게이츠를 잘 아는 사람이라면 그 메모가 절대로 어떤 변화를 암시하는 것이 아님을 알았을 것이다. 빌 게이츠는 항상 위험이 닥칠 수 있다고 생각하며 언제나 두려움 속에서 살았고, 또 계속 그렇게 살아갈 사람이었기 때문이다. 그는 이 악몽 같은 내용의 메모 사건이 일어난 다음 해에 이렇게 말했다. "만약 우리 회사가 정말 무적이라고 믿었다면, 저는 아마도 휴가를 더 많이 썼을 겁니다."[21]

이는 비슷한 시기인 1980년대 중반부터 1990년대 초까지 애플의 회장을 지낸 존 스컬리John Sculley와는 확연히 대조되는 면목이다. 1988년 애플은 최고의 한 해를 보냈다. 〈USA투데이〉는 "애플은 반등하는 정도가 아니다. 1983년 이래 가장 빠르게 성장하고 있다. 지난 3분기 내내 매출이 전년도 동기 대비 50퍼센트 이상 올랐고, 순익은 100퍼센트 이상 치솟았다. 이런 수치라면 1988년 말경에는 2년 만에 판매 및 순이익 모두 두 배로 늘어날 것이다"고 평했다. 이런 결과에 스컬리는 어떻게 반응했을까? 애플의 성공이 앞으로 닥칠 불운의 전조라고 생각하고 두려워했을까? 그는 9주 동안 휴가를 냈다.[22] 무려 9주 동안!!!

물론 스컬리는 휴가 기간 중에도 이사회에 참석했고 증권 애널리스트들과 만났으며 맥월드MacWorld 및 다른 행사에 나타나기도 했다. 하지만 여전히 빌 게이츠의 반응과는 꽤나 대조적인 모습이다. 앞서 빌 게이츠에 대해 평했던 〈USA투데이〉는 다음과 같은 스컬리의 말을 실었다. "우리 직원들은 제 위치에서 아주 잘해내고 있습니다. 모든 게 급성장하고 있고요. 그래서 저는 낚시나 하러 가렵니다."[23]

바로 다음 해부터 애플의 자기자본수익률은 점점 줄어들기 시작했다. 1988년 40퍼센트에 달했던 수익이 1994년엔 13퍼센트가 되었고 (스컬리는 이 시점에 애플을 떠났다) 1996년엔 적자가 되었다. 애플은 1990년대 후반에 스티브 잡스가 다시 돌아올 때까지 계속 하락세를 면치 못했다.[24] 우리는 휴가가 애플의 쇠퇴를 가져왔다거나 스컬리가 게을렀다는 말을 하려는 게 아니다. 스컬리는 일에 집중하면 엄청나게 제대로 하는 사람이었다. 우리가 조명하고자 하는 것은 마이크로소프트의 성공 여부와 상관없이 언제나 생산적 피해망상에 휩싸였던 빌 게이츠와 스컬리의 대조적인 모습이다.[25]

— 10X 리더들은 상황이 나쁠 때뿐만 아니라 좋을 때에도 늘 극도의 경계심을 늦추지 않았다는 점에서 비교 대상들과 달랐다. 평온하고, 명확하고, 긍정적인 상황에서도 10X 리더들은 일이 안 좋게 돌아갈 가능성을 늘 고려했다. 별다른 전조 없이, 예측할 수도 없는 언젠가에, 어쩌면

아주 불리한 시기에 상황이 나쁘게 바뀔 가능성을 100퍼센트 확신했다. 그리고 물론 이에 대비했다.

실제로 3번의 불경기를 겪었지만 불경기가 11번 찾아오리라고 예측했던 사우스웨스트의 허브 켈러허, 밝게 빛나는 구름 뒤편의 햇살 가운데서도 먹구름을 찾아냈던 인텔의 앤디 그로브, 리틀빅혼 전투에서 군대를 대패로 이끈 조지 커스터 장군의 초상을 사무실에 걸어놓고 지나친 자신감은 파멸을 부를 수 있다는 것을 스스로 상기하곤 했던 암젠의 케빈 쉐어러Kevin Sharer, 마이크로소프트에 대한 악몽 같은 내용의 메모를 썼던 빌 게이츠 등, 10X 리더들에게는 모두 일관된 패턴이 있었다. 수많은 위험들이 일어날 수 있다는 가능성을 받아들임으로써 위험을 더 잘 극복할 수 있도록 대비한 것이다.[26]

10X 리더들이 다른 이들과 구별되는 점은 과도한 걱정 그 자체가 아니라, 그 걱정의 결과로 효과적인 행동을 한다는 데 있다. 만약 두려움 때문에 광범위하게 준비하고 명료하게 생각해서 행동하게 된다면, 이런 두려움은 아주 훌륭한 기능을 한다. 우리가 그런 행동양식을 '생산적 피해망상'이라고 명명한 이유도 그 때문이다. 빌 게이츠는 그저 할 일 없이 앉아서 악몽 같은 내용의 메모를 쓰고 있었던 것이 아니다. 그는 두려움을 행동력으로 바꾸어 작업공간을 저렴한 곳에서 유지하고 더 뛰어난 사원들을 고용했으며, 현금 보유액을 늘리고 다음에 발매할 소프트웨어들이 보다 빨리 출시될 수 있도록 연구를 계속했다. 아문센이 식량을 아주 넉넉히 준비해둔 것처럼 10X 리더들은 재무 상태에 대해서 보수적인 자세를 취했고, 예측 불가능한 재무적

붕괴에 대비하여 현금을 따로 저장해두었다. 아문센이 검증되지 않은 방법과 기술의 사용을 매우 위험하다고 생각했듯이, 그들은 재앙과 같은 결과를 초래할 수 있는 불필요한 위험을 감수하지 않았다. 아문센처럼 그들은 불확실하고 험난한 환경에서 항상 스스로에게 "만약에? 혹시라도?" 하고 물으며 치밀한 계산과 꼼꼼하고 체계적인 준비로 성공적인 결과를 이루어냈다.

10X 리더들은 그것이 개인적 목적이든 회사의 성공이든 세상을 변화시키려는 고귀하고 큰 뜻이든, 어떤 위대한 목표를 달성하기 위해 노력한다. 실제로 그들의 삶은 자신이 소유한 것들을 잃을까 염려하는 것이 아니라 진실로 위대하고 자신보다 큰 무언가를 만들어내고자 하는 과정에서 걱정하고 두려워했음을 알 수 있다. 이것은 세 가지의 핵심 행동양식 뒤에서 동기를 부여하는 원동력과 연관되는 이야기이다.

### 단계5의 야망

처음에 우리는 "도대체 누가 이런 사람들과 일하고 싶어 할까?"라는 의문을 품었다. 그들은 너무 극단적으로 보였다. 과도하게 염려하고 일반적 통념에 반대했으며, 편집광적이고 독립적인 행동으로 사람의 진을 빼놓기 때문이다. 그래서 우리는 연구 초기에 이들을 PNF라고 부르곤 했는데, 바로 '피해망상적이고paranoid, 신경증적이며neurotic, 괴짜freak 같은 사람'의 준말이었다. 하지만 수천 명의 사람들이 그들에게 매료되어 목표를 함께 추구했다. 만약 그 리더들이 그저 괴짜 같고 이기적이며, 반사회적 성향을 지닌 피해망상증에 걸린 인물에 불과했다면 정말로 위대한 기업을 세우지는 못했을 것이다.

그렇다면 사람들은 왜 그들을 따랐을까? 바로 그들의 야망이 사람들을 깊이 매혹시킬 만큼 가치가 있었기 때문이다. 10X 리더들은 자신의 자아와 열정을 자신보다 더 크고 오래가는 것에 쏟았다. 그들은 분명 야망을 품었지만, 그것은 자신을 뛰어넘는 어떤 큰 목적을 위한 것이었다.

1992년에 〈비즈니스위크Business Week〉는 CEO의 연봉과 기업 실적 간의 상관관계에 대한 특집 기사를 냈다. 10X 리더 중 한 명인 바이오멧의 데인 밀러Dane Miller가 다른 어떤 CEO보다 자신의 연봉 1달러당 가장 많은 가치를 창출해내며 1위에 올랐다. 이는 단순히 그해에만 벌어졌던 일시적인 현상이 아니었다. 그는 〈포브스〉, 〈비즈니스위크〉, 〈치프익세큐티브매거진 Chief Executive Magazine〉 등에서 종종 1위를 하며 10년 이상 언제나 최고 순위권에서 벗어나지 않았다. 1990년대는 스톡옵션 덕분에 회사가 잘 되면 CEO들이 엄청난 보상을 받고, 회사가 잘 되지 않더라도 임금 변동은 거의 없는 전반적으로 임원 임금이 치솟기 시작하던 때임을 기억하라. 그렇다면 당시 밀러의 스톡옵션 총액은 얼마였을까? 바로 '0' 이었다. 직원들은 스톡옵션을 소유하고 있었지만 밀러는 아니었다. 그는 일정량의 지분을 소유하고 있었기 때문에 그의 개인적 수입은 회사가 얼마나 실적을 잘 올리느냐와 직접적으로 연관되어 있었다.[27] 어느 면에서 밀러는 이 세상에서 연봉을 제일 제대로 못 받는 CEO라고 할 수 있었다.

하지만 밀러는 항상 감사하게 생각했다. 그는 2000년에 자신은 단 두 가지에만 전념하는 삶을 살았다고 말했다. 바로 바이오멧과 가족이었다. 밀러는 "저는 이 두 가지 외에 인생에서 더 원하는 게 없어요. 실제로 매일 즐기며 살고 있습니다. 일하는 것이 이렇게나 즐겁고 흥분될 수 없답니다"라고 말했다. 창출가치 대비 연봉을 가장 적게 받는 CEO이지만 그는 좋은 옵션만 수없이 챙기는 행동을 거부했다. "그저 더 많이 소유하기 위해 더 많이 얻는 것이 무슨 의미가 있나요? 주식을 10만 주 더 가진다고 해서 늘어나는 가치가 뭐가 있습니까?" 그는 코웃음을 치듯 말을 이어갔다. "어느 선을 넘고 나면 그런 행동은 탐욕이라는 통제 불가능한 콤플렉스를 만족시키는 것에 지나지 않습니다."[28]

《좋은 기업을 넘어 위대한 기업으로》에서 나는 겸손한 성품과 전문가다운 의지를 겸비한 단계5의 리더들에 대해 설명했다. 좋은 기업에서 위대한 기업으로 가는 과정은 이런 단계5의 리더로부터 시작한다. 10X 리더들 중 겉으로는 단계5의 리더처럼 보이지 않는 사람도 있다. 켈러허는 엉뚱하고 익살스러운 성품의 소유자로 종종 색다른 행동으로 사람들의 이목을 집중시키곤 했다. 피터 루이스도 마찬가지였다. 루이스가 프로그레시브의 CEO였을 당시 수많은 자료들을 살펴보면 '완전히 이상한 사람', '괴짜', '인습타파주의자', '야만인', '기인', '정상적인 기준에서 한두 발자국 벗어난 사람' 등등 그에 대해 묘사한 글들을 발견할 수 있다.[29] 루이스는 주주들에게 보내는 연례 편지에 변덕스럽게도 '기쁨과 사랑과 평화를 빌며'라고 써서 보내기도 했고, 할로윈 때에는 론 레인저(TV, 영화 등의 서부극 주인공-옮긴이)처럼 차려입고 〈윌리엄 텔 서곡〉에 맞춰 장난감 권총을 쏘며 이사회에 걸어 들어오기도 했다.[30] 마치 유치한 B급 청소년 영화에 등장할 법한, 회사를 물려받아서 흥청망청한 파티장으로 바꿔버리는 자아도취에 빠진 십대 소년 같았다.

하지만 이런 괴짜 같은 면모와 때로는 뻔뻔스럽기까지 한 행동에도 불구하고 루이스는 단 한 가지 목표에 자신을 바쳤다. 바로 프로그레시브를 정말 위대한 기업으로 만드는 것이다.[31] 그리고 자신이 없어도 회사가 충분히 위대할 수 있도록 만들었다. 2000년 루이스가 후계자에게 CEO 자리를 넘겨준 이후에도 프로그레시브는 계속 성장하고 있다. 경쟁사들과의 격차는 벌어지고 주가는 상승하고 있으며, 순이익 또한 높게 유지되고 있다.[32] 루이스는 자아가 강하고 다채로운 성격을 가진 사람이었을까? 그렇다. 또한 그는 자신이 없어도 계속 위대할 수 있는 기업을 만들 성숙한 인격도 갖고 있었을까? 역시 그렇다.

10X 리더들에게도 단계5의 리더들이 가진 가장 중요한 특성이 있다. 바로 엄청난 야망을 품고 있지만, 그 야망은 자기 자신이 아닌 조직, 기업, 그리고 무엇보다 일에 가장 초점이 맞추어져 있다는 점이다. 《좋은 기업을 넘어 위대한 기업으로》에서는 단계5의 리더들이 지닌 겸손한 성품을 주로 다루었지만, 이 책은 그들의 매우 맹렬한 의지에 초점을 맞추고 있다.

10X 리더들은 자신에 대해 떠벌리지 않으면서도 아주 웅장한 말로 자신의 명분과 목적을 설명한다. 1970년대 중반에서 1980년대 중반까지 인텔의 CEO였던 고든 무어 Gordon Moore 는 초창기 성장의 주역이었지만 언제나 드러나지 않고 낮은 자세를 보였다. 무어는 마이크로전자공학이 사회 거의 모든 부분에 혁명적 전환을 가져올 것을 깨닫고 인텔의 목표를 거대하게 잡았다. 1973년 당시 인텔은 창립한 지 5

년밖에 되지 않은 회사였지만 무어는 다음과 같이 말했다. "우리는 정말 오늘날 이 세상의 혁명가입니다. 더 이상 긴 머리에 수염을 기르고 학교를 흔들어놓던 몇 년 전의 청소년들이 아닙니다." 고든 무어는 겸손한 성품과 자세로 회사를 이끌어갔지만 동시에 문명사회를 완전히 바꾼 혁명의 촉매제와 같았던 위대한 기업을 세웠던 것이다.[33]

─ 고든 무어의 겸손, 루이스와 켈러허의 특이한 성품에 초점을 맞춘다면 요점을 놓치게 된다. "무엇 때문에 그런 모습을 보였는가?"라는 질문에 대해 생각해보자. 10X 리더들은 별로 특징이 없을 수도 있고 겉모습만 화려할 수도 있다. 또 바보처럼 보일 정도로 평범하거나 혹은 완전히 괴짜일 수도 있다. 하지만 그들이 자신을 넘어서는 목적과 명분을 위해 열정적으로 달려간다면 그런 것들은 사실 상관이 없다.

우리가 연구한 10X 리더들은 모두 단순히 '성공하는 것' 이상의 목표를 가지고 있었다. 그들은 자신을 돈과 명예, 권력이 아닌 영향력, 사회 공헌도, 목적의식으로 정의했다. 세계 최고의 갑부이자 야망가였던 빌 게이츠조차 자아 만족을 주목표로 하지 않았다. 마이크로소프트가 점차 추진력을 받아갈 무렵, 빌 게이츠의 친구 한 명은 이렇게 말했다. "빌의 모든 자아는 마이크로소프트에 집중되어 있어요. 마이크로소프트는 그의 첫 아들이나 마찬가지죠."[34]

빌 게이츠는 25년이나 쉬지 않고 일하여 마이크로소프트를 모든 책상에 컴퓨터가 한 대씩 놓여 있게 만드는, 훌륭하고 강력한 소프트웨어를 만든 위대한 기업으로 키워놓았다. 그리고 나서 아내 멜린다에게 이렇게 물었다고 한다. "우리가 가진 재산을 사용해서 많은 사람들에게 가장 좋은 것을 주는 일이 무엇일까?" 그렇게 그들은 무엇보다도 대담한 목표, 즉 지구상에서 말라리아를 없애기 위한 운동을 시작했다.[35]

## 어떻게 하면 10X 리더가 될 수 있을까?

우리는 10X 리더들이 성공할 수 있었던 요인이 성장 과정에서의 어떤 공통점은 아닐까 하는 생각도 해보았다. 예를 들면 스트라이커의 존 브라운John Brown은 테네시의 시골 마을에서 어린 시절을 보냈는데, 그의 가족들은 음식과 의복을 겨우겨우 마련하며 근근이 살아갔다. 그는 이후에 이렇게 회상했다. "빈민가에서 허덕이며 사는 삶이 어떤지 알았기 때문에 명예나 부에도 현혹되지 않을 수 있었어요." 가난한 시골 태생이라는 배경으로 화학 엔지니어를 거쳐 성공적인 CEO가 되기 위해서, 그는 아문센과 같이 수많은 난관을 헤쳐가기 위한 철저한 자기 규율을 만들고 훈련해왔을 것이다.[36]

그러나 10X 리더들이 모두 궁핍한 환경에서 자란 것은 아니다. 아버지가 매우 탄탄한 회사인 캠벨수프Campbell Soup Company의 관리자였던 허브 켈러허는 중산층 가정에서 성장했다. 그는 웨슬리안대학에서 철학과 문학을 공부하고 학생회 회장으로서 우등으로 졸업했다. 또한 뉴욕대학교 로스쿨에서도 뛰어난 성적으로 학교 법률 저널 발간에 참여하였고, 뉴저지 대법원 서기관을 지냈다.[37] 피터 루이스는 오하이오

클리브랜드의 유복한 가정에서 성장하여 프린스턴대학을 다니던 중 가업을 물려받았다.[38]

우리는 비교 대상 리더들 중 일부도 초기에 힘든 일을 많이 겪었던 것을 발견했다. 존 브라운의 비교 대상자인 USSC의 레온 허쉬Leon Hirsch도 높은 자리에서 출발한 것은 아니었다. 그는 USSC를 창립하기 전 고등학교 졸업장만 가진 채, 겨우겨우 드라이클리닝 기계 사업을 운영하고 있었다.[39] 또 다른 비교 대상인 AMD의 제리 샌더스Jerry Sanders 는 시카고의 갱단이 들끓는 지역에서 자랐다. 어느 날 풋볼 게임 후 벌어진 한 파티에서 길거리 갱단 리더와 싸움이 붙어 코가 부러지고 턱이 조각나며 두개골에 금이 가는 큰 부상을 당하기도 했다.[40]

이렇듯 10X 리더들의 성장 배경에는 비교 대상들과 아무런 공통적인 패턴이 없었다. 또한 우리는 그들이 처음부터 10X 리더가 아니었다는 사실도 발견했다. 시간이 흐름에 따라 리더십의 요소들을 습득해가며 10X 리더로서 탈바꿈하는 경우도 있었다. 허브 켈러허는 초기에 뮤즈 에어Muse Air를 사들이는 등 엄청난 실수를 저지르기도 했다. 피터 루이스는 30년간 엄청난 성장을 일구어냈지만 그러는 과정에서 여러 번이나 어리석은 실수를 했다. 암젠의 설립자인 조지 라스만George Rathmann도 처음에는 10X 리더십의 면모를 찾아볼 수 없었다. 그는 의대를 지원했지만 떨어졌고 차선책으로 화학 분야를 선택했다. 결국 3M에서 21년이나 일했지만 정말 훌륭하다는 평을 한 번도 받지 못하고 리턴인더스트리Litton Industries로 옮겼다. 그는 리턴에서도 혼란을 거듭하며 제대로 인정받지 못했고 후에 당시를 이렇게 회상했다. "나를 정중히 내보내기 전에 제 발로 걸어나왔어요."[41]

10X 리더들의 핵심 행동양식에 대해 다음과 같은 질문을 많이 받는다. "10X 리더들의 핵심 행동양식은 후천적으로 습득 가능한 건가요?" "누구나 10X 리더가 될 수 있나요?" "10배는 그렇고 3배만 하면 안 될까요?" "이런 혼란스러운 세상에서 생존하기 위해서는 필수적으로 10X 리더가 되어야 하나요?" "10X 리더들은 행복합니까?" 등등이었다.

결론적으로 말하자면 우리는 당신이 앞으로 나아가는 데에 이런 질문에 대한 대답이 불필요하다고 생각한다. 다음 장들에서는 10X 리더들의 세 가지 핵심 행동양식을 대략적으로 살펴보며, 이런 뛰어난 리더들이 어떤 실제적인 전략을 사용하여 기업을 일으켰는지 알아볼 것이다. 만약 그런 개념과 그 실제적 적용에 확실히 집중한다면 당신의 회사는 10X 리더가 이끄는 기업처럼 될 것이다. 우리가 제시하는 방법은 간단하다. 10X 리더들이 어떻게 위대한 기업을 세우고 이끄는지를 배우고, 실제로 적용하며 나아가라. 개인적으로 성공한 사람은 많지만, 10X의 영향력을 발휘하는 진정 위대한 기업은 많지 않다.

### 핵심 포인트

▪ 우리는 승리하는 리더들의 이름을 '10X 리더'라고 명명했다. 같은 산업에 속한 다른 기업들의 평균을 적어도 10배 이상 능가하는 기업을 만들었기 때문이다.

▪ 남극점을 향한 아문센과 스콧의 장대한 레이스에서 두 사람의 차이는 우리가 연구 주제로 삼은 질문과 비유적으로 아주 잘 들어맞으며, 10X 리더와 비교 기업 리더의 차이를 잘 보여주고 있다.

▪ 10X 리더들은 자신이 통제할 수 없는 힘에 직면하고 있고, 어떤 일이 벌어질지 정확하게 예측할 수 없으며, 확실한 것은 없다는 사실을 분명하고 냉정한 시각으로 직시한다. 하지만 그들은 어떤 외부 요인에 의해서 자신의 성공과 실패가 좌우된다는 생각은 절대 하지 않는다.

▪ 10X 리더들은 비교 기업 리더들과 구분되는 세 가지 핵심 행동양식을 잘 혼합해 사용하는 모습을 보여준다.

• 광적인 규율: 10X 리더들은 행동(가치, 목적, 성과 기준, 방법 등)에 극히 일관성을 보인다. 추구하는 바에 초점을 맞춰 가차 없고 편집광적이며 고집스럽게 행동한다.

• 실증적 창의성: 불확실성에 직면했을 때, 10X 리더들은 일반적 상식에 의존하거나 권위 있는 사람에게 기대거나 지시해줄 동료를 구하지 않는다. 그들은 실증적인 증거를 본다. 관찰과 실험 등 눈에 보이는 증거를 가지고 직접 실행해보는 편을 택한다. 그들은 실증적 토대 위에서 과감하고 창의적으로 행동한다.

- 생산적인 피해망상: 10X 리더들은 모든 것이 순조로울 때에도 극도의 경계심을 늦추지 않고 자신이 처한 환경에서 오는 위협과 도전에 민감하다. 그들은 상황이 불리하게 바뀌는 등 최악의 순간을 항상 가정해본다. 그래서 자신의 불안과 우려를 행동으로 옮기고 준비하여 충격 완화제를 만들고 안전지대를 충분히 유지한다.

- 10X 리더들의 세 가지 핵심 행동양식은 동기부여의 힘으로 작동한다. 자기 자신보다 회사를 위한 보다 큰 열정과 야망을 만들어낸다. 그들의 자부심은 개인적 권력이 아닌 기업과 기업의 목표로 향한다.

### 예기치 못한 발견들

- 광적인 규율은 통제, 권력에 대한 복종, 사회적 구속 고수, 혹은 관료적 원칙의 준수와는 다르다. 진정한 규율은 정신적 독립, 집단의 직감적 행동과 사회적 압력에 직면했을 때 일관성을 유지하는 능력을 필요로 한다. 흔히 광적인 규율은 일반적인 관행을 따르지 않는 사람이 되는 것을 의미한다.
- 실증적 창의성은 외부인이 보기에 무모하리만큼 과감한 수준의 자신감을 10X 리더들에게 부여한다. 사실 실증적 확인은 10X 리더들이 과감하게 행동하는 동시에 그에 따른 위험을 감수하게 해준다. 실증적이라는 말은 우유부단하다는 뜻이 아니다. 10X 리더들은 행동을 놓고 분석하기를 좋아하는 게 아니라, 단호한 행동의 기초로 실증주의를 선호한다.
- 생산적 피해망상은 창의적인 행동을 가능하게 한다. 최악의 사나리오를 가정하고 이에 대비함으로써 10X 리더들은 커다란 불운이나 타격을 줄 만한 사건으로 창조적 일이 중단되는 확률을 최소화한다.

▪ 10X 리더들의 핵심 행동양식 가운데 당신이 가장 강한 것부터 가장 약한 것까지 순서대로 나열해보라. 당신이 가장 약한 부분을 가장 강한 부분으로 바꾸기 위해 당신은 무엇을 할 수 있을까?

3

20마일 행진

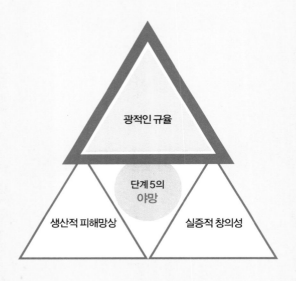

자유롭게 선택한 규율은 절대 자유이다.
**론 세리노**Ron Serino[1]

3

A 회사와 B 회사 중 하나에 투자할 기회가 생겼다고 가정하자. 두 회사 모두 규모가 작고 빠르게 성장하는 신산업군에 속한다. 그리고 '와해성 기술disruptive technology(업계를 완전히 재편하고 시장 대부분을 점유하게 만드는 기술-옮긴이)'을 개발하고 있고, 소비자의 수요는 빠르게 증가하고 있다. 제품군, 고객, 기회 및 위협 요소가 거의 동일해서 두 회사는 완벽에 가까운 짝이라고 할 수 있다.

A사는 앞으로 19년간 연평균 25퍼센트의 순수익 성장률이 예측된다.

B사는 앞으로 19년간 연평균 45퍼센트의 순수익 성장률이 예측된다.

잠시 멈추고 생각해보자. 어느 회사에 투자하고 싶은가? 아마 대부분의 사람들이 다른 추가 정보가 없다면 B사에 투자할 것이다.

이제 정보를 좀 더 추가해보자.

같은 기간 A사의 순수익 성장 표준편차(변동의 정도를 나타냄)는 15퍼

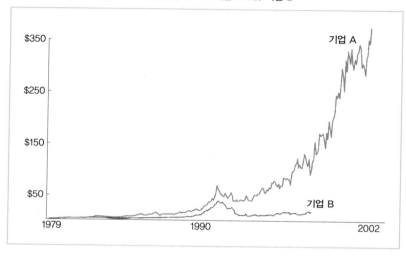

$350

$250

$150

$50

기업 A

기업 B

1979        1990                    2002

센트 포인트이며 B사의 표준편차는 116퍼센트 포인트가 될 것이다. A사는 19년 중 16년 동안은 30퍼센트 미만의 성장률을 유지하지만 거의 매해 20퍼센트 이상을 달성하면서 지속적이고 통제된 성장을 유지할 것이다. 반대로 B사는 A사보다 훨씬 더 변덕스럽고 통제되지 않는 성장 패턴을 보여준다. B사의 연간 순수익 증가율은 19년 중 13년 동안 30퍼센트를 초과하겠지만, 그 편차가 +313퍼센트에서 −200퍼센트나 된다.[2]

이제 당신은 B사가 대체적으로 더 빨리 성장한다고 하더라도 A사가 B사보다 더 나은 투자처라고 생각할 것이다. 그 생각은 옳다. 하지만 놀라운 사실은 얼마나 더 나은가에 있다.

A사는 스트라이커이고 B사는 USSC이다. 스트라이커가 처음으로

주식공모를 시작한 1979년 말에 투자된 1달러의 가치는 2002년에 350배 이상으로 불어났다. 같은 날 USSC에 투자한 1달러는 1998년까지 전체 시장을 밑도는 누적 수익률을 내다가, 그 이후에는 도표에서 사라졌다. 그 전까지의 놀라운 성장에도 불구하고 USSC는 위대한 기업으로 회생할 기회를 영원히 상실한 채 다른 기업에 인수되고 말았다.[3]


## 존 브라운의 20마일 행진

지금 당신이 캘리포니아 샌디에이고 부근의 태평양 해안가에서 내륙 지방을 바라보고 있다고 가정해보자. 이제 샌디에이고에서 메인 주 끝까지 3,000마일에 이르는 거리를 도보로 여행하려고 한다.

첫째 날에 20마일을 걸어 마을을 벗어난다.

둘째 날에 20마일을 걷는다. 그리고 또다시 셋째 날에 20마일을 걸어 사막의 열기 속으로 들어간다. 섭씨 38도의 무더위 때문에 시원한 텐트 안에 들어가 쉬고 싶다. 하지만 그렇게 하지 않는다. 일어나서 20마일을 걷는다. 하루에 20마일의 속도를 유지한다. 날씨가 선선할 때는 등 뒤에서 불어오는 바람결에 컨디션이 좋아져 더 멀리 걸어갈 수도 있다. 그러나 자제하고 체력을 조절한다. 20마일을 고수한다. 콜로라도 고산 지대에 이르자 눈과 바람, 영하의 추위를 만나 오로지 텐트 안에만 머물고 싶은 마음이다. 하지만 일어난다. 옷을 입는다. 20마일을 걷는다. 노력을 지속한다. 20마일, 20마일, 20마일. 이제 평원으로 들어섰고 하루에 40~50마일을 걸을 수 있다. 하지만 그렇게 하지 않는다. 20마일의 속도를 유지한다. 그리고 결국 메인 주에 도착한다.

이제 샌디에이고에서 같은 날 함께 출발한 다른 사람을 상상해보자. 그는 여행 때문에 들떠서 첫째 날 40마일을 간다. 그러나 너무 무리를 해서 녹초가 된 그는 섭씨 38도의 기온에서 잠을 깬다. "상황이 좀 나아지면 거리를 보충해야지"라고 생각하면서 날씨가 시원해질 때까지 쉬기로 한다. 미국 서부를 횡단하면서 여건이 좋을 때는 많이 걷고 안 좋을 때는 불평하면서 텐트 안에서 기다리기를 반복한다. 콜로라도 고산 지대로 들어가기 바로 직전에 한동안 아주 좋은 날씨가 계속되어서 그동안 뒤처진 걸 만회하기 위해 하루에 40~50마일을 걸으면서 전력을 다한다. 하지만 그때 엄청난 겨울 폭풍을 만나 완전히 녹초가 된다. 완전히 뻗어서 텐트에 웅크리고 앉아 봄을 기다린다. 마침내 봄이 왔을 때, 그는 약해진 몸으로 나와서 비틀거리며 메인 주로 향한다. 그가 켄사스에 들어설 즈음, 매일 20마일을 고수한 사람은 이미 메인 주 끝에 도착했다. 엄청난 차이로 이긴 것이다.

이제 스트라이커를 20마일씩 행진하는 기업으로 생각해보자.

1977년 존 브라운이 스트라이커의 CEO가 되었을 때, 그는 지속적인 성장을 유도하기 위해 스트라이커의 연 순이익 성장을 20퍼센트로 한다는 기준을 정했다. 이것은 단순한 목표나 바람, 혹은 희망이나 꿈, 비전 그 이상이었다. 브라운 말에 따르면 이것은 '법'이었다. 그는 그 '법'을 회사문화에 녹아들게 해 생활 방식으로 만들었다.[4]

브라운은 목표를 달성하지 못한 사람에게 주는 '스노클 어워드'를 만들었다. 20퍼센트를 수위선으로 정하고 그 밑으로 내려가면 스노클

이 필요하게 된다. 존 브라운에게 스노클을 받아 벽에 걸어놓고 모든 사람들이 당신이 익사 위험에 처해 있음을 알리게 된다고 상상해보라. 사람들은 그 스노클을 벽에 걸지 않도록 열심히 일했다.[5]

기업 총회에 참석한다고 상상해보자. 대연회장에 들어가니 영업부서들의 좌석이 실적순으로 배열되어 있다. 20마일 행진을 달성한 사람은 대회의실 앞쪽에, 실적을 달성하지 못한 사람은 뒤쪽 자리를 배정받는다.[6] 스트라이커의 매년 부서별 보고회의에는 회장과의 아침식사도 포함되어 있다. 20마일 행진 목표를 달성한 사람들은 존 브라운의 테이블로 간다. 그렇지 못한 부서장들은 다른 테이블에서 식사를 한다. 브라운은 말했다. "저 사람들도 푸짐한 식사를 하겠지만 그 테이블에 있고 싶진 않을 겁니다."[7]

부서가 2년 연속 기준에 미치지 못하면, 브라운이 직접 24시간 함께 일하면서 부서를 정상 궤도에 올려놓는 데 '도움을 주려' 노력한다. 그러면 누구라도 존 브라운의 도움이 필요한 상황을 절대 만들고 싶지 않다는 생각을 하게 될 것이다. 〈인베스터즈 비즈니스 데일리Investor's Business Daily〉는 이렇게 보도했다. "존 브라운에게는 핑계가 통하지 않는다. 시장 상황이 나쁘다? 환율이 실적에 악영향을 미친다? 그런 건 중요하지 않다." 어느 애널리스트는 환율이 어느 정도 영향을 미쳐 스트라이커가 유럽에서 부딪혔던 어려움에 대해 설명하면서 이렇게 말했다. "이 문제에서 외부 요인이 차지하는 비중이 얼마인지는 모릅니다. 그러나 스트라이커에게 그런 말은 무의미합니다."[8]

존 브라운이 CEO가 된 1977년부터 USSC가 상장 기업에서 제외된 해인 1998년까지의 기간 동안, 1990년에 엄청난 수익을 거둔 것을 제외하고 스트라이커는 20마일 행진 목표를 90퍼센트 이상 달성했다. 하지만 이런 자발적인 압박에 더하여, 스트라이커는 '1년에 너무 멀리 가서, 너무 많이 성장하지 않는다'는 제한에도 중점을 뒀다. 당신의 라이벌이 당신의 회사보다 더 빨리 성장할 때 성장률을 높여야 한다는 월가로부터의 압력을 상상해보라. 실제로 스트라이커는 동기간의 반 이상을 USSC보다 더 느리게 성장했다. 〈월스트리트 트랜스크립트Wall Street Transcript〉에 따르면, 일부에서는 브라운이 좀 더 적극적으로 나가지 않은 것에 대해 비판했다. 하지만 브라운은 이러한 비판과는 상관없이 의식적으로 20마일 행진을 유지했다.[9]

　— 존 브라운은 지속적으로 실적을 내기 위해서는 20마일 행진의 두 가지 요소가 다 필요하다는 사실을 이해하고 있었다. 뛰어넘어야 할 장애물인 하한선과 그 이상 올라가지 말아야 할 천장인 상한선, 즉 이루고 싶은 야망과 절제하는 자기통제 둘 다를 갖추어야 하는 것이다.

스트라이커와 비교해 그 어떤 기업보다 완벽하고 엄격한 대비를 이루었던 기업은 극적인 성장과 몰락을 경험한 USSC뿐이다. USSC는 1989년에 영업이익이 3억 4,500만 달러였는데, 1992년에는 12억 달러에 이르러 3년간 248퍼센트의 성장률을 보였다. USSC는 당시 외과 수술용 봉합사 시장의 80퍼센트를 장악했던 존슨앤드존슨의 에티콘 사업부를 직접 겨냥하여 새로운 봉합사 제품 라인에 집중하는 공격적인 성장을 추구했다. 당시 그 시장의 10퍼센트만 발을 들여놓아도 매출이 40퍼센트 증가했겠지만, USSC의 창업주 레온 허쉬는 그 정도로는 성이 차지 않아 이렇게 말했다. "우리가 봉합사 시장의 10퍼센트만을 차지하게 된다면 무척 실망스러운 일이고 에티콘의 콧대만 높여 줄 것입니다." USSC는 자사 제품을 병원에 뿌리다시피 했고, 그 정도가 지나쳐서 〈월스트리트저널〉은 "USSC의 공격적인 마케팅에 관한 소문에 의하면, 거래량을 늘리려고 했던 어느 영업사원이 병원 비품실 가천장에 제품을 너무 많이 숨겨서 무너져내렸다"는 보도를 하기도 했다. 또한 이 회사는 그들이 개발한 담낭 수술용 복강경 장비(복강경 수술법은 외과적 행위를 최소화시켜주는 기술임)가 의료계에서 빠른 속도로 채택되고, 더 나아가 담낭 외의 다른 부위의 수술에까지 사용되기 시작하면서 폭발적인 성장을 이루었다.[10]

그러나 아뿔싸! USSC에 연이어 폭풍이 덮쳐왔다. 클린턴 정부의 건강보험 개혁안이 나오면서 불확실성이 커지자 병원들이 구매량을 줄인 것이다. 의사들은 담낭 수술 외에 다른 곳에 복강경 수술 도구를 사용하는 것에 별로 열의가 없었다. 존슨앤드존슨은 봉합사 분야에서 반격에 나서 원래 시장점유율의 상당 부분을 지켜냄으로써 무찌르기 힘든 강적임을 입증했다. 또한 존슨앤드존슨은 USSC의 핵심 사업인 복강경 수술 분야까지 공격해서 3년 만에 국내 시장의 45퍼센트를 차지했다. USSC의 수익은 하락했고, 1997년까지도 그들은 1992년 수준에 머물러 있었다. 결국 1998년 말 USSC는 타이코에 인수되었다.[11]

## 기대하지 못했던 행동양식

우리는 이 연구를 시작할 때 10X 기업들이 공격적 성장을 추구하고 과감하게 커다란 도약을 이뤄내며, 다음에 올 새로운 물결을 찾아내 편승함으로써 기회로 가득 찬 급변하는 세계에 대처할 것이라고 예상했다. 물론 그들은 성장했고, 그 과정에서 엄청난 기회를 추구했다. 그러나 덜 성공적인 비교 기업이 10X 기업보다 훨씬 더 공격적인 성장을 추구하고, 더 큰 도약과 급격한 변화를 수용하는 모험을 감행했다. 10X 기업들은 오랜 기간에 걸쳐 지속적으로 성과 기준을 지킴으로써 우리가 20마일 행진이라고 부르는 것의 좋은 예를 보여주었지만, 대조군은 그렇지 못했다.

— 20마일 행진은 철학 이상의 의미가 있다. 이는 정상 궤도를 유지할 수 있게 해주는 구체적이고 분명하며 현명하고 엄격하게 추구되는 성과 메커니즘이다. 20마일 행진은 스스로 두 가지 종류의 불편함을 감수한다. 첫째, 어려운 시기에 꾸준히 높은 성과를 내야 하는 불편함. 둘째, 경기가 좋은 시기에 자제하는 불편함이다.

예를 들어 사우스웨스트항공은 항공 업계 전체가 적자를 면치 못하고 있을 때조차 스스로에게 이윤을 낼 것을 요구했다. 1990~2003년 사이 미국 항공 업계는 전체적으로 6년 동안만 흑자를 냈고 1990년대 초에는 130억 원의 적자를 냈으며 10만 명 이상의 직원을 정리해고했다. 그러나 사우스웨스트는 계속 이윤을 냈고 단 한 명의 직원도 해고

하지 않았다. 세간의 이목을 끌었던 일부 대형 항공사의 파산을 포함해 고질적으로 퍼져나가던 항공 업계의 난관에도 불구하고 사우스웨스트는 30년 연속 매해 이윤을 냈다.[12]

또 한 가지, 사우스웨스트항공은 기업문화에 반하는 불필요한 사업 확장을 피하고 수익을 유지할 능력을 위해 경기가 좋은 시기에도 성장을 자제하는 원칙을 가졌다는 점이 중요하다. 영업을 시작한 이후 근 8년이 지나도록 텍사스 밖으로 사업 확장을 하지 않다가 겨우 뉴올리언스까지만 진출했다. 사우스웨스트는 신중하게 텍사스 밖(오클라호마 시, 털사, 앨버커키, 피닉스, 로스앤젤레스)으로 진출했고 창립 이후 거의 25년 동안 동부 해안으로는 사업을 확장하지 않았다. 1996년에는 100개 이상의 도시가 사우스웨스트의 운행을 간절히 원했지만 그해 운행을 시작한 도시는 4개뿐이었다.[13]

얼핏 보기엔 그다지 인상적이지 않을 수도 있다. 하지만 잠시 멈추고 생각해보자. 여기에 다른 항공사들은 달성하지 못하는 지속적인 성과 기준을 세운 항공사가 있다. 누구든 항공 업계에서 특정 기업이 30년 동안 해마다 이윤을 창출할 것이라고 말하는 사람이 있다면 비웃음을 살 것이다. 불가능한 일이다. 하지만 사우스웨스트는 해냈다. 여기에 성장을 기꺼이 보류하는 상장 기업도 있다. 공개기업의 리더들 중 몇 명이나 호황기에 성장을 포기할 수 있을까? 실제로 거의 없다. 하지만 사우스웨스트는 이마저도 해냈다.[14]

— 급격한 변화와 파괴적인 힘을 특징으로 하는 세계는 20마일 행진을 지속하는 이들에게 더 이상 호의적이지 않다고 생각하는 사람들이 있

다. 하지만 역설적이게도 통제 불가능하고 걷잡을 수 없이 빠르게 돌아가는 이 시기에도 10X 기업들은 20마일 행진 원칙의 전형을 보여주었다.

이쯤에서 당신은 의아해하며 이렇게 말할지도 모른다. "잠깐만요! 뭔가 착각하시는 듯해요. 10X 기업들은 이미 성공적으로 시장을 지배하고 있던 기업들이기 때문에 이런 식으로 행동할 여유가 있는 거죠. 20마일 행진은 성공의 결과이고 성공으로 누릴 수 있는 사치일 뿐, 성공의 요인은 아니라고요." 하지만 여러 증거들을 보면 10X 기업들이 위대한 기업이 되기 훨씬 이전인 창업 초기부터 이미 20마일 행진을 받아들였다는 사실을 알 수 있다.

게다가 비교 기업들은 모두 10X 기업들의 특징인 지속적인 20마일 행진을 보여주지 못했다. 이는 우리 연구에서 가장 극명한 대조를 이루는 것 중 하나이다(부록 D 참조). USSC, AMD, 커쉬너 등의 기업들은 조사 대상 기간 중 어느 때도 20마일 행진의 징후를 보여주지 않았다. 아서 레빈슨Arthur Levinson이 이끄는 제넨테크와 스티브 잡스가 이끄는 애플과 같은 일부 기업들은 가장 어려웠던 시기에는 20마일 행진을 보이지 못했지만, 마침내 20마일 행진을 시작하면서 다시 회복했다. PSA와 세이프코 같은 다른 비교 기업들은 가장 좋은 실적을 냈을 당시에는 20마일 행진을 했지만, 그 후 규율을 잃어버리면서 뒤처지게 되었다.

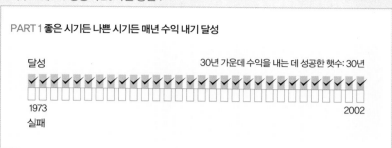

### PART 1 좋은 시기든 나쁜 시기든 매년 수익 내기 달성

달성                    30년 가운데 수익을 내는 데 성공한 햇수: 30년

1973                                    2002

실패

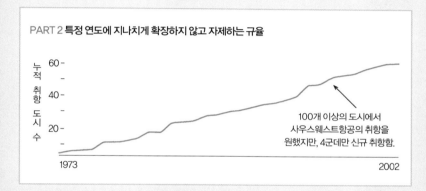

### PART 2 특정 연도에 지나치게 확장하지 않고 자제하는 규율

누적 취항 도시 수

60 –
40 –
20 –

1973                                    2002

100개 이상의 도시에서
사우스웨스트항공의 취항을
원했지만, 4군데만 신규 취항함.

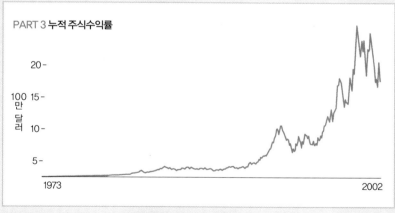

### PART 3 누적 주식수익률

100 만 달러

20 –
15 –
10 –
5 –

1973                                    2002

● 참고: 1972년 12월 31일에 1만 달러를 투자했을 때 2002년 12월 31일까지의 가치변화.

좋은 20마일 행진을 위해서는 수용할 수 있는 성과의 하한선으로 삼을 실적 기준을 정해야 한다. 이 실적 기준은 혹독한 육체적 훈련이나 엄격한 정신수양처럼 생산적인 불편함을 만들어낸다. 이는 어려운 시기에는 달성하기 쉽지 않을 정도여서 도전정신을 자극하지만 결코 불가능할 정도여서도 안 된다.

좋은 20마일 행진을 위해서는 자기 규제가 필요하다. 확실한 기회나 이례적으로 좋은 상태가 왔을 때 어느 정도까지 멀리 전진할 것인지 상한선을 정한다. 이러한 제한은 더 빨리 나아가고 더 많은 것을 이뤄야 한다는 압박감과 두려움이 커졌을 때 통제의 기능을 한다.

좋은 20마일 행진은 해당 기업과 환경에 맞춰 설정해야 한다. 모든 목표에 부합하는 20마일 행진은 없다. 사우스웨스트의 행진은 인텔에게, 스포츠 팀의 행진은 육군 소대장에게는 맞지 않을 것이다.

좋은 20마일 행진은 당신의 통제 범위 안에서 달성되어야 한다. 목표량을 채우기 위해 운은 필요하지 않다.

좋은 20마일 행진에는 너무 짧지도, 너무 길지도 않은 적당한 타임프레임이 필요하다. 행진 계획을 너무 빠듯하게 잡으면 통제 불가능한 상황에 자주 노출되고, 반대로 너무 느슨하게 잡으면 추진력을 잃는다.

좋은 20마일 행진은 외부에 의해 부과되거나 다른 기업의 것을 맹목적으로 베끼는 것이 아닌 기업 스스로 설계하고 만든 것이어야 한다. 예를 들면 월가가 주당 이익을 살펴본다는 이유로 단순히 1

주당 배당금을 행진의 목적으로 삼으면, 특정 기업에 있어 근본적인 성과 동인에 관한 명확성이 떨어져 행진이 엄격하게 지속되기 어려울 수 있다.

바람직한 20마일 행진은 반드시 꾸준하고 성실하게 수행되어야 한다. 의도가 좋다 해도 예외는 고려 대상이 아니다.


## 좋은 20마일 행진을 만드는 것

1970년대 초반, 프로그레시브의 피터 루이스는 엄격한 실적 기준을 발표했다. '결합비율combined ratio'을 평균 96퍼센트로 유지하여 모범적인 고객 서비스를 통해 기업 성장률을 유지하겠다고 천명한 것이다. 결합비율 96퍼센트란 어떤 의미일까? 100달러의 보험을 팔았을 때, 손실보전금과 간접비를 합쳐 96달러 이상이 나가지 않도록 한다는 것이다. 결합비율은 손실액을 지불하고 고객에 서비스하며 동시에 수익을 올리는 비율로 보험료를 책정하는 데 중요한 기준이다. 보험사가 성장률을 높이기 위해 가격을 낮추면 결합비율이 악화될 수 있다. 또한 위험을 잘못 판단하거나 보험금 지급 서비스를 적절히 처리하지 못해도 결합비율이 타격을 받는다. 결합비율이 100퍼센트 이상 올라간다면 그 회사는 손해를 본다.[15]

프로그레시브의 '수익성 결합비율'은 존 브라운의 20퍼센트 법칙처럼 매해 달성할 엄격한 기준이 되었다. 프로그레시브의 입장은 이렇다. '경쟁사가 점유율을 높이기 위해 손해를 보더라도 요율을 낮춘다면 그렇게 하도록 내버려둬라. 우리도 그들을 쫓아 무분별한 자멸의 길로 따라 들어가지 않을 것이다.' 프로그레시브는 어떤 상황에 처하든 경쟁사들이 어떻게 행동하든 어떤 성장의 기회가 유혹하든 수익성 결합비율을 충실히 지켰다. 1972년 루이스는 "어떤 변명이나 관리상의 문제, 경쟁의 어려움, 천재지변도 수익성 결합비율을 지키지 않는 것을 합리화할 수 없다"라고 말했다. 프로그레시브는 1972년에서 2002년까지 30년의 기간 중 27년 동안 수익성 결합비율을 지켰고 평균적으로 96퍼센트 목표보다 더 좋은 결과를 냈다.[16]

그럼 이제 프로그레시브의 결합비율 원칙을 '좋은 20마일 행진의 요소'에 서술된 규칙들과 비교해보자.

성과 기준으로 적절한가: 그렇다.
자기 규제가 되는가: 그렇다.
해당 기업 특성에 맞는가: 그렇다.
대체로 통제 가능한 범위 내에 있는가: 그렇다.
타임프레임은 적절하게 정해졌는가: 그렇다.
기업이 스스로 설계하고 부과했는가: 그렇다.
꾸준히 지속해서 수행했는가: 그렇다.

20마일 행진은 실용적이고 강력한 전략 메커니즘으로 작용한다. 존 브라운은 신속한 제품 개발 주기에서부터 스노클 어워드에 이르기까지 스트라이커의 전체 시스템이 '20퍼센트 성장률 법칙'을 성취할 수 있도록 설계했다. 피터 루이스는 그의 전체 시스템을 '96퍼센트 결합비율'을 성취할 수 있도록 고안했다. 루이스의 후임자인 글렌 렌윅Glenn Renwick은 다음과 같이 말했다. "말은 쉬워보여도 실행하기는 상당히 어렵습니다. 레시피를 한번 생각해보십시오. 들어가는 재료 중 하나만 정량을 초과해서 넣어도 제대로 된 요리가 될 수 없어요. 한 가지 재료를 실수했을 뿐이지만, 넣어야 할 양의 4배를 들이부었다면 얼마나 끔찍하겠습니까? 96퍼센트 결합비율은 사업의 모든 부문에 적용되어야 합니다. 한 해는 열기를 띠다가 그다음 해에는 식어버리는 것이 아니라 지속적으로 성장해야 합니다."[17]

20마일 행진을 100퍼센트 성공률로 달성해야 할까? 10X 기업들은 완벽한 기록이 아닌 그저 완벽에 가까운 기록을 냈지만, 행진을 하지 못했을 때에는 절대 "괜찮다"고 넘어가지 않았다. 한 번이라도 놓치면 다시 정상 궤도로 돌아가기 위해 무엇을 해야 하는지에 집착한다. 그리고 실패에 대해 어떠한 변명도 하지 않고 실패를 바로잡는다.

— 20마일 행진은 무질서 속에서 질서를 강요하고, 중심 없이 소용돌이치는 가운데에서 일관성을 요구한다. 하지만 이는 매해 꼬박꼬박 행진을 계속할 때에만 이루어낼 수 있다. 만약 20마일 행진의 목표를 설정했다 하더라도 이를 달성하는 데 실패한다면, 혹은 광적인 규율마저 사라져버린다면 당신의 기업은 붕괴될 수 있다.

프로그레시브의 비교 기업인 세이프코의 슬픈 종말을 생각해보

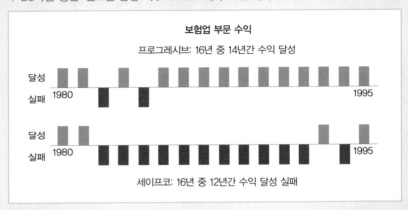

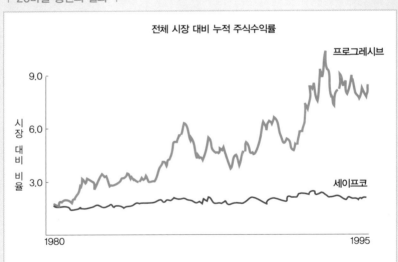

● 참고: 1979년 12월 31일부터 1995년 12월 31일까지 각 기업의 시장 대비 비율.

자. 1980년대 이전에 세이프코는 프로그레시브와 마찬가지로 불황기에나 호황기에나 수익성 결합비율을 광적으로 지켰다. 그러다 1980년대에 들어서는 그 규율을 상실하고 말았다. 세이프코는 결합비율의 지속적인 달성에 실패하자, 자본시장에 보험료를 투자해서 얻는 엄청난 수익의 유혹을 받아 핵심 사업을 소홀히 하고 말았다. 1989년 세이프코는 주력 사업인 보험업에서 5,200만 달러를 손해 봤지만 투자 포트폴리오에서는 2억 6,300만 달러를 벌어들였다.[18]

그 후 1997년에 세이프코는 소위 '정말 흥미진진한 뉴스'와 '거대한 움직임'을 발표했다. 세이프코 주주들의 자기자본 68퍼센트에 해당하는 가격으로 아메리칸 스테이츠 American States 를 인수한 것이다. 대리점이 8,000개로 판매망이 2배 늘어났고 손해보험회사 순위가 22위에서 12위로 성큼 올라서 지역단위 기업에서 전국단위 기업으로 도약하게 되었다. 또한 보험을 넘어 금융 상품으로 영역을 확장하는 새롭고 과감한 목표로 나아갔다. 한 중역은 세이프코가 이제 더 이상 '진부하고 지루하며 고지식하고 보수적인' 기업이 되지 않을 거라고 자랑스럽게 선언했다. 만일 단 한 번의 경이적인 도약으로 잃어버린 기반을 확충할 수 있다면 왜 그 지루한 규율로 돌아가고 힘든 20마일 행진을 하겠는가? 세이프코의 CEO 로저 에익스티 Roger Eigsti 는 1997년 주주들에게 보내는 연례 서신을 통해 앞으로의 엄청난 도약을 예고하면서 이렇게 말했다. "미래 세대는 1997년을 세이프코에게 주목할 만한 해로 기록할 것입니다."[19]

물론 그해가 전환점이 되기는 했지만 에익스티가 상상했던 모습은 아니었다. 결합비율이 악화되고 1998~2002년까지 수익이 나지 않았다. 한 중역은 세이프코의 추락에 대해 "아마도 우리가 성장을 너무 밀어붙였나 봅니다"라고 말했다. 1997년 초 세이프코에 투자된 돈은 이후 3년 동안 30퍼센트 손실을 보았고 전체 시장 대비 60퍼센트 이상 하락했다. 세이프코가 엄청난 규모의 과감한 도약을 선언한 지 3년이 흐른 뒤 에익스티는 은퇴했다. 결국 이사회는 회사를 회생시킬 새로운 CEO를 회사 밖에서 찾았다. 세이프코는 1976년 초부터 2002년까지의 27년 중 단 10년 동안만 수익성 결합비율을 달성했지만, 같은 기간 지루하게 지속적으로 결합비율을 지켜냈던 프로그레시브는 세이프코보다 32배 더 많은 누적 수익을 창출했다.[20]

우리가 지금까지 살펴본 20마일 행진(스트라이커의 20퍼센트 수익 성장, 사우스웨스트의 매해 수익 내기, 프로그레시브의 96퍼센트 결합비율)은 재무적 성과와 관련된 것이지만, 그 외의 분야에서도 할 수 있다는 것을 분명히 하고 싶다. 학교에서는 학생 성적 향상을 위한 행진을 할 수 있다. 병원에서는 환자의 안전을 위한 행진을 할 수 있다. 정부 기관은 지속적인 개선 행진을 할 수 있다. 노숙자 센터에서는 노숙자에게 더 많은 숙소를 제공하는 행진을 할 수 있다. 경찰서에서는 범죄율을 낮추는 행진을 할 수 있다. 기업 역시 혁신과 같은 비재무적 행진을 할 수도 있다. 인텔은 '무어의 법칙Moore's Law (집적회로의 밀도가 18개월에서 2년마다 2배가 된다는 이론)'이라는 구상으로 20마일 행진을 했다. 인텔은 호황기나 침체기에 상관없이 최고의 기술자들을 보유해 꾸준히 차세대 칩으로 전환하고 지속적으로 창의적인 행진에 투자하면서 30년 이상 무어의 법칙을 달성하기 위해 노력했다.[21]

# 20마일 행진 비교 (2002년까지)

| 10X 기업 | 비교 기업 |
|---|---|
| **스트라이커** ⏐ 연수익 성장률 20퍼센트 달성. 또한 성능 개선과 기능 확장형 업그레이드 제품 출시로 20마일 행진형 혁신을 실천함. 좋은 시기에 성장을 자제함으로써 1992~1994년 업계에 불어닥친 어려운 사건들을 이겨낼 수 있었음.[22] | **USSC** ⏐ 수익 성장의 추세가 변덕스러움. 20마일 행진형 혁신보다는 한 번에 판세를 뒤바꿀 만한 큰 혁신을 추구함. 기업이 지나치게 확장된 후 어려운 시기(특히 1992~1994년)를 겪음. 1998년에 매각됨[23] |
| **사우스웨스트항공** ⏐ 30년간 연이어 수익 달성에 성공. 다른 주요 항공사들과는 달리 9·11 테러의 여파가 몰아친 2002년에도 수익을 냄. 수익성과 기업문화를 유지하기 위해 성장을 통제함.[24] | **PSA** ⏐ 창업 초기에는 20마일 행진의 철학을 갖고 있었으나 1970년대에 이를 저버림. 1986년에 US 항공에 인수됨.[25] |
| **프로그레시브** ⏐ 매년 결합비율을 평균 96퍼센트로 유지함. 30년 가운데 27년 동안 수익성 결합비율을 달성함. 보험인수 기준을 유지하고 결합비율 목표를 달성하기 위해 성장을 자제함.[26] | **세이프코** ⏐ 창업 초기에는 결합비율에 초점을 맞추었음. 1980년 이후 지속성을 잃더니 1990년대에 인수(아메리칸 스테이츠)를 통해 큰 성장을 함. 27년 가운데 수익성 결합비율을 달성한 해는 10년에 그침.[27] |
| **인텔** ⏐ 최저 비용으로 집적회로 집적도를 18개월에서 2년마다 2배로 올린다는 무어의 법칙을 고수. 이를 엄격하게 추구함.[28] | **AMD** ⏐ 호경기 때 높은 성장을 반복적으로 추구(부채가 크게 늘어나기도 함)하여, 준비 없이 불경기(특히 1985~1986년)를 맞이함. 꾸준한 실행의 증거를 발견하지 못함.[29] |
| **마이크로소프트** ⏐ 성능이 개선된 소프트웨어 제품을 꾸준히 내놓으며 20마일 행진형 혁신을 실행함. 완벽하지 않은 제품으로 시작해서 매년 성능 개선 행진을 하여 결국 업계 지배력을 쟁취함. 재무적으로도 과도하게 확장하지 않음.[30] | **애플** ⏐ 초기에는 20마일 행진을 하지 않음. 일정치 않은 수익 성장을 경험하고 난 뒤, 1980년대 중반과 1990년대 초중반까지 성장이 후퇴함. 스티브 잡스가 복귀하여 20마일 행진형 혁신을 받아들이고 난 후, 2000년대에 부활함.[31] |
| **암젠** ⏐ 점진적인 제품 혁신과 이정표가 될 만한 제품개발을 바탕으로 20마일 행진형 혁신을 수행함. 새로운 처방이 가능하도록 기존 약품의 개량 및 개선을 지속함. 그 결과 수익 성장이 뚜렷함.[32] | **제넨테크** ⏐ 1976~1995년까지 20마일 행진을 하지 않았으며, 부채가 크게 늘어나 결국 쇠락의 길을 걷게 됨. 1995년 이후에는 5개년 목표를 연간 목표로 나누어 20마일 행진 전략을 추진함.[33] |
| **바이오멧** ⏐ 지속적으로 수익 성장에 초점을 맞추어 21년 가운데 20년 동안 이를 달성함. 또한 기존 제품을 빠르게 개선해 출시함으로써 20마일 행진형 혁신을 실천함. 지나치게 확장하지 않도록 주의함.[34] | **커쉬너** ⏐ 20마일 행진을 하지 않음. 자금을 빌려 '기업인수를 통한 빠른 성장' 전략을 추구함. 결국 위기를 맞고 1994년에 매각됨.[35] |

## 왜 20마일 행진이 승리하는가

20마일 행진은 다음의 세 가지 이유 때문에 역경을 이겨낼 수 있도록 도와준다.

1. 역경 속에서 능력을 발휘할 수 있는 자신감을 심어준다.
2. 극도의 혼란에 부딪혔을 때, 재앙이 일어날 가능성을 줄여준다.
3. 통제 불가능한 상황에서 자기 통제력을 발휘할 수 있게 해준다.

### 역경 속에서 거둔 성과로부터 쌓이는 자신감

자신감은 동기를 유발하는 연설이나 권위있는 행동, 열정적인 사기 진작 모임이나 근거 없는 낙관주의, 혹은 맹목적인 희망에서 생기는 것이 아니다. 과묵하고 신중하며 내성적인 스트라이커의 존 브라운은 이런 모든 것을 피했다. 스트라이커는 상황에 상관없이 해마다 엄격한 성과 기준을 달성하는 실제적 성과로부터 자신감을 얻었다. 존 브라운은 바람이 불 때나 무더울 때나 비가 오나 눈이 오나 변함없이 모든 훈련의 끝까지 힘차게 달릴 수 있도록 달리기 선수들을 훈련시키는 트랙 코치처럼 회사를 운영했다. 그래서 경기 당일에 날씨가 나빠도 주자들은 실제로 그런 경험을 했기 때문에 자신감을 가진다. 몸이 안 좋을 때도 열심히 훈련을 했고 악조건에서도 달리기 연습을 했기 때문에 잘 달릴 수 있는 것이다!

— 상황이 좋을 때나 나쁠 때나 20마일 행진을 지속하는 것은 자신감을

심어준다. 역경에서 얻어진 가시적인 성과는 이를 높이기 위한 책임이 궁극적으로 자신에게 있다는 10X 기업들의 관점을 뒷받침해준다. 절대로 상황이나 주변 환경을 탓하지 않는다.

2002년에 콜로라도 주 볼더 시에 있는 우리의 연구실로 한 통의 전화가 걸려왔다. 애리조나주립대학 총장을 지낸 후 애리조나 미래연구센터Center for the Future of Arizona의 소장을 역임했던 라티 쿠어Lattie Coor의 전화였다. "우리는 애리조나 주의 최우선 과제 중 하나로 라틴계 어린이들의 교육 문제를 정했습니다. 우리는 그 문제를 어떻게든 해결해야 합니다. 혹시 도움이 될 지침을 주실 수 있으신가요?" 쿠어는 우리가 진행하던 연구와 유사하게 짝을 지어 비교하는 방법을 교육 문제에 적용하려는 생각이었다. 그들은 라틴계 어린이들이 많이 다니면서 열악한 여건에서도 성과가 좋은 공립학교들을 선별한 후, 비슷한 환경을 가졌지만 성과가 그만큼 좋지 못한 다른 공립학교들과 비교하여 차이점을 연구하기로 했다.

쿠어는 메리 조 웨이츠Mary Jo Waits가 이끄는 연구원들로 팀을 만들었고, 메리는 우리 연구실로부터 지도를 받아 '역경 이겨내기Beat the Odds'라고 명명된 연구를 수행했다.[36] 그 연구에서 전체적으로 성과가 좋은 학교와 비교 학교를 구분 짓는 것은 교장의 통제가 미치지 못하는 요인들(이를테면 학급의 규모, 수업일수, 자금, 학부모들의 관여도 등)이 아니었다. 물론 그런 변수들을 바꾸면 모든 교육 성과가 개선될 수 있지만 '역경 이겨내기' 연구에 참여한 학교들은 자신들이 할 수 있는 것에 에너지를 쏟았다. 역경을 이겨낸 각 학교들은 자신들이 통제할 수 있는 실질적 규율들을 찾아 다음 세 가지 지침을 바탕으로 학습 성과에 책임을 졌다.

- 학생들이 공부하지 않는다고 서로 비난하고 책임을 전가할 생각을 하지 마라. 문제를 직시할 힘을 기르고 책임을 져라.
- 해결책이 외부에 있다고 생각하지 마라. 학생들이 공부하지 않는다면 학교가 변해야 한다.
- 어떤 학생도 뒤처져서는 안 된다. 단 한 명의 학생이라도 공부하지 않는다면 그 학교는 본분을 다하고 있는 것이 아니다.

1997년에 애리조나 주 유마Yuma에 있는 앨리스 번Alice Byrne 초등학교는 비교 학교보다 나을 것이 없었고 3학년 읽기 성적은 주 평균을 밑돌았다. 줄리 테이트 피치Juli Tate Peach 교장은 힘든 환경에 굴복하지 않았다. 물론 많은 학생들이 라틴계 빈곤 가정 출신이었다. 학교 예산도 한정돼 있었다. 교사들은 적은 봉급에 과중한 업무를 수행하느라 지쳐 있었다. 그런데도 피치 교장과 교사들은 이런 장애를 극복하고 학생들의 읽기 성적을 20점 가량 올려서 주 평균을 넘어섰다. 그러나 앨리스 번의 비교 학교들은 비슷한 역경에 부딪혔을 때, 별다른 향상을 보여주지 못했다. 이유가 뭘까?

피치 교장은 읽기와 같은 기본 능력에 있어서 학생들 개개인의 성적 향상이라는 한 가지 목표에 집중하는 규율을 도입했다. 그녀는 교사들과 함께 성적 추이를 계속 지켜보고 올바른 조치를 취하면서, 진전 상황을 학년 말에만 측정하는 것이 아니라 1년 내내 측정했다. 또한 각 학생의 성적 향상을 도울 방법을 알아내기 위해 자료를 찾고 아이디어를 공유하면서 교사들과 학교 운영진 사이에 협력문화를 만들었다. 그들은 1년 내내 혹독한 20마일 행진을 이어가며 학생 하나하나를 지도, 평가, 조정하는 반복적인 과정을 끊임없이 이어갔다. 결과가 향상되면 자신감과 동기 유발이 진작되어 규율이 강화되었으며, 이후 더 좋은 결과를 이끌어내고, 그러면 자신감과 동기 유발이 더 심화되어 다시 강화된 규율로 이어지는 선순환이 계속되었다.

애리조나 주에 있는 '역경 이겨내기' 학교의 교장들은 소위 특효약 같은 교육 개혁안을 좇는 행태야말로 의욕을 꺾고 자신감을 저하시킨다는 사실을 깨달았다. 관건은 완벽한 프로그램을 찾거나 국가의 교육 개혁을 기다리는 데 있는 것이 아니라 실행을 옮기는 데 있다. 즉 좋은 프로그램을 고르고 철저한 규율을 도입하며, 지속적인 결과를 얻을 만큼 충분한 기간 동안 그 프로그램을 계속 유지하는 것이다. 이 학교들은 성과가 좋아지고 있다는 바로 그 사실에서 자신감을 얻었다. 역경을 한 번 이겨낸다면 또다시 이겨낼 수 있다는 자신감을 얻게 되고, 그러고 나면 자신감은 계속 쌓여간다.[37]

**재앙 비켜가기**

1980년대 AMD는 20마일 행진에 실패함으로써 거의 파산지경에 이르렀다. 제리 샌더스는 1984년에 AMD가 2년 연속 60퍼센트 성장을 창출하는 최고의 반도체 기업이 될 것이며, 지난 14년의 역사에서 이뤘던 것보다 향후 단 1년 만에 더 크게 성장할 것이라고 공언했다. 그뿐 아니라 1980년대 말까지 집적회로 분야에서 인텔, 텍사스인스트루먼츠Texas Instruments, 내셔널세미컨덕터National Semiconductor, 모토로라 등 미국의 모든 경쟁자들을 제치고 최고가 되는 것을 목표로 한다고 발표했다. 이것은 인텔과는 상당한 대조를 이루는데, 같은 시기 인텔의 고든 무어는 통제를 벗어날 가능성을 최소화하기 위해 성장을 제한할 계획이라고 밝혔다. 인텔은 여전히 빠른 속도로 성장했지만 이를 제어한 반면, AMD는 1981~1984년 동안 인텔보다 2배, 미국의 다른 모든 경쟁사들보다 더 빠른 속도로 성장했다.[38]

이후 1985년이 되자 반도체 산업이 커다란 침체기에 들어섰다. 인텔과 AMD 모두 어려움을 겪었지만, AMD가 훨씬 큰 타격을 입었다. 1년 새 매출이 11억 달러에서 7억 9,500만 달러로 떨어졌다.[39] AMD는 장기부채가 3배로 증가하면서 수년간 일어나지 못했다. AMD가 폭풍을 헤치고 나왔을 무렵, 인텔은 완전히 앞서 있었다. 1985년 산업 붕괴 이전 12년 동안 AMD의 주식수익은 인텔을 앞질렀는데 이는 1981~1984년 AMD의 매출이 3배였던 것이 부분적으로 영향을 미쳤기 때문이었다. 하지만 산업 침체를 겪고 나서 AMD는 인텔이 급성장하는 동안 뒤처지게 되었다. 1987~1994년까지 인텔의 주식수익은 AMD를 5배 이상 앞질렀고 그런 경향은 계속 유지돼 2002년에는 30배 이상 앞섰다.[40]

만일 당신이 자신의 에너지를 고갈시키며 지쳐 쓰러질 때까지 뛰다 시기가 좋지 않을 때 외부 충격을 받게 되면 심각한 어려움에 빠질 수 있다. 20마일 행진은 예상치 못한 큰 충격에 타격받을 수 있는 가능성을 줄여준다. 불안정한 상황은 20마일 행진을 하는 기업들에 우호적이다. 이때가 바로 그들이 진정으로 빛을 발할 때이다.

| 인텔의 20마일 행진 vs. AMD의 호황과 불황  | **시장 대비 누적 주식수익률**

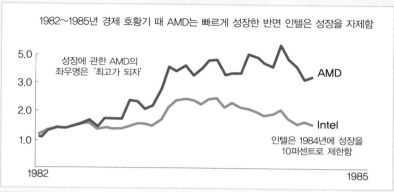

1982~1985년 경제 호황기 때 AMD는 빠르게 성장한 반면 인텔은 성장을 자제함

성장에 관한 AMD의
좌우명은 '최고가 되자'

AMD

Intel

인텔은 1984년에 성장을
10퍼센트로 제한함

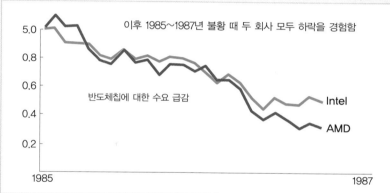

이후 1985~1987년 불황 때 두 회사 모두 하락을 경험함

반도체칩에 대한 수요 급감

Intel

AMD

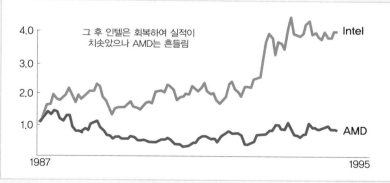

그 후 인텔은 회복하여 실적이
치솟았으나 AMD는 흔들림

Intel

AMD

● 참고: 도표1 - 1981년 12월 31일부터 1984년 12월 31일까지. 도표2 - 1984년 12월 31일부터 1986년 12월 31
일까지. 도표3 - 1986년 12월 31일부터 1994년 12월 31일까지.

― 불확실하고 힘든 상황일 때 20마일 행진에 실패하면 큰 재앙에 빠질 수도 있다. 모든 비교 기업들은 20마일 행진의 실패로 파국을 경험했다. 물론 10X 기업들 중 두 기업도 20마일 행진에 실패했다. 그러나 모두 폭풍이 일어나 침몰하기 전에 자체적으로 조정을 마쳤기 때문에 파국에는 이르지 않았다.

산업이 어려움을 겪었던 시기를 체계적으로 조사했더니 놀랄 만큼 대조적인 상황을 발견하게 되었다. 산업 침체기에 20마일 행진을 한 29개의 기업들은 모두 예외 없이 100퍼센트 좋은 결과로 어려움을 헤치고 나왔다. 하지만 20마일 행진을 하지 않은 기업들 23개 중에서는 단 3개의 기업만이 그 시기를 극복할 수 있었다.

엄청난 위협과 기회로 가득 찬 예측 불가능한 상황에서는 자신을 노출시켜가며 여유를 부릴 수 없다. 만일 따뜻하고 평화로운 봄날 집 근처의 널찍하고 멋진 오솔길을 따라 하이킹 중이라면, 무리를 좀 한다 해도 나중에 근육 이완제로 쑤시는 근육을 풀면 그만일 것이다. 그러나 히말라야 산맥을 오르거나 남극을 여행할 때라면, 한 번에 너무 멀리 이동하는 행동은 다시 돌이키기 불가능할 정도로 매우 가혹한 결과를 가져올 수 있다. 잠깐 동안의 안정된 시기에 20마일 행진의 실패를 교묘히 피할 수는 있지만, 불안정한 시기가 오면 약하고 미숙한 상태로 노출되고 만다. 그런 시기는 언제든 찾아오게 마련이다.

**통제를 벗어난 환경에서 자기 통제**

1911년 12월 12일, 아문센과 그의 팀은 남극점으로부터 45마일 떨어진 지점에 이르렀다. 그는 스콧이 어디에 있는지 몰랐다. 스콧은 좀 더 서쪽 방향으로 치우친 다른 경로를 택했기 때문에 아문센이 아는 것이라곤 스콧이 자신보다 앞서 있다는 것뿐이었다. 날씨는 맑고 고요했다. 평편한 남극 고원Polar Plateau의 높은 곳에 앉아 있는 아문센에게는 남극까지의 나머지 여정이 스키와 썰매를 탈 만큼 완벽한 조건이었다. 아문센은 이렇게 기록했다. "그 어느 때보다 길이 좋다. 햇빛이 비치면서 고요하여 날씨가 더할 나위 없이 좋다." 지금껏 그의 팀은 해발 30킬로미터 높이까지 산맥 쪽으로 길을 내면서 650마일 이상 여행해왔다. 그리고 이제 "스콧은 어디 있지?"라는 의문과 함께, 마지막 힘을 쥐어짜면 24시간 내에 목적지에 도착할 수 있는 지점에 와 있었다.

그러면 아문센은 무엇을 했을까? 그는 17마일을 갔다.

아문센은 아무리 날씨가 좋더라도 대원들이 체력을 소진하지 않도록 적정선을 유지하면서 결코 무리하게 이동하지 않았다. 끔찍한 날씨라 하더라도 15~20마일씩 속도를 유지하기 위해 온 힘을 다해 일관된 진행 방식을 고수했다. 한 대원이 아문센에게 속도를 올려 하루에 25마일씩 이동하기를 제안했을 때, 그는 안 된다고 답했다. 지속적으로 체력을 보충하기 위해서는 그들에게 휴식과 수면이 필요했다. 우리는 아문센과 스콧의 실화를 발견하기 전에 이미 3년에 걸쳐 이 연구를 진행하면서 20마일 행진의 콘셉트를 찾아냈고, '20마일 행진'이라는 용어를 연구논문을 통해 고객과 학생들 사이에서 사용해왔다. 그래서 아문센이 남극 탐험을 하는 동안 이런 치밀한 계획을 품었다는 사실을 알고 매우 놀라지 않을 수 없었다.

그에 반해서 스콧은 종종 날씨가 좋으면 체력이 고갈될 때까지 대원들을 혹사시켰고, 그러다 날씨가 나쁘면 텐트 안에서 불평을 했다. 12월 초 무렵, 스콧은 눈보라로 인해 전진이 중단된 사연을 일기에 적었다. "이런 날씨에 대체 누가 탐험을 할 수 있단 말인가." 그러나 아문센은 이와 같은 상황에 맞닥뜨렸을 때 일기에 이렇게 적었다. "폭풍, 눈 더미에 고생하고 동상에 걸려 썩 기분 좋은 날은 아니었지만, 우리는 목표 지점에 13마일 더 가까워지는 성과를 이루었다." 롤랜드 헌트포드Roland Huntford가 《지구상의 마지막 장소The Last Place on Earth》에서 언급한 내용에 따르면, 스콧이 6일 동안 강풍을 만나 그중 하루도 이동하지 않았던 반면, 아문센은 15일 동안 강풍을 만났지만 그중 8일을 이동했다고 한다. 아문센은 매일 평균 15.5마일씩 이동하는 속도를 제대로 지켜 남극에 제때 도착했다.[41]

— 아문센처럼, 10X 기업들도 기회에 대한 두려움이나 유혹이 생긴 경우에도 자제력을 발휘하는 수단으로 20마일 행진 원칙을 활용했다. 명확한 20마일 행진 원칙은 사람들을 집중시키는 역할을 한다. 팀원들 모두가 기준과 그 중요성을 알기 때문에 제 궤도를 지킬 수 있는 것이다.

금융 시장, 소비자, 지진, 국제 경쟁, 기술 변화는 당신이 통제할 수 없다. 거의 모든 것이 결국 통제할 수 없는 것들이다. 그러나 20마일 행진을 하면, 혼란스럽고 불확실한 상황에서도 앞으로 나아가도록 해주는 연결고리를 잡을 수 있다.

## 기업에 행진 가르치기

우리 연구에서 가장 흥미로운 비교 사례 중 하나는 제넨테크이다. 초기 몇 해는 공약 남발로 관심을 끌었고, 이후에는 회사 내부에서 거의 알려지지 않은 암 연구자이자 20마일 행진을 도입한 아서 레빈슨이 경영하면서 부활했다는 이유로 또한 흥미를 끌었다. 차세대 유망사업을 벌인 제넨테크는 순수한 생명공학 회사로는 역사상 처음으로 기업공개를 하는 획기적인 혁신을 이뤘다. 하버드 의과대학 약학부학장은 말했다. "심근경색 약 중에 t-PA는 감염 치료에서 페니실린과 같은 작용을 심장에 합니다." 진정 차세대 유망사업이 아닌가! 그러나 이 모든 혁신에도 불구하고 제넨테크의 성과는 약속에 훨씬 못 미쳤다. 1980년 후반에 제넨테크의 주식을 사서 1995년 중반까지 보유하고 있었다면 전체 주식시장의 수익도 따라가지 못했을 것이다.[42]

그러던 중 제넨테크는 수석 연구원이었던 아서 레빈슨이 CEO로 승진하면서 엄청난 행운을 맞게 되었다. 그는 CEO가 되기 전부터 어떤 형태의 오만도 허락하지 않는 전형적인 단계5의 리더이자 최고의 생명공학 전문가임을 증명해왔다. 소년 같은 장난기와 더불어 엄격한 규율로 즐겁게 혁신을 추구함으로써 세계 최고가 될 수 있는 제품군에만 집중하도록 했다. 레빈슨 밑에서 제넨테크는 마침내 탄력을 받아 엄청난 재무적 성과를 이루게 되었고, 상장 기업들의 전체 시장 수익률을 크게 넘어서게 되었다.[43]

1998년에 레빈슨은 제넨테크가 역사적으로 규율이 부족했다는 사실을 공개적으로 밝혔다. 그리고 나서 그는 새로운 접근법을 강조했

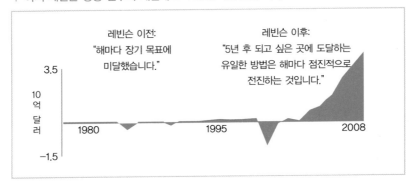

| 아서 레빈슨 경영 전후의 제넨테크 | 1980~2008년 이익

레빈슨 이전:
"해마다 장기 목표에
미달했습니다."

레빈슨 이후:
"5년 후 되고 싶은 곳에 도달하는
유일한 방법은 해마다 점진적으로
전진하는 것입니다."

3.5

10억 달러

1980        1995              2008

−1.5

다. "우리가 5년 후 목표에 도달하는 유일한 방법은 해마다 점진적으로 전진하는 것입니다. 매해 그 지점에 20퍼센트씩 가까워져야 합니다. 1년, 2년, 3년, 4년째에는 2퍼센트씩 가고 5년째에 92퍼센트를 갈수는 없습니다. 결코 그런 식으로는 되지 않을 것입니다."[44]

— 레빈슨이 이끈 제넨테크의 사례는 두 가지 사실을 알려준다. 첫째, 20마일 행진이 낮은 성과를 우수한 성과로 바꾸는 데 도움이 되고, 살아남아서 경기를 계속하기만 한다면 행진을 시작하기에 결코 늦은 것은 아니다. 둘째, 차세대 유망사업을 추구하고 심지어 찾는다 하더라도 그것 자체가 훌륭한 기업을 만들어주지는 않는다. 재능은 있으나 제대로 훈련받지 못한 운동선수처럼 제넨테크는 제 기량을 발휘하지 못하고 실망스러웠지만, 레빈슨이 엄격한 규율을 도입한 후에는 약속을 이행할수 있었다.

우리는 차세대 유망사업을 우대하는 현대문화 속에서 살고 있다. 차세대 유망사업에 대해 읽고 쓰고 이야기하고 배우고 참여하는 것은 재미있다. 하지만 이것이 20마일 행진을 하지 못하는 변명이 된다면 꽤 위험할 수 있다. 항상 차세대 유망사업을 찾는다면 결국은 그것만 찾다 끝날 수도 있다. 10X 기업들은 일반적으로 비교 기업들보다 20마일 행진을 극대화함으로써 자신들의 기회를 최대한 활용했다. 10X 기업들이 결코 잊지 않았던 사실은, 차세대 유망사업은 바로 자신이 이미 갖고 있는 것일지도 모른다는 생각이었다.

물론 아직 대답하지 않은 질문들이 있다. 혼돈의 시기에 어떻게 엄격한 규율의 필요성을 혁신과 적응의 필요성과 균형을 이루게 할 것인가? 단지 20마일 행진만 한다면 맹목적이고 무의식적으로 행진하는 위험을 무릅쓰게 되는 것은 아닌가? 커다란 변화로 가득 찬 세상, 단순한 규율만이 아니라 창의성과 각성도 함께 요구되는 세상에서 어떻게 다시 10X 성공을 이루고 유지할 수 있을까? 이 질문들은 이어지는 장에서 다룰 것이다.

### 핵심 포인트

■ 20마일 행진은 10X 기업과 비교 기업을 확연히 구분시켜주는 요소이다.

■ 20마일 행진은 장기간 지속적으로 명시된 성과 기준에 도달하는 것이 필수이다. 어려운 시기에 높은 성과를 달성하는 것과 좋은 시기에 자제하는 두 가지 다른 종류의 불편함을 필요로 한다.

■ 바람직한 20마일 행진에는 다음 7가지의 특성이 있다.

1. 분명한 성과 기준
2. 자기 규제
3. 해당 기업의 특성에 적합함
4. 대체로 통제 범위 내에서 달성할 수 있어야 함
5. 적절한 타임프레임 – 달성하기 적당할 정도로 길면서도 효과를 강력히 유지할 수 있을 정도로 짧아야 함
6. 기업 스스로 부여할 것
7. 꾸준히 지속해서 달성할 것

■ 20마일 행진이 꼭 재무적 성과와 관련될 필요는 없다. 바람직한 20마일 행진의 주요 특성을 갖추고 있기만 하면 창의력 행진, 학습 행진, 서비스 개선 행진이나 어떤 다른 종류의 행진도 가능하다.

■ 20마일 행진은 자신감을 만든다. 어떠한 도전이나 예기치 못한 충격과 맞닥뜨리더라도 20마일 행진을 고수함으로써, 성과는 상황에 의해 결정되는 것이 아니라 대부분 자신의 행동으로 결정된다는 사실을 자신과 기

업에 증명해보일 수 있다.

- 20마일에 실패할 경우 기업은 위험에 더욱 취약해질 수 있다. 모든 비교 기업들은 20마일 행진의 실패로 어려움을 경험한 일이 적어도 한 번씩은 있었다. 이는 커다란 후퇴나 재앙으로 이어졌다.
- 20마일 행진은 통제 불가능한 환경 속에서 자기 통제력을 발휘하는 데 도움이 된다.
- 10X 기업들은 외부의 압력에 관계없이 자기 회사에 맞는 20마일 행진 목표를 스스로 만들었다.
- 과거에 20마일 규율이 없었던 기업일지라도, 레빈슨이 이끈 제넨테크처럼 언제든 20마일 규율을 채택할 수 있다.

## 예상치 못한 발견들

- 20마일 행진을 하는 기업은 변덕스러운 환경에서 상대적으로 유리하다. 세상이 혼란스러울수록 20마일 행진은 더욱 필요하다.
- 성장 극대화와 10X 성공 사이에는 역의 상관관계가 존재한다. 흔히 비교 기업의 리더들은 호황기에 성장 극대화를 밀어붙였다. 그러나 10X 기업들은 지나친 성장을 추구하지 않고, 항상 뭔가 안 좋은 일들이 닥칠 수 있다고 생각하면서 무리한 확장을 경계했다.
- 20마일 행진은 성공한 10X 기업들만이 부릴 수 있는 호사가 아니다. 그들은 큰 성공을 거두기 오래 전부터 20마일 행진을 했고, 이는 성공에 가장 큰 도움이 되었다.

## 핵심 질문

- 당신이 10X 기업처럼 꾸준하고 지속적으로 15년 내지 30년간에 걸쳐 이뤄가고자 하는 20마일 행진은 무엇인가?

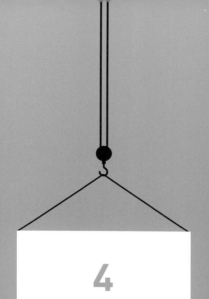

4

총 먼저 쏘고
대포 쏘기

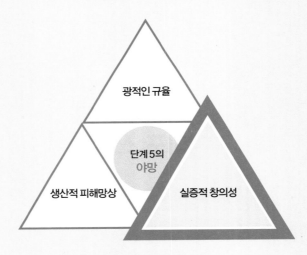

어쩌면 당신은 찾는 것을 발견하지 못할 수도 있지만,
다른 중요한 무언가를 발견하게 될 것이다.
**로버트 노이스**Robert Noyce[1]

4

공항 탑승구에서 비행기를 기다리고 있다고 생각해보자. 신문을 읽다가 눈을 들어보니 제복을 차려입은 어느 조종사가 당신이 탑승을 기다리는 비행기 쪽으로 걸어가는 모습이 보인다. 검은 선글라스를 끼고 하얀 회초리를 톡톡 두드리며.

당신은 빙그레 미소 짓는다. 예전에 이 엉뚱한 항공사를 이용해본 경험이 있는 당신은 이것이 여행객들을 위한 또 하나의 익살맞은 퍼포먼스라는 걸 안다. 때로 조종사들은 짐짓 모른 채 기내방송을 켜놓고는 "자네 어떻게 시동 거는 줄 아나?"라든지 "난 자네가 시동 키를 갖고 있는 줄 알았는데?"라는 농담을 나누기도 한다. 항공사는 승무원들이 승객들에게 정감어린 농담과 게임, 유머를 나누도록 권장한다. "저희는 오늘 스테이크와 구운 감자를 여러분께 제공하고자 합니다. 1시간 전에 떠난 비행기에서요"라는 식이다. 이 항공사는 100만 번째 탑승한 손님마다 기념으로 축하해주기도 한다. 한번은 이 손님을 비행기 탑승계단 아래로 인도해서는 어리둥절한 모습으로 차분히 서 있는 소를 기념선물로 주면서 손에 고삐를 쥐어주기도 했다. 사람들은 기존 항공사들과는 달리 새로운 아이디어와 즐거움으로 가득 찬 기업문화를 가진 이 괴상한 항공사를 사랑했다.

하지만 이 항공사가 운임도 낮고 정시 운항 기록도 좋으며, 꼭 필요치 않은 부대절차를 생략했다는 사실을 더 좋아한다. 승객들은 복잡한 티켓팅 절차 없이 간단한 현금 영수증만 받으면 된다. 좌석 배정도 없고 퍼스트클래스 구분도 없기 때문에 시간이 지연되는 경우는 별로 없다. 비행기는 착륙 후 탑승구 쪽으로 방향을 틀고 다시 빠른 시간 내에 출발한다. 사람들은 허브공항을 거쳐 목적지로 가는 허브앤드스포크hub-and-spoke 방식이 아닌 목적지로 바로 가는 직항운항point-to-point 방식을 좋아한다. 모든 경험은 간단하고 빠르고 재미있고 신뢰할 수 있으며 안전하고 저렴하다.

아무리 또 다른 100만 번째 승객으로 뽑히길 원치 않는 사람이라도 (정말 선물로 소를 받고 싶지 않기 때문에) 조종석 앞 유리는 눈처럼 보이게 만들고 비행기 앞부분은 코처럼 보이게 칠했으며 그 밑으로는 입모양으로 U자가 그려져 있는, 전체적으로 크고 친근하게 웃는 표정을 한 비행기가 천천히 들어오는 순간 빙그레 웃지 않을 수 없다. 다시 비행기를 타게 된다면 하늘을 나는 대형 스마일 머신이라 불리는 퍼시픽 사우스웨스트항공을 또 이용할 것이다.[2]

PSA는 항공 업계에서 성공 스토리가 되었다. 이 회사는 웃는 표정의 비행기를 통해 행복을 전파하는 항공사로 고객들의 사랑을 받았을 뿐 아니라, 이익률과 성장 잠재력 부분에서도 성공적인 비즈니스 모델임을 증명했다.

1971년 〈뉴욕타임스〉 기사에 따르면 사우스웨스트항공 사장 라마르 뮤즈Lamar Muse는 "사우스웨스트항공은 PSA를 통해 입증된 아이디어들을 차용해 이를 발전시켰다"고 솔직하게 누차에 걸쳐 말했다고 한다.[3] 뮤즈는 자신을 비롯한 사우스웨스트항공 경영진과 함께 항공사 운영 계획을 세울 때 PSA를 방문했다. PSA는 이를 환영해주었을 뿐 아니라 항공기를 팔기도 하고 운영 기법까지 전수했다. 지금 생각하면 왜 그랬을까 의아하겠지만 당시는 항공규제가 있던 시절이라 사우스웨스트가 텍사스 지역에서만 운영을 하고 있었기 때문에, PSA는 사우스웨스트가 자신들이 운영하는 캘리포니아 시장을 위협하게 되리라고 생각하지 못했던 것 같다.[4]

텍사스에서 날아온 이들 방문객들은 크고 작은 노하우를 꼼꼼히 전수받았다. 그들은 방대한 기록과 운영 매뉴얼을 챙겨들고 텍사스로 돌아가서는 재미있고 괴짜 같은 기업문화를 비롯해 세세한 것까지 PSA를 흉내내기 시작했다. 라마르 뮤즈는 후에 PSA의 흥망에 대해 쓴 책에서 그야말로 '갖다 베긴' 운영 매뉴얼을 사용했다고 밝혔다. 사우스웨스트항공은 PSA의 복사판이라고 해도 과언이 아니었다![5]

## 놀라운 발견

우리는 이 연구를 시작할 때 불안정한 환경 속에서 혁신이야말로

10X 성공의 가장 뚜렷한 구별 요소일 것이라 예상했다. 하지만 PSA와 사우스웨스트항공은 어떻게 설명해야 하는가? 진정한 혁신자인 PSA가 20세기의 가장 성공적인 비즈니스 모델을 만들어냈음에도 불구하고 더 이상 독립적인 브랜드로 존재하지 않는다는 사실에 놀라지 않을 수 없다.[6] 게다가 10X 기업 가운데 하나인 사우스웨스트항공은 초창기에 사실상 전혀 혁신적이지 않았다.

우리는 이 연구에서 사우스웨스트항공과 PSA를 가장 먼저 분석하고는 리서치 팀 회의 때 이렇게 말했다. "아마도 항공사들은 규모와 비용 문제가 혁신보다 더 중요하기 때문에 특별한 사례인가 보네요." 그러고는 의료기기, 컴퓨터, 반도체, 소프트웨어, 바이오테크놀로지 같은 기술 분야 기업들을 조사해보면 10X 기업들이 혁신면에서 대조군을 확실히 능가할 것이라 생각했다. 하지만 나중에 나타난 증거들에 놀라지 않을 수 없었다.

가장 큰 충격은 혁신과 성공이 거의 정비례하는 상관관계를 보였어야 할 바이오테크놀로지 기업들을 대조해서 살펴보았을 때 받았다. 다음 그림에 있는 2개의 곡선을 살펴보자. 왼쪽 그래프를 보면 제넨테크의 놀라운 창의적 성과를 볼 수 있다. 특허를 만들어내는 데 있어서 암젠을 두 배 이상 능가한다. 반면 오른쪽 그래프에서는 암젠의 놀라운 재무적 성과를 알 수 있는데, 제넨테크를 무려 30배 이상 따돌리고 있다. 특허 생산성에 관해 체계적으로 연구한 제시 싱Jasjit Singh 교수는 특허 인용에 있어서도 비슷한 패턴을 발견했다. 제넨테크는 특허를 많이 획득하고 있을 뿐 아니라 영향력 강한 특허도 많이 만들어냈다. 제넨테크는 바이오테크놀로지 산업 역사상 가장 혁신적인 기업

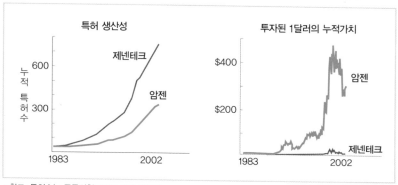

특허 생산성

제넨테크

암젠

누적특허수

600

300

1983          2002

투자된 1달러의 누적가치

$400

$200

암젠

제넨테크

1983          2002

● 참고: 특허수는 국특허청USPTO 공식 자료임.

가운데 하나이다. 이 회사는 재조합 DNA를 주요 상품에 가장 먼저 적용하고 FDA의 승인도 가장 먼저 받은 바이오테크놀로지 제품을 만들었다. 특히 〈사이언스Science〉는 바이오테크놀로지 산업에서 새로운 진전을 만들어내는 데 있어 대적할 수 없는 기록을 보유하고 있다고 제넨테크를 치켜세웠다. 하지만 우리의 연구에서 10X로 선정된 기업은 제넨테크가 아니라 암젠이다.[7]

우리는 혁신에 관해 체계적으로 분석하면서 각 산업에 맞는 적절한 차원의 혁신(예를 들어 바이오테크놀로지 산업에서의 혁신은 신제품과 과학적 발견에, 항공 업계에서는 새로운 비즈니스 모델과 운항 방침)에 초점을 맞추었다. 우리는 조사 기간 중에 일어났던 290개의 혁신적인 사건을 각기 점진적인 혁신(214개), 중간정도 혁신(45개), 중대한 혁신(31개)으로 구분하고, 10X 기업과 비교 기업을 대조하면서 어떤 기업이 더 혁신적이었는지 알아보았다(부록 E 참조). 그 결과 10X 기업들이 비교 기업보다 더 혁신적이었던 경우는 7개 짝 중에서 3개뿐이었던 것으로 드러났다.

— 조사 결과 10X 기업들이 비교 기업들보다 반드시 더 혁신적이었다고 말할 수 없었다. 사우스웨스트항공 vs. PSA, 암젠 vs. 제넨테크와 같은 어떤 사례에 있어서는 놀랍게도 10X 기업들이 덜 혁신적이었다.

스트라이커의 존 브라운은 시장에 처음으로 진입하지는 않지만 그렇다고 마지막으로 움직이지도 않는 '유행에서 한 발짝 늦게' 라는 신조로 살아왔다. 반면 USSC의 레온 허쉬는 흡수성 수술용 클립, 외과 시술을 최소화해주는 특수 장비 등 외과 치료 부문에 혁신을 가져올 새로운 제품들을 연이어 내놓으며 시장을 돌파해갔다. 덕분에 비즈니스 애널리스트들 사이에서는 그가 해당 업계에서 가장 혁신적인 리더라는 평을 얻었다. 〈인베스터즈 비즈니스 데일리〉는 "혁신으로 앞서는 것은 궁지에 몰린 USSC가 경쟁하는 방법" 이라고 보도했다. 하지만 장기적으로 성과를 살펴보면 한 발짝 뒤에서 움직인 스트라이커가 USSC에 완승을 거뒀다.[8]

인텔과 AMD의 경우에서도 더 많은 선도적 혁신이 10X 기업의 중요한 성공 요소였다는 증거는 찾을 수 없었다. 인텔은 기업 역사에서 여러 단계마다 가장 혁신적인 반도체칩을 내놓던 회사는 아니었다. 또한 16비트 마이크로프로세서를 내셔널세미컨덕터나 텍사스인스트루먼츠보다 늦게 출시했다. 인텔의 일부 경영진들은 자사의 8086칩보다 모토로라의 68000칩이 더 낫다고 생각했으며, 32비트 마이크로프로세서 출시도 늦었다. 또한 인텔은 시장 선도적이었던 RISC Reduced Instruction Set Computer에도 뒤떨어져서 경쟁 업체들을 뒤쫓아가야 했다. 물론 몇몇 의미 있는 혁신을 하기도 했지만, 사람들이 흔히 생각하는 것과 달리 인텔은 중대한 시점에서 경쟁사들보다 덜 혁신적이었다.[9]

이러한 발견은 제러드 텔리스Gerard Tellis와 피터 골더Peter Golder의 책《마켓 리더의 조건Will and Vision》에서도 볼 수 있다. 텔리스와 골더는 추잉검에서부터 인터넷에 이르기까지 광범위한 66개의 시장에서 장기 마켓 리더십을 얻는 것과 혁신적인 개척자가 되는 것 사이의 관계를 체계적으로 조사했다. 그들은 시장 선도자 가운데 단 9퍼센트만이 최종 승리자가 된다는 사실을 발견했다. 안전면도기 시장의 선발자는 질레트가 아니라 스타Star였고, 즉석카메라 시장의 선발자는 폴라로이드가 아니라 뒤브로니Dubroni였다. 퍼스널 컴퓨터 스프레드시트의 선발자는 마이크로소프트가 아니라 비지코프VisiCorp였으며, 온라인 도서 판매의 선발자는 아마존이 아니었고, 온라인 인터넷 서비스의 선발자도 AOL이 아니었다. 텔리스와 골더는 선발자의 64퍼센트가 완전히 실패했다는 사실도 발견했다. 통계적으로 볼 때 혁신을 선도하는 건 사회에는 좋은 일이지만, 그 자신에게는 치명적이다![10]

우리는 이러한 당황스런 발견을 10X 기업 리더들에게 알려주면 놀라거나 심지어 화를 낼 것이라 추측했다. 우리는 빌 게이츠에게 마이크로소프트의 30년간 이어진 성공의 핵심이 혁신이냐고 물었더니 이렇게 말했다. "내가 들어본 것 중에 가장 바보 같은 말이군요!"

만약 우리가 "혁신은 나쁘다"고 공언한다면 분명 멍청하다는 소리를 듣게 될 것이다. 하지만 혁신이 중요하지 않다고 말하려는 것은 아니다. 우리가 조사한 모든 기업들은 혁신을 했다. 다만 10X 기업들은 해당 업계의 다른 기업들에 비해 우리가 기대했던 것보다 덜 혁신적이었다. 그들은 성공하기에 충분할 만큼 혁신적이었지만, 일반적으로 가장 혁신적이었던 것은 아니었다.

— 우리는 각 업계의 고유한 환경에서 경쟁을 하는 데 필요한 '혁신의 최저 한계점'이 있다고 결론을 내렸다. 항공 산업 같은 어떤 산업은 한계점이 낮은 반면, 바이오테크놀로지 같은 다른 산업에서는 한계점이 높다. 물론 혁신 한계점을 넘지 못하는 기업들은 이길 수 없다. 하지만 놀랍게도 한계점을 넘어서는 수준에서는, 특히 매우 혼돈스런 환경에서는 더 많은 혁신이 중요한 문제는 아니었다.

흥미로운 수수께끼와도 같았다. 급변하는 세상에서 혁신이야말로 성공의 가장 큰 요인일 것이라는 일반적인 견해와는 달리, 왜 혁신은 10X 기업과 다른 기업들을 결정짓는 가장 큰 요인이 되지 못하는 것일까? 일단 생존에 필요한 혁신의 최저 한계점을 넘어 주어진 환경 속에서 살아남고 난 후에는 10X 기업이 되기 위해서 다른 요소, 특히 창의성과 규율의 혼합이 필요하다.

| 산업 | 주요 혁신 관점 | 혁신 한계점 |
|------|--------------|-----------|
| 반도체 | 새로운 장치, 제품, 기술 | 높음 |
| 바이오테크놀로지 | 신약 개발, 새로운 과학적 발견 및 난제 해결 | 높음 |
| 컴퓨터/소프트웨어 | 신제품, 성능 향상, 기술 | 높음 |
| 의료기기 | 새로운 의료 장비, 응용상의 난제 해결 | 중간 |
| 항공 | 새로운 서비스 및 비즈니스 모델, 관행 | 낮음 |
| 보험 | 신규 보험 상품 및 서비스 특성 | 낮음 |

## 창의성과 규율

1970년에 어드밴스드 메모리 시스템스Advanced Memory Systems라는 이름의 작은 기업이 메모리칩의 1,000비트 장벽을 깬 제품을 시장에 내놓았다. 이는 라이벌인 인텔보다 몇 달 앞선 것이었다. 그리 대단하지 않게 들릴지 모르지만, 급변하는 기술 혁명 속에서 몇 달 뒤처진다는 것은 1마일 달리기 경기에서 1분 뒤지는 것과 마찬가지일 수 있다. 인텔은 1970년 말에 뒤처져서 1103메모리를 내놓았다. 시간에 쫓긴 나머지 이 제품은 데이터를 날려버릴 수도 있는 작은 결함(표면 전하 과잉으로 발생)을 비롯해 여러 문제를 안고 있었다. 신생 기업인데다 제품은 몇 달 뒤처졌고, 그나마 특정 상태에서는 데이터를 기억하지 못할 수도 있는 메모리칩이라니! 인텔의 엔지니어들은 그 문제를 바로잡기 위해 8개월 동안 일주일에 50~70시간씩 일했다. 1973년에 앤디 그로브는 당시를 이렇게 회상했다. "그야말로 악몽이었습니다. 당시 벌어지던 싸움 때문에 한밤중에 벌떡 일어나곤 했죠. 정말 정신이 없었어요."[11]

그리고 모든 어려움 속에서 인텔은 어드밴스드 메모리 시스템스를 뒤쫓았고 추월해서 결국은 패배를 안겨주었다. 1973년에 인텔의 1103칩은 거의 모든 주요 컴퓨터 제조업체들이 사용할 정도로 세계 반도체 시장에서 최고로 많이 팔린 제품이 되었다.[12]

이유는 뭘까?

그렇다. 혁신이 그 역할을 했다. 1103칩은 아주 우수한 칩임을 증명했다. 하지만 1973년에 인텔이 내건 모토 '인텔 딜리버스Intel Delivers'가 더 많은 것을 말해준다.[13] 인텔의 초기 성공을 이끈 로버트 노이스는 "유리하게 국면을 전환시킬 수 있었던 것은 부품을 내놓는 우리의 능력 덕분이었습니다"라고 밝혔다.[14] 인텔은 제조, 납기, 규모에서 압도적이었다. "우리는 엔지니어링 부문에서 아주 잘하려고 노력했습니다." 노이스는 말을 이었다. "그리고 팔고 또 팔았습니다."[15]

— '인텔 딜리버스'는 '인텔의 혁신'보다 인텔의 10X 성공을 더 잘 설명한다. 인텔은 필요한 최저 한계점을 넘어서는 혁신을 했고, 이를 바탕으로 기대한 가격에 매우 신뢰성 있고 꾸준하게 '공급하는deliver' 완전하고 철저하고 압도적인 능력으로 다른 기업들을 날려버렸다. 이것이 인텔의 10X 성공의 핵심이다.

인텔의 설립자는 규율 없는 혁신은 재앙을 초래한다고 믿었다. 1973년에 고든 무어는 말했다. "이 기업은 업계의 특성상 눈 깜짝할 사이에 재앙을 맞이할 수 있습니다." 그는 기술자들이 "앞으로 내놓을 수 있는 것에 대해 맹약하고는, 결국 알맞은 비용으로 충분히 신뢰할 수 있는 칩을 내놓는 데 실패하는 경향이 있다"는 것을 지적했다. 실제로 무어가 1965년에 무어의 법칙을 처음 기술할 때에도 집적회로의 밀도가 매년 두 배로 늘어나는 것(혁신 요소) 외에 이를 최저 비용으로 한다는 데에도 초점이 맞춰져 있었다. 무어의 법칙을 고수하는 것은 그저 혁신의 게임일 뿐 아니라 규율의 게임이자, 규모의 게임이기도 하다.

《마이크로칩의 사나이The Man Behind the Microchip》의 저자 레슬리 벌린Leslie Berlin은 인텔의 초기 역사에 대해 이렇게 썼다. "진정 인텔이 앞으로 나아가는 데는 용기뿐만 아니라, 통제된 방식으로 질서정연하게 발걸음을 옮기기 위한 규율도 필요했다." 앤디 그로브는 그 시기에 반도체칩을 만드는 인텔의 방식을 하이테크 젤리과자를 찍어내는 것에 비유한 어느 기사에서 이렇게 말했다. "우리의 기술을 추락시키지 않기 위해서 우리는 모든 것을 시스템화해야 했습니다." 그로브가 인텔의 모범으로 삼았던 것은 R&D에 앞섰던 기업이 아니라 맥도널드였다. 그는 맥도널드 로고를 흉내내 '맥인텔McIntel'이라고 그려 넣은 햄버거 박스를 책상 위에 올려놓았다. 1103칩 이후 25년간 성공을 이어온 인텔은 자신들의 핵심 가치를 재차 천명했다. 인텔의 리더들은 그중에서 무엇을 제일의 가치로 꼽았을까? 혁신이나 창의력이 아닌 바로 규율이었다.[16]

물론 위대함을 만든 건 규율만이 아니라 규율과 창의력의 결합이었다. 《좋은 기업을 넘어 위대한 기업으로》에서는 이를 진정한 '더하기의 천재성 Genius of the AND'이라 칭했다. 허브 켈러허의 한 오랜 친구는 이렇게 말했다. "사람들은 허브가 아일랜드인의 광적인 창의성과 페르시아인의 가차 없는 규율을 함께 가지고 있다는 사실을 이해하지 못합니다. 그런 결합은 흔치 않죠."[17]

— 흔히 이루기 어려운 위대한 과업은 창의성을 집약하고, 이를 확대하기 위해 가차 없는 규율을 결합함으로써 얻어진다. 탁월한 경영과 혁신을 결합할 때 창의성의 가치는 증대된다. 그리고 이는 10X 기업들이 하는 방식이다.

상대적 혁신에 대한 데이터는 가장 곤란한 딜레마로 우리를 인도한다. 한편으로 불확실하고 불안정한 세상에 직면할 때 스스로 혁신에 과하게 집중하는 것은 위대한 성공을 만들지 못하며 심지어 죽음으로 몰기도 한다. 잘못된 혁신에 크게 베팅하거나 올바른 혁신을 실행하는 데 실패하면 취약해진다. 반대로 정체되어 과감하고 새로운 시도를 전혀 하지 않는다면 세상에 뒤처져서 그로 인해 죽음을 맞게 될 것이다. 이러한 딜레마에 대한 해답은 '혁신하지 않으면 죽는다'는 간단한 주문을 보다 유용한 아이디어로 대체하는 데 있다. 그것은 '총먼저 쏘고 대포 쏘기'이다.

## 총알, 그리고 대포알

바다 위에서 적의 함선을 발견했다고 생각해보자. 갖고 있는 화약은 제한되어 있다. 당신은 가지고 있는 모든 화약을 모아서 커다란 대포알 한 발을 쏘는 데 사용한다. 발사된 대포알은 바다를 향해 날아갔지만 맞히지 못하고 40도 비껴 떨어진다. 황급히 재고를 확인해보지만, 남은 게 없다는 사실을 발견한다. 결국 죽음을 맞이한다.

반대로 다가오는 적의 함선을 발견했을 때, 화약의 일부를 떼어내 총을 쐈다고 생각해보자. 총알은 40도 비껴갔다. 당신은 또 다른 총알을 발사한다. 이번에는 30도 비껴갔다. 다시 세 번째 총알을 만들어 발사했고, 이번에는 10도만 비껴갔다. 그다음에 발사한 총알은 드디어 다가오는 적의 배에 명중했다! 이제 당신은 남은 모든 화약을 모아서 같은 각도로 커다란 대포알을 쏘았고, 적의 함선은 가라앉았다. 결국 당신은 살아남았다.

1980년 4월 14일, 벤처캐피털리스트 윌리엄 보우스Willam Bowes와 과학자 윈스턴 셀서Winston Salser는 소규모 과학자 그룹 및 투자가들을 캘리포니아공과대학으로 불러 모아 새로 설립된 바이오테크놀로지 회사에 관해 논의했다. 그 회사는 CEO도, 제품도, 마케팅도 특별한 방향이 없었다. 이들에게는 그저 과학 자문을 해줄 고문단과, 떠오르는 DNA 재조합 분야에 10만 달러 이하의 소규모 투자를 생각하고 있는 사람들만 있었다. 아이디어는 단순했다. 찾을 수 있는 최고의 사람들을 뽑고 일정한 아이디어 범위 내에서 최신 재조합 DNA 기술에 자금을 지원하여 유용한 결과를 창출하고, 성공적인 기업과 제품을 만들어내는 것이었다.[18]

6개월 후, 보우스는 당시 애보트Abbot 연구소 R&D 부문 부소장으로 있던 조지 라스만을 설득해 이 작은 신생 기업(후에 암젠으로 개명)을 이끌도록 부탁했다. 라스만과 세 명의 직원들은 캘리포니아 사우전드 오크스Thousand Oaks에서 복음주의 성가대 합창단과 함께 사용하는 기우뚱한 조립식 건물에서 일을 시작했다. 그들에게는 세 가지의 임무가 있었다. 첫째, 위대한 사람을 모은다. 둘째, 가능한 한 많은 화약(추가 투자유치)을 모은다. 셋째, 성공으로 가는 길을 발견하고 위대한 기업을 세운다.[19]

하지만 어떻게 할 것인가?

암젠은 DNA 재조합 기술을 채용하고 사실상 거의 모든 것에 적용했다.[20] 가능한 한 많은 총알을 쏘기 시작했던 것이다.

**총알**: 바이러스성 질환 치료용 루커사이트 인터페론leukocyte interferon

**총알**: B형 간염 백신

**총알**: 위궤양 치료를 위한 상피세포증식인자epidermal growth factor

**총알**: 의료 진단 테스트 향상을 위한 면역학적 감정immunoassays

**총알**: 암, 감염성 질환, 유전 장애 진단을 위한
하이브리디제이션 프로브hybridization probes

**총알**: 만성신부전 환자의 빈혈증 치료를 위한
에리스로포이에틴erythropoietin, EPO

**총알**: 닭의 성장을 돕는 닭 성장 호르몬

**총알**: 우유를 더 많이 얻을 수 있게 하는 소 성장 호르몬

**총알**: 성장호르몬방출인자Growth-hormone-releasing

**총알**: 돼지 증식률을 높이는 돼지파보바이러스Porcine-parvovirus 백신

**총알**: 새끼 돼지의 장 감염을 막는 돼지전염성위장염 바이러스 백신

## 총알: 청바지 염색용 생체공학적 염료[21]

1984년에 에리스로포이에틴(빈혈증을 치료하기 위한 적혈구 생성 촉진 인자)이 가장 밝은 전망을 보였다. 과학이 발전하면서 암젠의 과학자들이 EPO 유전자를 분리하자 암젠은 더 많은 화약을 배분했다. 또한 임상실험 분야로 이동해 효험을 증명하고 방어하기 위한 특허를 획득하는 등의 작업을 진행했다. 그러고는 과학적 성과와 시장을 가늠하고 난 뒤, 암젠은 대포를 발사했다. 테스트 시설을 건립하고 생산 시설에 자본을 배분했으며, 출시를 담당할 팀을 규합했다. EPO는 생체공학 제품 역사상 첫 번째 슈퍼 블록버스터가 되었다.[22]

— 암젠의 초기 행동 방식은 이 연구에서 우리가 관찰한 핵심 패턴, '총먼저 쏘고 대포 쏘기'를 잘 보여준다. 우선 무엇이 성과를 내는지 확인하기 위해 총을 쏜다. 그리고 이를 통한 실증적 토대 위에 자신감을 얻게 되면, 자원을 집중하여 대포를 발사한다. 대포가 명중하고 나면, 커다란 성공을 이루기 위해 20마일 행진을 계속한다.

10X 기업의 역사는 이곳저곳 포탄 구덩이가 패여 있고, 아무것도 맞추지 못한 총알이 땅에 널브러져 있는 전쟁터와 같다. 과거를 되돌아보며 말할 때는 커다란 대포알에만 초점을 맞추는 경향이 있는데, 이는 10X 성취에 대한 잘못된 인상을 줄 수 있다. 역사적 자료를 조사해보면, 사실은 수십 발의 작은 총알들을 여기저기 난사 한 후에 몇 발의 대포알로 표적을 꿰뚫었다는 증거를 찾을 수 있다.

—
115

● **총알은 무엇인가?**

총알은 다음 세 가지 기준에 맞춰 무엇이 효험 있는지 알아내는 실증적 테스트이다.

1. **총알은 비용이 적게 든다**

   해설: 총알의 크기는 기업이 성장하면서 증가한다. 100만 달러 규모의 기업이 쏘는 대포알은 10억 달러 기업에겐 총알이 될 수 있다.

2. **총알은 위험도가 낮다.**

   해설: 위험도가 낮다고 해서 성공 확률이 높은 건 아니다. 총알이 빗나가거나 아무것도 맞히지 못했을 때 피해가 미미함을 의미한다.

3. **총알은 집중력을 흐트러뜨리지 않는다.**

   해설: 한두 부문에서는 집중도가 크게 낮아질 수도 있지만, 기업 전체의 집중력은 흐트러뜨리지 않는다.

10X 기업은 창의적인 총알(새로운 제품, 기술, 서비스, 프로세스 등)과 합병을 적절히 섞어 사용했다. 기업인수가 대포가 아닌 총알로 판명되기 위해서는 세 가지 테스트를 충족시킬 필요가 있다. 비용과 위험이 낮고 기업의 집중력이 크게 흐트러지지 않아야 한다. 바이오멧은 새로운 시장, 기술, 틈새를 개척하기 위해 기업인수라는 방법을 사용했지만 이는 부채가 적게 혹은 없이 이루어졌다. 그리고 인수 후에도 대차대조표는 건전성을 유지함으로써 저위험, 저비용, 집중력을 유

지했다.[23]

이와 대조적으로 바이오멧의 비교 기업인 커쉬너는 대포 쏘기 같은 기업인수로 부채와 리스크를 크게 높였다. 커쉬너의 기업인수는 목표물에 명중하지 않으면 심각한 문제를 초래할 수 있었다. 1988년에 커쉬너는 자기 시가총액의 70퍼센트가 넘는 가격에 치크메디컬Chick Medical을 사들이는 대포 쏘기 같은 기업인수를 했다.[24] 이러한 조치는 재앙으로 판명되었고 치크메디컬의 영업 인력들이 경쟁사로 대거 떠나버리면서 사태는 악화되었다. 커쉬너는 이를 포함하여 몇몇 기업인수를 위해 자금을 조달하는 바람에 자기자본 부채비율이 43퍼센트에서 609퍼센트로 급격히 높아져 재무적으로 취약해지고 말았다. 현금 출혈로 빚더미에 올라서면서 결국 1994년에 바이오멧에 매각되고 말았다.[25]


## 무보정 대포 쏘기의 위험한 유혹

'총 먼저 쏘고 대포 쏘기' 원칙을 실행하기 위해서는 다음과 같은 행동이 조합되어야 한다.

- 총을 쏜다.
- 평가: 총알이 뭔가를 맞혔는가?
- 고려: 뭔가를 맞히는 데 성공한 총알을 커다란 대포알로 바꿀만한 가치가 있는가?

| 바이오멧 vs. 커쉬너 | **다른 행보, 다른 결과**

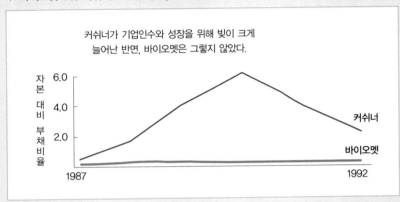

커쉬너가 기업인수와 성장을 위해 빚이 크게
늘어난 반면, 바이오멧은 그렇지 않았다.

자본 대비 부채비율

6.0
4.0
2.0

커쉬너
바이오멧

1987          1992

| 바이오멧 vs. 커쉬너 | **시장 대비 누적 주식수익률**

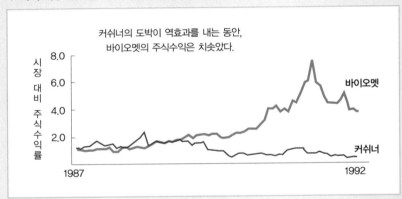

커쉬너의 도박이 역효과를 내는 동안,
바이오멧의 주식수익은 치솟았다.

시장 대비 주식수익률

8.0
6.0
4.0
2.0

바이오멧
커쉬너

1987          1992

● 참고:
1. 부채 = 총 유동부채 + 총 장기부채
2. 각 기업의 시장 대비 누적 주식수익률은 1986년 12월 31일부터 1992년 12월 31일까지 계산함.

- 변환: 자원을 집중하여 보정 완료된 대포알을 발사한다.
- 보정되지 않은 대포 쏘기는 하지 않는다.
- 최종적인 성공의 증거를 보이지 않는 총 쏘기는 종료한다.

10X 기업과 비교 기업은 모두 대포를 쏘았다. 하지만 비교 기업들은 의도했던 목표물에 대포알이 미쳤는지 확인하는 보정(실제 경험을 통해 얻은 실증적 확인) 결과를 얻기도 전에 대포알을 발사하는 경향이 있었다. 우리는 실증적 결과를 얻기 전에 대포를 쏘는 것을 간단히 줄여서 무보정 대포 쏘기uncalibrated cannonball라고 부른다. 비교 기업들은 이곳저곳을 향해 보정되지 않은 대포 쏘기를 한 반면, 10X 기업들은 보정된 대포 쏘기를 더 많이 했다(10X 기업들의 보정된 대포 쏘기 비율은 69퍼센트에 이른 반면 비교 기업은 22퍼센트에 그침). 10X 기업이 쏘았든 비교 기업이 쏘았든 보정된 대포 쏘기의 성공률은 88퍼센트 대 23퍼센트로 무보정 대포 쏘기보다 4배 높았다(부록 F 참조).

1968년 PSA는 '비행-운전-숙박Fly-Drive-Sleep'이라는 새롭고 과감한 대포 쏘기에 착수했다. 얼핏 생각하면 그 아이디어는 타당했다. PSA는 항공사이고 비행기를 이용하는 사람들은 렌터카와 호텔을 필요로 하기 때문이다. PSA는 퀸메리호 같은 대양 여객선을 영구임대하기도 하고, 캘리포니아 호텔들을 사거나 25년간 임대하기 시작했다. 또한 렌터카 업체를 사들여서 20개 거점에서 2,000대 이상의 자동차를 운영하는 등 사업을 빠르게 확장시켰다. PSA는 일단 총알을 몇 발 쏴보면서, 즉 호텔을 하나만 인수하고 렌터카 업체와 제휴하는 등 특정 지역에서 비즈니스를 테스트하여 새로운 사업 콘셉트의 타당성을 확인해볼 수도 있었다. 하지만 크고 거창하게 시작하는 바람에 불행히도 '비행-운전-숙박'이라는 대포알은 허공으로 빗나가 매년 거대한 적자를 만들었다. PSA 회장 플로이드 앤드루스Floyd Andrews는 "우리는 호텔 운영에서는 젬병이었습니다"라고 회상했다.[26]

1970년대 초 PSA는 또 다른 무보정 대포 쏘기를 했다. 자기자본의 1.2배에 달하는 거액을 들여 다섯 대의 L1011 초대형 점보제트기를 구매하는 계약을 체결했다. PSA는 기다란 캘리포니아 지형을 오르내리며 단거리 셔틀운항(장시간 운항이 가능한 슈퍼점보기를 투입하기에 맞지 않음)을 주로 하는 항공사였음을 상기하라. 게다가 PSA는 특별개조(비상출입구를 넓히고 음식을 준비하는 주방을 없애는 등)를 하는 바람에, 현금이 필요해질 경우 다른 항공사에 이 여객기들을 매각하기도 어렵게 만들었다. L1011 계획은 새 대형 여객기에 맞는 항공기 견인 트랙터, 정비 장치, 탑승 장비를 새로 마련하고 교육을 해야 하는 등 상당한 선행투자를 필요로 했다. 19톤에 달하는 거대한 추력엔진들은 막대한 양의 항공유를 소모했기 때문에 302석의 좌석을 다 채우지 못하고 운항할 때마다 큰 손실을 입었다.[27]

그러나 PSA가 대형 L1011 여객기들을 노선에 투입하고 '비행-운전-숙박' 계획의 실패로 인한 충격에서 벗어나기 위해 노력할 무렵, 불행히도 중동 국가들의 석유 금수조치가 내려져 항공유 가격이 2배로 치솟았다. 경기는 침체되고 인플레이션으로 인해 비용은 늘어났다. 반면 캘리포니아 공공시설위원회California Public Utilities Commission는 PSA의 16퍼센트 요금인상 요청을 거부하고 단 6.5퍼센트만을 허용했다. 이윽고 항공정비사 노조는 파업에 돌입했다. 결국 L1011 여객기들은 운항이 중지된 채 멈춰서 있다가 다시는 PSA 로고를 달고 하늘을 날지 못하는 신세가 되었다. 1975년에 PSA의 재무담당 부사장은 "우리는 파산 직전에 이르렀습니다"라고 말했다.[28]

PSA는 예전의 위대함을 되찾지 못한 채, 절박함 속에서 회생의 기회를 다시 얻으려고 무보정 대포 쏘기를 계속했다. 손쉽게 전국 운송망을 가진 항공사로 나아가고자 브래니프항공과 합작 사업을 출범시키고자 했고(브래니프항공이 도산하면서 이 벤처 사업도 끝남), 꼭 필요한 요소만 갖춘 단순한 비즈니스 모델을 버렸으며, 작은 제트 여객기를 맥도넬더글러스 제품으로 기종을 변경했고(보잉 항공기로 증명된 성공을 버림), 오일-가스 탐사 사업으로 진출하기도 했다. 이 모든 과정에서 사건사고가 연이어 터지면서 손실은 더욱 커져갔다. 더구나 규제 완화로 인해 수많은 경쟁사들이 출현했고, L1011 여객기를 둘러싼 록히드 Lockheed와의 법정분쟁은 재무적 불확실성을 만들었다. 또한 조종사 파업으로 인해 52일간 비행기를 띄우지 못했고 맥도넬더글러스 DC-9-80 여객기로 기종을 변경하면서 예기치 않은 지연 운항도 발생했다. 조종사 파업이 끝날 무렵엔 비행기 부족사태도 겪으면서 신뢰할 수 있고 정시 운항으로 유명했던 명성은 사라졌다. 심지어 샌디에이고에 착륙하던 PSA 727기와 세스나 훈련기가 충돌해 추락한 비극적인 사건도 벌어졌다. "관제탑, 우리는 추락하고 있다." 조종사가 외쳤다. "여기는 PSA."[29]

마침내 1986년 12월 8일에 PSA는 US항공에 매각되었다. 환하게 웃음 짓던 PSA의 비행기들은 격납고 속으로 차례차례 끌려들어가 거대 항공사의 개성 없고 무표정한 얼굴로 바뀌었다.[30]

— PSA의 종말은 혼돈으로 가득 찬 불확실한 세상에서 무보정 대포 쏘기가 얼마나 위험한지 보여준다. 기업이 허공으로 빗나가는 무보정 대포 쏘기로 인해 충격을 연이어 받으면 재앙을 맞게 될 확률이 높아진다.

물론 여기에서는 타깃을 맞추지 못하는 무보정 대포알에 초점을 맞췄다. 하지만 보정 없이 발사한 대포알이 목표물을 맞혔다면 어떨까? 만약 충분한 잠재 이익이 존재한다면 위험과 보정 없는 도박을 감수할 수도 있다. 하지만 아이러니하게도 무보정 대포 쏘기가 성공해서 뜻밖의 큰 횡재를 할 경우, 대포알이 실패했을 때보다 더욱 위험해질 수 있다. 과정은 나쁜데 결과가 좋을 경우의 위험성을 명심하라. 과정이 좋다고 반드시 결과가 좋은 것은 아니며, 과정이 나쁜데 결과가 좋으면 나쁜 과정이 더욱 심화되어 무보정 대포 쏘기를 더 많이 하게 된다.

친구나 친척에게 라스베이거스에 가서 재산의 반을 단 한 번의 룰렛게임에 걸어보라고 조언하는 사람이 있을까? 만약 친구 중에 커다란 위험을 감수하고 룰렛 같은 도박을 할 때에만 큰 승리를 얻을 수 있다고 믿는 사람이 있다고 가정해보자. 그리고 그가 라스베이거스에 가서 큰 도박을 해서 이겼다고 하자. 그는 집으로 돌아와서 이렇게 말할 것이다. "봐, 룰렛에 돈을 거는 건 좋은 생각이었어. 난 성공했다고. 다음 주에 다시 가서 내 전 재산을 걸어볼 거야!"

## 10X 리더는 실수에서 배운다

10X 기업들이 항상 보정 과정을 거쳐 대포를 쐈던 것은 아니다. 사우스웨스트항공은 1980년대 초에 뮤즈항공Muse Air을 사들임으로써 입증된 사업 모델에서 크게 벗어난 적이 있었다. 인텔은 1990년대에 개인용 컴퓨터 산업에 램버스Rambus 사의 새로운 메모리 기술을 적용하는 무보정 대포 쏘기를 했다가 실패했다. 하지만 10X 기업들이 보정 과정 없이 대포를 쐈던 경우는 흔치 않았고, 그런 경우에도 재빨리 자신의 잘못을 깨닫고 '총 먼저 쏘고 대포 쏘기' 방식으로 되돌아 왔다.[31]

프로그레시브는 대부분의 기업 역사에서 보정 과정을 거치지 않고 대포를 쏘는 일이 거의 없었다. 미세조정을 거쳐 지속적인 수익성이 담보되기 전까지는 '신사업에 대한 투자를 수익의 5퍼센트 이내로 제한한다'는 가이드라인을 확실히 지켰다. 그런데 1980년대 중반에 이 규칙을 깨고 화물운송기업 및 버스환승 시스템을 대상으로 하는 보험 판매에 뛰어들었다. 2년이 채 못 되어 이 부문의 순보유보험료net premium written는 제로에서 6,100만 달러(총 프로그레시브 보험료의 약 8퍼센트)로 급증했다. 그로 인해 화물운송 보험 부문 인력은 23퍼센트라는 보험 인수손실underwriting loss에도 불구하고 단 1년 만에 거의 10배로 늘었고, 다음 해에는 순보유보험료가 다시 3배 가까이 늘었다. 프로그레시브의 한 경영자는 "화물운송기업 대상 보험시장은 개인들보다 큰 차를 운전하는 좀 고약한 운전자들을 대상으로 한 시장일 뿐이라고 생각합니다"라고 말했다. 하지만 사업은 아주 어려워졌다. 화물운송기업들은 개인들보다 보험료 협상력이 월등했고, 보험금 분쟁 시에는 뛰어난 변호사를 동원했다. 8,400만 달러의 손실을 입은 뒤 피터 루이스는 "재무적 재난 상태였다"고 말했다. 그는 실수를 인정하고 스스로에게 책임을 물었다.[32]

— 10X 리더들도 때로는 보정 과정을 거치지 않고 대포를 쏘는 큰 실수를 저지른다. 하지만 그들은 실수를 비싼 수업료라고 생각한다. 그로부터 가능한 한 많은 것을 배우고, 이를 적용하여 다시 되풀이하지 않는다. 흔히 비교 기업들이 보정 과정을 거치지 않은 채 대포를 쏴서 입은 재앙을 회복하려고 또다시 무보정 대포알을 발사하는 것과 달리, 10X 리더들은 실증적 확인을 거친 뒤에야 대포를 발사한다는 규율로 돌아감으로써 회복한다.

프로그레시브는 이러한 실수를 다시는 저지르지 않겠노라 맹세하고 그 교훈을 일반 보험시장으로 진출할 때 차례차례 적용했다. 프로그레시브는 주로 전통적인 보험회사들이 기피하는 고위험 운전자들을 대상으로 하는 비일반 보험 분야에서 성공한 기업이었다. 프로그레시브가 광범위한 운전자들을 대상으로 하는 일반 보험시장으로 진출해야 할까? 경영진들은 판단이 서질 않았지만 어떻게 답을 구해야 하는 지는 알고 있었다. 총을 쏴보는 것이다.[33]

1991년에 프로그레시브는 텍사스 주와 플로리다 주처럼 잘 알고 있는 몇몇 주에서 실험을 진행했다. 2년 후, 이 회사는 계속해서 더 많은 주에서 일반 보험 분야에 대한 총 쏘기를 해보았다. 한 발, 두 발,

세 발. 총을 쏘는 동안 매번 양호한 결과를 얻었고 사업의 효과가 증명되었다. 이윽고 실증적 확인을 끝낸 1994년에 화약을 몽땅 집중시켜서 대포를 발사했다. 일반 보험시장에 본격적으로 뛰어든 것이다. 1996년 말에는 그동안 테스트를 진행했던 43개 주 모두에서 일반 보험을 판매했다. 5년 만에 프로그레시브의 전체 사업에서 일반 보험이 차지하는 비중은 약 절반에 달했고, 2002년도에는 전국 자동차 보험 업계에서 4위를 차지하게 되었다.[34]

이처럼 보정 과정 없이 화물운송 보험시장에 대포를 쏬을 때와 보정 과정을 거쳐 일반 자동차 보험시장에 대포를 쏬을 때의 행동은 흥미로운 대조를 보였다. 두 가지 경험을 모두 한 프로그레시브는 이후 주택소유자 보험시장 진출을 검토할 때에는 아예 대포를 쏘지 않았다. 얼핏 주택소유자 보험을 판매한다는 아이디어는 일리가 있어 보였다. 자동차와 주택을 한데 묶어 보험을 팔지 말란 법이 어디 있겠는가? 이러한 사업 아이디어가 시너지 효과를 가질 뿐만 아니라 전략적으로 근거가 있다고 주장하는 분석들이 잔뜩 작성되었을 것이다. 어쩌면 관련 회사를 사들이는 대형 기업인수 제안까지 있었을지 모른다. 하지만 프로그레시브는 아무리 근사한 설명과 화려한 전망이 있을지라도 실증적으로 확인이 필요하다는 교훈을 이미 배웠다. 그래서 또다시 총을 쏴보기로 했다. 그 결과 주택소유자들을 대상으로 한 보험은 아무것도 맞추지 못했고, 프로그레시브는 해당 분야 사업 계획을 철회했다.[35]

— 프로그레시브의 세 가지 전략적 결정인 화물운송 보험(무보정 대포

쏘기), 일반 자동차 보험(보정 대포 쏘기), 주택소유자 보험(총을 쏴본 뒤 대포를 쏘지 않기로 결정)은 모두 중요한 교훈을 준다. 불안정하고 불확실하며 급변하는 환경 속에서 단순히 시장 분석에만 의존한다면 잘못된 결과를 초래할 수 있으며 이는 죽음으로까지 몰고 갈 수도 있다. 기술적 분석은 물론 중요하지만, 실증적 확인은 더욱 중요하다.

그리고 창의적인 태도는 좋지만 창의적인 아이디어를 경험적으로 증명해봐야 한다는 것이 더 중요한 원칙이다. 가지고 있는 총알을 모두 쏴야 할 필요는 없다. 다른 이의 경험으로부터 배울 수도 있기 때문이다. 사우스웨스트항공은 실증적으로 증명된 PSA란 모델을 흉내 냄으로써 처음 창립할 때부터 성공을 이어갔다. 로알 아문센은 수백 년간 에스키모들이 이용해온 개썰매를 이용하는 등 증명된 기술 위에 전략을 수립했다. 최초 혹은 가장 창의적인 것보다 더욱 중요한 것은 실제로 효과적인 것이 무엇인지 알아내고, 이를 다른 누구보다 잘해 내며 20마일 행진을 꾸준히 지속하는 데 있다.[36]


## 예측하는 재능보다 증명하는 태도

이 연구를 시작할 당시, 우리는 10X 기업들이 미래를 예측하는 데 월등하다는 사실을 밝혀낼 수 있지 않을까 생각했다. 앞날을 예측하는 천재적인 능력 때문에 변화에 앞서 대응하고 크게 승리할 것이라고 추측했다. 하지만 이를 입증할 만한 증거는 찾지 못했다. 소프트웨어 황제 빌 게이츠조차 미래를 예측하는 특별한 능력을 갖고 있지 않았다. 그가 IBM PC용 운영 시스템으로 마이크로소프트를 선두 기업으로 만들 계획을 세웠던 것은 아니었다. IBM이 예상치 않게 마이크로소프트에 운영 시스템을 공급할 수 있겠느냐고 문의했을 때만 해도 그는 컴퓨터 언어에 집중하고 있지 않았다. 마이크로소프트는 인터넷 브라우저 시장의 선발업체도 아니었다.[37]

1987년, 빌 게이츠는 DOS/Windows와 OS/2 가운데 어떤 것을 선택해 승부를 걸 것인지 결정해야 하는 어려운 문제에 봉착했다. 한편으로 생각해보면, IBM PC가 MS-DOS를 기반으로 한 표준이 되면서 DOS 기반의 윈도우가 우위를 점하고 있었다. 다른 한편으로는 IBM이 새로운 운영 시스템을 만드는 데 크게 투자하면서 마이크로소프트가 OS/2를 개발하도록 했던 점을 고려해야 했다. 1987년 4월, IBM은 기술적 우위를 가진 OS/2로 운영되는 컴퓨터 신제품들을 내놓아 업계에 새바람을 일으켰고, 게이츠 역시 2년 안에 OS/2가 시장을 지배할 것이라 예측했다.[38]

하지만 이와는 별개로 빌 게이츠는 소리 소문 없이 윈도우 개발을 지속함으로써 총 쏘기도 병행했다. 결국 'OS/2가 실패하면 어떡하지? 천하의 IBM이라도 이미 표준으로 자리 잡은 DOS를 넘어서지 못하면 어떡하지? 소프트웨어 회사들이 OS/2에서 운용이 가능하도록 자신들의 프로그램을 변환하지 않는다면? 그래서 새로 나오는 컴퓨터들이 소프트웨어 옵션을 광범위하게 갖추지 않는다면 어떻게 하지? 어떡하지? 어떡하지? 어떡하지?' 생산적 피해망상이 발동한 게이츠는 이러한 모든 불확실성에 마이크로소프트가 노출되는 경우를 걱정했다. 그래서 회사 내부의 강력한 반대에도 불구하고, 만약의 경우를 대비하여 기존 윈도우 개발에 약간의 인력을 계속 남겨두었다. 게이츠는 현명하게도 OS/2의 미래가 어떠할지 확실히 예측할 수 있을 정도로 자신이 똑똑하지 않다는 사실을 잘 알고 있었다.[39]

1988년 말, OS/2의 시장점유율은 11퍼센트에 그쳤다. IBM에게는 나쁜 소식이었지만, 마이크로소프트에게는 꼭 그런 것은 아니었다. 〈비즈니스위크〉는 다음과 같이 전했다. "어떤 면에서 마이크로소프트는 잃을 게 없다. OS/2가 흔들리면 MS-DOS가 그 틈을 메울 것이다." 게이츠는, 적어도 공개적으로는 OS/2가 이길 것이라고 계속 예측했다. 하지만 실증적 증거는 윈도우가 승리하고 있음을 보여주기 시작했다. 〈PC위크PC week〉는 이렇게 썼다. "1989년이 OS/2의 해가 아니라 윈도우의 해가 되리라고 누가 예측했겠는가? 하지만 그렇게 되는 것 같다." OS/2가 3년간 단 30만 카피가 팔린 것에 비해, 윈도우3는 시장을 강타해 단 4개월 만에 100만 카피가 팔렸다.[40]

그러자 게이츠는 윈도우에 전적으로 승부를 걸었다. 1992년에는 한 달에 100만 카피 이상을 팔았고, 게이츠는 윈도우95 개발에 전력했다. 대포알은 타깃에 명중하여 윈도우95 출시 후 단 4일 만에 100만 카피가 팔림으로써 마이크로소프트는 우월한 지위를 얻게 되었다. 지속적인 20마일 행진으로 마침내 업계 최고의 거물이 된 것이다.[41]

— 10X 리더라고 해서 특별히 미래를 잘 예측할 수 있는 능력이 있는 건 아니다. 20세기 비즈니스 천재인 빌 게이츠가 자신을 둘러싼 환경 변화

를 정확히 예측할 수 있었다면, 흔히 다른 사람들이 그러하듯 '미래를 예측하고 그에 따라 준비하는' 전략을 사용했을 것이다.

불확실한 세상에서 특별히 미래를 잘 예측하는 능력이 있어야만 하는 건 아니라는 사실에 마음이 놓일 것이다. 이제 조사 과정에서 10X 리더들이 불확실성과 변화에 어떻게 대처하는지 알게 된 우리는 접근법과 사용 용어를 바꾸기 시작했으며, 미래를 예측하거나 정답을 내기 위한 분석 작업을 중단했다. 대신 다음과 같은 질문을 하기 시작했다.

어떤 총 쏘기를 통해 기회를 탐색할 것인가?
다른 기업은 어떤 총알을 쏘았는가?
그 총알은 우리에게 무엇을 가르쳐주는가?
또 다른 총알을 쏴야 할 필요가 있는가?
대포를 쏘기 위한 실증적 확인이 충분히 되었는가?

어떤 총알을 대포알로 바꿀 가치가 있는지 미리 알 수만 있다면, 대포만 쏘면 될 것이다. 그러나 당연히 알 수 없기 때문에 총알을 쏴봐야 한다. 그리고 총알 대부분이 아무것도 맞추지 못할 것이란 사실을 잘 알고 있어야 한다. 결국 대포를 쏴도 좋겠다는 충분한 확인이 되었을 때는 전적으로 자원과 노력을 투입해야 하는 순간이 오게 된다. 만약 총 쏘기만 하고 큰 투자나 과감한 행동이 따르지 않는다면 위대한 성과는 결코 거둘 수 없다.

## 애플의 재탄생

2000년대 초에 스티브 잡스가 소매점 애플 스토어를 열기로 결정했을 때, 그는 자신이 어떻게 해야 하는지 잘 모른다는 사실을 알고 있었다. 실증적 경험이 부족했기 때문에 잡스는 "소매담당 이사 자리에는 누가 최고일까?"라고 물었다. 그에 대한 답은 당시 갭Gap의 CEO로 있었던 미키 드렉슬러Mickey Drexler였다. 그래서 그를 애플의 이사로 영입해 자신이 배울 수 있는 건 모두 배우기 시작했다. 드렉슬러는 잡스에게 한꺼번에 대규모로 가게를 오픈하지 말라고 충고했다. 대신 창고를 일단 가게로 바꿔 시작해보고, 자리 잡을 때까지 계속 수정하여(총 쏘기, 총 쏘기, 총 쏘기) 어떤 것이 효과적인지 테스트해본 뒤에 본격적으로 매장을 운영(대포 쏘기)하라고 했다. 잡스는 그대로 했다. 첫 번째 시도는 효과가 신통치 않았다. 그래서 잡스와 소매담당 리더 론 존슨Ron Johnson은 소매점이 제대로 굴러갈 때까지 계속 수정과 테스트를 반복했다. 처음에는 가게 두 곳을 버지니아와 로스앤젤레스에 냈다. 그리고 일단 성공을 확인하고 난 후에 꾸준히 확장했다.[42]

스티브 잡스는 자신이 1980년대 초에 회사 운영을 위해 영입했던 존 스컬리와의 이사회 대결에서 패하여 해임된 후, 12년간 하이테크 업계에서 방황하다 1997년에 애플로 복귀했다. 그가 자신의 회사에서 쫓겨났을 때의 분노를 상상해보라. 그리고 애플을 위대하게 만들었던 요인이 무엇인지 이해하지 못하는 새로 부임한 이런저런 CEO들 아래에서 회사가 쇠락하고 휘청거리는 모습을 지켜볼 때 심정이 어떠했을까. 그러는 동안 애플의 누적 주식수익률은 전체 시장 대비 60퍼센트 이하로 떨어졌다.

잡스가 돌아왔을 때, 애플이 다시 위대한 기업이 될 것이라 기대한 사람은 많지 않았다. 델컴퓨터 창립자 마이클 델Michael Dell은 1997년도 IT박람회ITxpo97에서 있었던 가트너 심포지엄에서 "만약 애플의 경영을 맡게 된다면 어떻게 하겠느냐?"는 질문에 이렇게 대답했다. "문닫고 남은 돈 정리해서 주주들에게 돌려주겠습니다."[43]

그 후 1997~2002년까지 5년의 기간 동안, 애플은 시장의 다른 기업들을 127퍼센트 능가하는 실적을 냈고 이를 지속하여 결국 2010년에는 세계에서 가장 가치 있는 테크놀로지 기업이 되었다.

잡스는 애플을 부활시키기 위해 가장 먼저 무엇을 했을까? 아이포드도 아니고 아이튠즈도 아니고 아이폰이나 아이패드도 아니었다. 그는 가장 먼저 규율을 강화했다. 규율 없이는 창의적으로 일을 할 수 있는 기회도 없기 때문이다. 그는 세계적인 공급망 전문가인 팀 쿡Tim Cook을 영입했고, 두 사람은 함께 음양의 조화를 이루는 팀을 만들었다. 그들은 급여 외의 특전을 삭감하고 안식 기간 프로그램에 대한 회사의 지원을 중단했으며, 작업효율을 높이고 전체적인 비용구조를 낮추었다. 그리고 과거에 그랬듯이 밤낮없이 일하는 기풍을 살리는 데 노력했다. 그러자 간접비가 줄어들었고 유동부채 대비 현금비율이 2배로, 또다시 3배로 늘어났다. 장기부채가 3분의 2로 줄었고, 1998~1999년 사이에 자본 대비 총 부채비율은 절반 이하로 떨어졌다.[44] 어쩌면 당신은 "획기적인 혁신을 하면 재무상황의 개선은 자연히 따라오기 마련 아닌가?"라고 생각할지도 모른다. 하지만 실제로 애플은 아이포드나 아이튠즈, 혹은 아이폰을 만들기 전에 이 모든 일을 수행했다. 고객들이 사랑한 위대한 제품을 다시 만드는 데 도움이 되지 않는 것들은 모두 과감히 버리고 삭감했다.

애플은 어떤 제품을 가장 먼저 시작했을까? '가장 큰 건the Big Thing'을 부활시키기 위해 과거시점으로 돌아갔다. 그 큰 건은 바로 스티브 잡스가 10여 년 전에 만들었으며 제품믹스에서 여전히 막대한 가치를 가지고 있던 매킨토시 퍼스널 컴퓨터였다. 잡스는 '그다음 큰 건the next Big Thing'을 가장 먼저 쫓지 않았다. 대신 자신이 과거에 이미 만든 바 있었던 '가장 큰 건'을 다시 시작했다.

잡스가 애플로 복귀한 지 만 4년이 다 지나고 나서야 실증적으로 증명해보기 위한 총알들이 발사되었다. 애플이 맥에 집중하고 있는 동안 외부에서는 뭔가 변화가 일어나고 있었다. 냅스터Napster에서 음악 파일이 공유되고, 디지털 뮤직 플레이어인 MP3가 등장했다. 잡스는 〈포춘〉의 브렌트 쉴렌더Brent Schlender와의 인터뷰에서 냅스터, 디지털 음악파일 공유, MP3 플레이어의 등장을 '마치 마약에 취한 듯 명한 눈으로' 완전히 무방비 상태에서 바라보고 있었다고 말했다. "우리가 그 변화들을 놓쳤다는 생각이 들었습니다. 그래서 따라잡기 위해 더욱 열심히 일해야 했죠."[45]

애플이 아이포드의 개발을 시작하기 '전'에 있었던 모든 실증적 사실들을 고려해보자. 젊은이들이 음악을 공유했다. MP3 플레이어는 이들이 어디에서든지 음악을 들을 수 있게 해줬다. 그리고 용량은 한정되어 있었다. 애플은 기술을 일반인들이 쉽게 접근 가능하도록 만드는 오묘한 재주가 있었다. 매킨토시 컴퓨터와 연동되는 멋진

MP3 플레이어가 있다면 매킨토시 컴퓨터의 활동도를 높일 수 있었다. 그리고 보다 나은 MP3 기기를 만드는 데 필요한 많은 기술들은 이미 존재(소형 하드드라이브 기술은 도시바, 배터리 소형화 기술은 소니, 파이어와이어 인터페이스 기술은 텍사스인스트루먼츠)하고 있었다.[46]

그래서 애플은 매킨토시 컴퓨터를 위한 실용적인 MP3 플레이어와 이를 지원하는 소프트웨어를 만들었다. 하지만 과감하게 커다란 걸음을 내딛지는 않았다. 애플은 아이포드를 아주 중요한 신제품 범주에 넣지 않고 연장 제품으로 보았다. 애플의 2001 폼 Form 10-K는 아이포드를 '매킨토시 개인용 컴퓨터에 기반한 애플의 디지털 허브 전략의 중요하고 자연스런 확장'으로 묘사할 뿐이었다. 혁명적인 전진이라기보다는 단지 기존 전략으로부터의 점진적인 발전일 뿐이었다. 2002년에 아이포드는 애플의 전체 제품 가운데 순매출 3퍼센트 미만의 작은 부분으로 남아 있었다. 애플의 재무보고서에서 별개의 상품명으로 소개되지도 않았고 기업의 대표적인 사업에 대해 기술하는 부분에도 언급되지 않았다. 아이포드는 멋진 총알이었지만 총알 그 이상은 아니었다.[47]

애플은 계속해서 실증적 확인을 늘려갔다. 사람들은 아이포드를 사랑했고 맥 컴퓨터에 맞는 아이튠즈를 좋아했다. 아이포드의 매출은 1년 만에 두 배로 늘었다. 음악 산업은 불법 다운로드 때문에 성장에 큰 위협을 받았다. 애플 직원들은 훔치지 않고 음악을 다운받을 수 있는 손쉬운 방법을 원했다. 그래서 애플은 온라인 뮤직스토어를 개설하고 노래를 개당 99센트에 판매하기 위해 음반 업계와 협상을 벌였다. 이것 역시 성공하여 애플은 또 하나의 비즈니스를 실증적으로 확인할 수 있었다. 합리적인 가격으로 음악을 쉽게 살 수 있는 방법이 제공되면 수백만 명의 사람들이 음악을 훔치지 않고 기꺼이 구매할 것이다. 사람들은 자신들의 윈도우 기반 PC와 연동되는 아이튠즈를 강력히 원했다. 그리고 윈도우는 10억 대가 넘는 개인용 컴퓨터에 깔려 있었다.[48]

결국 이러한 모든 실증적 확인을 기반으로 애플은 커다란 대포알 쏘기, 즉 비매킨토시 컴퓨터를 위한 아이튠즈와 아이포드를 내놓기로 했다. 일시에 잠재시장을 거의 20배가량 폭증시킬 조치였다.[49] "아이포드는 신제품으로 볼 수 없는 제품입니다" 잡스가 말했다. "아이포드는 투기적인 시장이 아닙니다. 그래서 어떤 정보기기나 기술적 수집품을 만들어보고 시장이 존재하는지 기대를 해본 게 아니었습니다." 그리고 거기에서 멈추지 않았다. 애플은 하나씩 계속 추가하면서 다음의 한방을 만들어갔다. 아이포드 미니iPod Mini, 아이포드 클릭 휠iPod Click Wheel. 아이포드 포토iPhoto, 아이포드 30GB, 아이포드 60GB, 아이포드 80GB, 아이포드 셔플iPod Shuffle, 아이포드 나노iPod Nano 등을 통해 영화, 비디오, 책, 텔레비전 프로그램을 아이튠즈 스토어에서 구입할 수 있게 했다. 3년이 채 못 되어 아이포드 부문 매출이 매킨토시 부문을 능가하게 되었다.[50]

— 아이포드 스토리는 중요한 사실을 알려준다. 커다란 모험이 성공하고 나면 한계를 뛰어넘을 만한 창의적인 시도가 큰 걸음을 한 번에 내딛은 것처럼 보이지만, 실제로는 앞날을 예측하는 천재성보다는 실증적 확인에 기반을 둔 작은 걸음의 반복적인 과정으로부터 나왔다. 광적인

규율과 실증적 창의성의 결합이 한방의 혁신보다 애플의 부활을 더 잘 설명한다.

스티브 잡스 개인사도 같은 모습을 하고 있다. 1985년에 자신의 회사에서 쫓겨나 하이테크 황야에 유배되었을 때에도 잡스는 개발하고 성장하고 배우고 전진하길 멈추지 않았다. 그는 은퇴한 뒤 쉽고 안락한 삶을 살아갈 수도 있었다. 하지만 잡스는 넥스트_NeXT라는 이름의 기업을 만들어 새로운 운영 시스템을 개발했고, 픽사_Pixar에서는 애니메이션 영화도 만들었다. 애플을 떠난 지 12년 후에 잡스는 창의적인 기업가에서 규율 있고 창의적인 기업주로 바뀌었다. 잡스는 항상 유별나게 위대한 제품을 만드는 법을 알고 있었지만, 유별나게 위대한 기업을 만드는 법을 배워야 했다.

광적인 규율과 실증적 창의성은 동전의 양면처럼 10X 성공과 위대함을 유지하는 데 필요하다. 그것도 아주 충분히 필요하다. 게임에서 넉아웃되면 그 창의성과 규율은 아무것도 아니게 되기 때문이다. 애플은 1990년대 중반에 독립적인 기업으로 살아남지 못하고 사라질 뻔했다. 크게 뒤처지고 기력이 쇠하여 경영자들이 매각을 심각하게 검토할 정도였다. 애플 이사회는 잠재적 인수자들과 협상을 하지 않을 수 없게 되었고, 곧이어 잡스를 다시 불러들이기로 결정했다.[51] 애플이 어려움에 굴복하고 다른 기업에 인수되었더라면 아이맥, 아이폰, 아이포드, 아이패드도 탄생하지 못했을 확률이 높다. 위대함은 처칠처럼 절대 포기하지 않는 굳은 결의뿐만 아니라 충격적인 패배, 불운, 재앙, 혼돈, 분열을 이겨내겠다는 결심도 필요로 한다. 안정적이고 예측 가능한 세계에서는 광적인 규율과 실증적 창의성만으로도 충분할 수 있다. 하지만 불확실과 불안정성이 강한 세상에서는 기업을 경영함에 있어 다음 장에서 살펴볼 생산적 피해망상도 필요하다.

### 핵심 포인트

- '총 먼저 쏘고 대포 쏘기' 방식은 한방에 도약을 가능하게 만드는 혁신이나 천재적인 미래 예측보다 10X 기업들의 성공을 보다 잘 설명한다.

- 총 쏘기는 비용과 위험이 낮고, 기업의 주된 사업을 덜 흐트러뜨리는 실험을 말한다. 10X 리더들은 무엇이 실제로 효과적인지 실증적으로 확인하기 위해서 총알을 쏜다. 그리고 실증적 확인을 기반으로 자원을 집중해 커다란 수익을 거두기 위한 대포를 쏜다.

- 10X 기업들은 아무것도 맞추지 못한 총알을 무척 많이 발사했다. 그들은 어떤 총알이 명중할지 미리 알지 못했다.

- 대포 쏘기에는 보정된 대포 쏘기와 무보정 대포 쏘기 두 종류가 있다. 보정된 대포 쏘기는 성공 가능성의 실제 경험(실증적 확인)을 토대로 한 확인이 있다. 무보정 대포 쏘기는 실증적 확인 없이 크게 베팅하는 것이다.

- 무보정 대포 쏘기는 재앙이 될 수 있다. 우리가 연구한 기업들은 무보정 대포 쏘기와 위험한 사건이 동시에 일어났을 때, 취약점이 노출되어 커다란 대가를 치렀다. 비교 기업들은 10X 기업들보다 무보정 대포 쏘기를 훨씬 많이 하는 경향이 있었다.

- 10X 리더들도 이따금 무보정 대포 쏘기를 하는 실수를 저지르지만, 빨리 보정한다. 반대로 비교 기업들은 또 다른 무보정 대포 쏘기를 하여 자신들의 실수를 바로잡으려는 경향이 더 강하며, 이로 인해 여러 문제가 뒤엉키게 된다.

- 대포 쏘기에 실패하면 좋지 않은 결과로 이어진다. 총을 쏠 것인지 대포를 쏠 것인지는 선택의 문제가 아니다. 총을 먼저 쏘고, 이어 대포를 쏴

야 한다.

- 위험과 비용이 낮고 기업의 주된 사업에 대한 집중력을 크게 흐트러뜨리지 않는 정도라면 기업인수도 총 쏘기가 될 수 있다.
- 규율이 창의성을 저해하지도 않게 하고, 창의성이 규율을 침해하지도 않게 하면서 엄격하게 규율과 창의성을 결합하는 일은 쉽지 않다.

### 예기치 못한 발견들

- 10X 기업들이 항상 더 혁신적이지는 않았다. 어떤 짝에서는 10X 기업이 비교 기업보다 덜 혁신적인 것으로 드러났다.
- 각 환경마다 경쟁을 위해 필요한 혁신의 최저 수위라고 표현할 수 있는 한계점이 있다. 어떤 산업에서는 혁신 한계점이 낮고 또 어떤 산업에서는 혁신의 최저 한계점이 매우 높다. 그러나 일단 혁신의 한계점을 넘는 범위에서는 얼마나 더 혁신적이냐는 크게 중요하지 않다.
- 10X 리더들이 비교 기업 리더들보다 곧 닥칠 변화와 사건들을 더 잘 예측하는 것은 아니다. 단지 그들은 경험을 토대로 판단을 내린다.
- 창의성과 규율의 조합을 바꿔 말하면 혁신을 조정하는 능력과 뛰어난 지구력의 결합이라고 할 수 있다. 그리고 이는 크게 한 번 휘둘러 판도를 흔들어놓는 한방의 신화보다 위대한 성공 스토리들을 더 잘 설명한다.

### 핵심 질문

- 다음의 행동 중에서 당신은 어떤 것을 가장 늘릴 필요가 있는가?

  - 총알 충분히 쏘기
  - 무보정 대포 쏘기의 유혹 이겨내기
  - 일단 실증적 확인을 한 후에 총알을 대포알로 바꾸는 노력

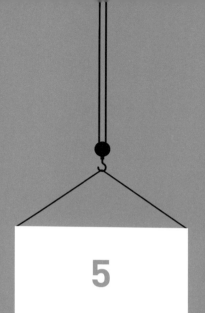

**5**

데스라인
위에서 이끌기

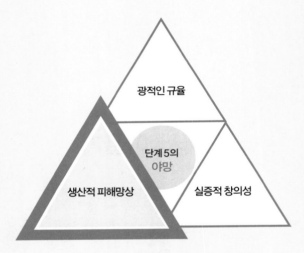

광적인 규율

단계 5의 야망

생산적 피해망상

실증적 창의성

생명이 있는 곳엔 늘 위험이 존재한다.

랠프 월도 에머슨Ralph Waldo Emerson[1]

# 5

1996년 5월 8일 아침, 데이비드 브레쉐어David Breashears는 에베레스트 산의 얼음 덮인 경사면의 해발 7,500미터 높이에 있는 제3캠프에서 아래를 내려다보았다. 그는 사우스콜South Col까지 먼 거리를 이동해 일명 '돼지The Pig'라 부르는 장비를 산꼭대기로 운반할 준비를 하고 있었다. 이 '돼지'는 지구상 가장 높은 곳에서 사상 최초로 아이맥스 영화를 찍는 데 사용될 19킬로그램짜리 아이맥스 카메라였다.[2]

브레쉐어는 900여 미터 아래를 내려다보며 불안을 느꼈다. 50명이 넘는 사람들이 제2캠프에서 나와 빙벽을 건너 브레쉐어 일행이 있는 곳으로 올라오고 있었다. 등반객 중 일부는 노련한 가이드 로브 홀Rob Hall과 스콧 피셔Scott Fischer가 이끌고 있었다. 브레쉐어와 그의 팀은 지난 밤 텐트를 강타한 허리케인급의 바람 때문에 잠을 제대로 못자 신경이 곤두서 있었을 뿐만 아니라 출발도 이미 늦어진 상태였다.[3]

브레쉐어는 잠시 멈추고 생각했다. '계속 부는 바람과 폭풍 때문에 일정이 하루 늦어져 저 등반객들에게 따라 잡히면 어떡하지? 만약 정상에서 촬영을 하려는 순간 저 등반객 무리가 좁은 산꼭대기에 몰려든다면? 정상 바로 밑, 한 번에 한 사람만 고정된 밧줄을 타고 오르내릴 수 있는 힐러리 스텝Hilary Step이란 병목 지점에 수십 명의 사람들이 늘어서게 되면 어떡하지? 고정 밧줄에 너무 많은 사람들이 매달리는 바람에 무게를 못 견디고 밧줄 지지대가 빙벽에서 떨어지면 어떡하지? 지난밤 매서웠던 바람이 날씨의 변화를 예고하는 징조라면 어떡하지? 예기치 못한 폭풍이 거대한 곰의 쩍 벌린 입처럼 산을 휩쓸어 등반객들을 흔적도 없이 죽음으로 내몬다면? 빨리 내려가야 하는 순간에 경험이 부족한 등반객들로 길목이 꽉 막혀버린다면 어떡하지?'[4]

세계 최고의 산악 촬영팀을 조직했던 브레쉐어는 신뢰하는 파트너인 에드 비에스터Ed Viesturs, 로버트 샤우어Robert Schauer와 함께 상의했다. 그들은 조건이 좋지 않다는 데 의견을 같이했고 제3캠프에 장비를 보관한 채 하산했다가 며칠 후 날씨가 좋아지면 다시 올라오기로 결정했다.[5]

내려가는 길에 브레쉐어는 다른 가이드들과 손님들 일행을 진두지휘하며 느리지만 군대 행진처럼 정확하게 산에 오르는, 키 크고 자신감에 넘치는 붉은 등산복 차림의 가이드 로브 홀과 마주쳤다. 날이 개고 바람이 잦아들어 날씨가 쾌청해지자 브레쉐어는 약간 유감스러운 기분마저 들었고, 홀은 브레쉐어가 이렇게 좋은 날씨에 하산하는 것을 보고 놀란 듯했다. 홀은 위쪽으로 올라가면서 에베레스트 등반의 대가인 브레쉐어를 바라보았고, 브레쉐어는 홀 일행을 빠르게 지나쳐 아래쪽 캠프로 내려갔다.

곧이어 브레쉐어는 헝클어진 머리에 권위와 에너지가 넘치면서도 커다랗고 아이 같은 미소를 지닌, 산을 열정적으로 사랑하는 가이드 스콧 피셔와 마주쳤다. 홀처럼 피셔도 왜 브레쉐어가 하산하기로 결정했는지 궁금해했고 브레쉐어는 바람이 불고 날씨가 수상하며 산에 사람들이 너무 많아서 하산하는 것이라고 말했다. 피셔는 걱정 말라는 듯 미소를 크게 짓고는 위로 계속 올라갔다. 자신의 트레이드마크인 낙천성을 물씬 풍기며 이렇게 화창한 날씨에 산에 있어 즐거워하는 모습을 보였다.[6]

15일 뒤, 브레쉐어는 아이맥스 영화를 찍기 위해 다시 산에 올랐다. 그러다 도중에 산 위쪽에서 얼어 죽은 홀과 피셔를 보게 되었다. 그들은 24시간 만에 8명이 사망한 에베레스트 역사상 가장 큰 참사의 희생자가 되어 있었다.[7]


## 생산적 피해망상

우리는 아문센과 스콧처럼 같은 날 같은 산에 오른 대조적인 두 쌍의 팀 리더를 비교해볼 수 있다. 둘 다 책임감과 사업상의 압박이라는 부담(한 명은 비싼 요금을 받은 대가로 고객들을 정상까지 데려가야 했고, 다른 한 명은 수백만 달러짜리 영화를 완성시켜야 했다)을 지고 있었고 매우 풍부한 등반 경험이 있었지만, 한 리더만이 에베레스트 정상에서 아이맥스 영화를 찍고 모두를 안전하게 집으로 데리고 오는 놀라운 목표를 달성해 팀을 10X 성공으로 이끌었다.[8]

브레쉬어는 5월 8일에 내려가기로 신중히 결정했고, 그 결정으로 탐험을 성공시키고 팀원들의 생명도 구할 수 있었다. 반면 로브 홀은 고객인 더그 한센Doug Hansen이 정상에 도착하기를 기다리느라 하산 시각을 몇 분도 아니고 몇 시간씩이나 어기는 결정을 내렸다. 하지만 이 두 가지 결정의 순간에만 초점을 맞추면 관점이 모호해지고 이해의 폭이 제한된다. 10X 관점에서 볼 때 가장 중요한 결정은 등반팀이 산에 가기 수개월 전 브레쉬어가 보스턴에서 계획을 세우고 준비하고 있을 때 이루어졌다.[9]

브레쉬어와 그의 팀은 정상에 한 번 올라가는 데 필요한 산소 외에 여분의 산소통과 에베레스트에서 추가로 3주 이상 머무를 수 있을 정도의 물품을 가져갔다. 브레쉬어는 내려가서 날이 좋아지기를 기다렸다가 다시 시도할 수 있었기 때문에 5월 8일 방향을 바꾸어 내려갔다. 이와 반대로 로브 홀 팀은 정상에 딱 한 번 올라갈 만큼만 산소를 가져갔다.[10] 일단 팀이 정상을 향해 출발하면 그들은 성공 아니면 실패인 단 한 번의 기회밖에 없었고 내려갔다가 다른 날 다시 올라가는 대안을 선택할 수 없었다. 정해진 하산 시각이 되어 산 위에서 중대한 순간을 맞이했을 때 그들은 급격히 밀려드는 폭풍과 다가오는 어둠에 스스로를 내던진 채 하산 규정을 지키지 않았다. 폭풍이 덮치자 브레쉬어는 구조 작업을 돕기 위해 높은 곳에 저장해두었던 자기 팀원들의 산소통 절반을 내주는 영웅적인 모습을 보였다. 동료 산악인들을 구하기 위해 수백만 달러짜리 영화 프로젝트의 실패를 기꺼이 무릅쓴 것이다. 그럼에도 불구하고 브레쉬어는 비극이 일어난 뒤 등반에 필요한 물품을 모으고 팀을 재정비해 약 2주 후 아이맥스 카메라를 가지고 정상에 오를 수 있었다.[11]

데이비드 브레쉬어가 에베레스트에 오른 방식은 10X 기업이 생산적 피해망상을 바탕으로 어떻게 기업을 이끄는지 잘 보여준다. 연구에서 10X 기업들은 상황이 예상치 못하게 급격히 변할 수 있다고 늘 가정했다. 그들은 끊임없이 "만약에?"라고 질문하면서 상황 변화에 신경을 곤두세우고 있었다. 그들은 한 발 앞서 준비하고 예비자금을 비축했으며 '비합리적으로' 큰 안전마진을 유지하고 리스크의 성격을 규정했다. 특히 좋은 시기든 나쁜 시기든 자신들만의 규율을 정비해감으로써 견고하면서도 유연한 위치에서 혼란에 대처했다. 그들은 실수하더라도 살아남아야 그 속에서 교훈을 얻을 수 있다는 사실을 깊이 이해하고 있었다.

다음 그림은 이를 잘 보여준다. 상승하는 곡선은 '10X 여정'을 나타낸다. 불규칙하게 곡선을 가로지르는 뾰족한 선은 여정에서 마주치는 '좋은 사건'과 '나쁜 사건'을 나타낸다. 차트를 가로지르는 '데스라인'이라고 표시된 직선에 주목하자. 여기에 닿는 것은 기업이 완전히 망하거나 너무 심한 타격을 입어 위대한 기업이 되기 위한 지속적인 노력을 더 이상 할 수 없는 경우를 의미한다. 아이디어는 단순하다. 데스라인에 닿으면 여정이 끝나고 게임은 종료된다!

이 장에서는 생산적 피해망상으로 위대한 회사를 세우고 이끄는 데 필요한 세 가지 핵심 실행 방안을 살펴보자.

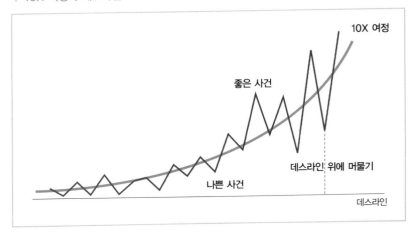

- 생산적 피해망상 1: 예상치 못한 사건과 불운이 발생하기 전에 이에 대비하여 여유자금과 충격흡수 방안(산소통)을 준비하라.
- 생산적 피해망상 2: 리스크의 성격을 규정(데스라인 리스크, 비대칭 리스크, 통제 불가능 리스크)하고 시간에 따라 리스크를 관리하라.
- 생산적 피해망상 3: 상황 변화를 감지하고 효과적으로 대응하기 위해 극도로 긴장을 유지하면서 줌아웃한 후 줌인하라.

**생산적 피해망상 1: 여분의 산소통**

인텔을 데이비드 브레쉐어, 마이크로일렉트로닉스microelectronics 산업에서 위대한 회사를 세우는 것을 아이맥스 카메라를 가지고 에베레스트에 오르는 것으로 생각해보자. 또한 여유자금과 보수적인 대차대조표를 산소통과 다른 물품들로 생각해보자. 1990년대 후반까지 인텔의 현금 보유액은 연매출의 40퍼센트에 달하며 10억 달러 이상 치솟았다(반면 AMD의 매출 대비 현금비율은 25퍼센트를 밑돌았다).[12] 이처럼 현금을 많이 보유하는 것은 회사가 일상적으로 운영되는 95퍼센트 동안의 시기에는 비합리적이고 비효율적일 수도 있겠지만, 인텔의 경영진은 재앙이 닥쳐 산업이 파괴되거나 다른 예상치 못한 충격으로 회사가 타격을 받을 수도 있는 5퍼센트의 시기를 우려했다.[13] 그래서 인텔은 그런 상황 속에서도 꾸준히 20마일 행진을 지속할 수 있었다. 재무이론에서는 현금을 사내에 유보하는 리더는 무책임하게 자본을 운영하는 것이라 여긴다.[14] 안정적이고 예측가능하며 안전한 세상에서는 그 이론이 맞겠지만 세상은 예측가능하지도 안전하지도 않다. 그리고 앞으로도 절대 그렇지 않을 것이다.

우리는 10X 기업과 비교 기업의 300년 동안의 대차대조표를 체계적으로 분석한 결과 10X 기업들이 여분의 산소통을 많이 가지고 있었다는 확실한 증거를 찾아냈다. 〈파이낸셜 이코노믹스Journal of Financial Economics〉에서 분석한 87,117개 회사의 자산 대비 현금비율을 비교했을 때, 10X 기업들은 중간값보다 3~10배 높았다.[15] 재무적 충격을 완화하고 흡수하는 방안을 마련하는 데 있어서, 10X 기업들은 피해망상과 신경과민에 걸린 별난 기업이었다! 이는 단순한 산업효과가 아니었다. 10X 기업과 동일한 산업에 속한 비교 기업들의 자료를 살펴본 결과 이들이 비교 대상 기업들보다 보수적으로 대차대조표를 관리했다는 사실을 알아냈다. 조사 기간의 80퍼센트 동안 10X 기업은 비교 기업보다 더 높은 자산 대비 현금비율과 부채 대비 현금비율을 유지하고 있었다(부록 G 참조).

우리는 10X 기업이 작은 기업이었을 때부터 오랜 시간에 걸쳐 이처럼 신중한 재무 규율을 고수했는지 궁금했다. 10X 기업이 각각 처음 주식공모를 한 뒤 5년간에 대해 동일한 분석을 한 결과 이미 비교 기업보다 재무적으로 신중하게 운영하는 패턴이 있었음을 찾아냈다. 1990년대 후반 인텔이 보수적으로 많은 현금을 보유하고 있었던 것은 인텔을 비롯한 10X 리더들이 초창기부터 적용했던 생산적 피해망상이 계속 이어진 결과였다.

브레쉐어와 아문센처럼 10X 리더들은 다음에 일어날 블랙스완Black Swan 사건에 대비하여 초기에 습관적으로 완충 방안과 충격흡수 방안을 세워놓았다. 블랙스완은 저술가이자 금융전문가인 나심 니컬러스 탈레브Nassim Nicholas Taleb에 의해 널리 알려진 개념으로 누구도 예측할 수 없으며 발생 확률은 낮지만 큰 혼란을 초래하는 사건을 의미한다.[16] 블랙스완이 발생하기 전까지는 10X 기업뿐만 아니라 누구도 특정 블랙스완이 발생할 것을 예측할 수 없다. 그러나 아직 구체적으로 나타나지는 않았지만 어떤 형태로든 블랙스완이 발생하리라고 예상하는 것은 가능하다. 바꿔 말하면 특정 블랙스완 사건이 발생할 확률은 1퍼센트도 안 되지만 어떤 사건이든 블랙스완이 발생할 확률은 100퍼센트에 가깝다. 단지 그 사건이 언제 일어날지 예측하지 못하는 것뿐이다. 이는 탈레브가 이룬 중대한 공헌으로 장차 10X 기업의 리더가 될 사람이라면 잘 알아두어야 하는 통찰이다. 10X 기업은 데이비드 브레쉐어가 에베레스트 등반을 준비한 것과 마찬가지로 블랙스완을 만나기 전에 여분의 산소통을 많이 숨겨두고 선택의 폭을 넓혀 도저히 예측할 수 없는 상황에 언제나 대비한다.

— 10X 리더들은 좋은 시기에 생산적 피해망상을 유지한다. 그것이 폭풍이 닥치기 전 가장 중요하게 해야 할 일임을 알고 있기 때문이다. 어떤 혼란이 벌어질지 지속적으로 예측하기란 불가능하기 때문에 그들은 체계적으로 완충 방안과 충격흡수 방안을 마련한다. 그들은 폭풍이 불어닥치기 훨씬 전부터 여분의 산소통을 준비해둔다.

1991년 허브 켈러허는 사우스웨스트항공이 극도로 보수적인 대차대조표를 유지하는 이유를 설명했다. "우리가 경제 재앙의 한복판에서 견뎌내고 성장할 수 있게 한 힘을 절대 잊어버리지 않는 한, 그러한 경제 재앙이 규칙적으로 되풀이 된다는 사실을 기억하는 한, 근시안적인 생각이나 이기심, 하찮은 일 때문에 우리의 저력을 절대 어리석게 낭비하지 않는 한, 우리는 계속 견뎌낼 것입니다. 우리는 계속 성장할 것입니다. 그리고 계속 번영할 것입니다."[17]

허브 켈러허가 이 글을 쓴 지 10년 후, 전 세계는 2001년 9월 11일의 참상을 실시간으로 생생히 지켜보았다. 다른 주요 항공사들이 이 테러의 즉각적인 여파로 운항을 중지한 반면, 사우스웨스트는 단 하나의 일자리나 비행기도 줄이지 않았다. 그리고 정부가 항공 여행 정지를 해제하자마자 예전처럼 모든 비행 스케줄을 운영했다. 사우스웨스트는 2001년 흑자로 돌아섰고, 2002년에는 주요 항공사 중 유일하게 이익을 냈다. 또한 새로운 도시에 취항했고, 시장점유율을 늘렸으며 정말 놀랍게도 2001년 4분기에는 주가가 상승했다. 2002년 말 사우스웨스트는 미국 주요 항공사를 모두 합친 것보다 훨씬 큰 시가총액을 달성했다.[18]

사우스웨스트는 소위 '9 · 11 테러라는 엄청난 파괴를 초래할 수 있는 충격'에도 불구하고 이 모든 것을 달성했다. 2001년 연례 보고서에서 밝혔듯이 불황기를 잘 넘기기 위해 호황기에 실행한 경영철학이 놀라운 예방법이라는 것이 증명되었기 때문이었다. 9 · 11 테러 당시 사우스웨스트는 현금 10억 달러를 보유했고 항공 업계에서 가장 높은 신용등급을 유지하고 있었다. 또한 호황기에도 절대 약화되지 않고 30년간 규율로 지켜온 가장 낮은 '가용 좌석 마일당 비용cost-per-available-seat-mile'을 유지하고 있었다. 사우스웨스트는 9 · 11 발생 전 위기대응 계획을 수립했고 금융 비상 계획이라는 수단도 가지고 있었다. 또한 건강하고 탄력적이라고 입증된 "우리는 서로 보살펴줄 것입니다"로 대변되는 상호관계를 형성하여, 30년 동안 치열하게 일하고 배려하는 문화와 도전적으로 일하는 사람들을 육성했다. 만약 9 · 11 이전에 그러한 문화와 관계가 확립되어 있지 않았다면 끔찍한 사건이 발생했을 때 사우스웨스트 또한 다른 항공사들과 마찬가지로 어려움을 겪었을 것이다.[19]

허브 켈러허는 사우스웨스트가 9 · 11에 어떻게 대응했는지 설명하면서 개인적인 허세를 조금도 내보이지 않았다. 그는 하늘이 열리자마자 직원들이 비행기를 띄우기 위해 얼마나 단결하고 협력했는지 설명하면서 목이 메어 말을 맺지 못했다.[20] "당신들은 우리를 공격할 수 있지만 패배시킬 수는 없습니다. 당신들은 우리의 자유를 파괴하려고 시도할 수 있지만 그것은 우리를 더 강하게 만들 뿐입니다. 당신들은 우리에게 공포를 안겨줄 수 있지만 우리를 두려워하도록 만들 수는 없습니다. 우리는 날아오를 것입니다!"

만약 당신이 위대한 회사를 만드는 실행 방안을 호황기든 불황기든 안정기든 혼란기든 항상 엄격히 적용한다면 격변하는 시기가 닥쳤을 때 다른 회사를 앞서가는 기업을 만들 수 있을 것이다. 재앙을 초래하는 사건으로 산업이나 경제 전반에 손실이 발생할 때 기업들은 앞서가는 기업, 뒤처지는 기업, 망하는 기업 세 가지 중 하나로 나뉜다. 혼란 그 자체가 이를 정하는 것은 아니다. 당신이 정하는 것이다.

### 생산적 피해망상 2: 리스크 규명

우리는 10X 기업들이 어쩌면 더 많은 위험을 감수했기 때문에 더 큰 성공을 이룬 것은 아닌지 궁금했다. 아마 10X 기업들은 단지 운 좋게도 큰 모험이 결실을 맺어 그 대가로 큰 보상을 얻은 승자일지도 모른다. 하지만 연구를 깊이 진행하면서 10X 기업들이 더 보수적이고 위험 회피적인 방법으로 회사를 이끈다는 사실을 알아냈다. 그들은 20마일 행진의 속도로 성장을 제한하며 대포를 쏘기 전에 총을 먼저 쏘았다. 또한 여분의 산소통을 숨겨두며 신중하게 자금을 운영했다. 늘어나는 증거를 따라가면서 우리는 "10X 기업이 비교 기업보다 더 많은 위험을 감수했는가, 아니면 더 적은 위험을 감수했는가?"라는 질문을 놓고 좀 더 체계적인 분석에 착수했다.

이 질문을 탐구하기 위해 우리는 먼저 기업 경영에 관련된 위험을 (1) 데스라인 리스크, (2) 비대칭 리스크, (3) 통제 불가능 리스크 세 가지 유형으로 정의했다(부록 H 참조). 데스라인 리스크는 기업이 망하거나 심각하게 타격을 입을 수 있는 위험을 뜻한다. 비대칭 리스크는 잠재적으로 불리해질 수 있는 정도가 유리해질 수 있는 정도보다 훨씬 큰 위험을 말한다. 통제 불가능 리스크는 관리하거나 통제할 능력이 없는 영향력과 사건에 기업이 노출될 위험이다. 이러한 세 가지 리스크 유형은 상호 배타적이지 않기 때문에 어떤 특정 의사결정이나 상황에 따라 하나 이상의 리스크 유형이 연관될 수 있다.

에베레스트 이야기는 세 가지 리스크 유형을 잘 보여준다. 로브 홀이 고객 중 한 명이 정상에 도달하는 것을 도와주기 위해 하산 시각 오후 2시를 포기하기로 결정했을 때, 그는 어둠에 갇히고 산소가 떨어질 위험을 급격히 증가시켜 불필요한 데스라인 리스크를 초래했다. 한편 데이비드 브레쉐어는 산에 다시 오를 때 비틀거리며 따라오는 여성 팀원이 마지막 정상 등반을 하도록 둘 것인지에 대해 정반대로 결정했다. 이는 그동안 그녀가 쏟아온 수년간의 노력과 훈련을 생각해보면 '가슴 아픈' 결정이었다. 결국 브레쉐어는 안전마진을 유지했고 그녀가 정상에 오르도록 허락하지 않았다. 홀이 정상에 단 한 번 오를 수 있을 만큼 산소통을 가져가기로 결정한 것은 비대칭 리스크를 초래했다. 산소통은 무겁고 비싸지만 원정에 실패하면 더 비싼 대가를 치르게 되고 생명을 잃을 수도 있었다. 그래서 브레쉐어는 산소가 부족해 겪게 될 어려움이 여분의 산소를 가져가는 데 드는 비용보다 훨씬 크다고 생각했다. 또한 그는 1996년 5월 8일 많은 등반객이 산을 오르면 그가 통제할 수 없는 상황이 발생할 수 있다는 것을 인식하고 통제 불가능 리스크를 피했다. 힐러리 스텝에서 위험한 병목 현상이 발생할 수도 있었다. 산꼭대기에 몰린 등반객들이 정상 장면 촬영을 망칠 수도 있었다. 그의 팀이 다른 팀의 등반객들로 인해 진행이 늦어진 채 폭풍이 몰아치는 산 위에 갇힐 수도 있었다. 브레쉐어

는 5월 8일 산을 내려감으로써 이러한 통제 불가능 리스크를 피하기로 결정했다.[21]

우리는 10X 기업도 데이비드 브레쉬어처럼 행동했다는 사실을 알아냈다. 그들은 비교 기업에 비해 데스라인 리스크, 비대칭 리스크, 통제 불가능 리스크를 덜 무릅썼다.

― 10X 기업이 비교 기업보다 리스크를 덜 부담했음을 발견했다. 10X 리더들도 분명 리스크를 감수했지만, 같은 환경 속에서 비교 기업의 리더보다는 상대적으로 덜 감수했다. 10X 리더들은 데스라인 리스크를 몹시 싫어했고, 비대칭 리스크와 통제 불가능 리스크를 회피해갔다.

리스크 분석을 마친 뒤 우리는 고려해야 할 중요한 리스크 유형으로 시간기준 리스크가 하나 더 있음을 깨달았다. 시간기준 리스크란 리스크의 수준이 사건 진행 속도, 의사결정 속도, 실행 속도와 연계되어 있을 때 발생하는 위험이다. 만약 당신이 평원을 가로질러 당신을 향해 몰아치는 토네이도와 맞닥뜨렸다면, 리스크 속성 risk profile은 토네이도를 제때 발견해서 위험이 닥치기 전에 의사결정을 내리고 피신했는지 아닌지에 크게 좌우된다. 세상에는 빠르게 움직이며 예측할 수도 통제할 수도 없는 거대한 영향력이 가득하다는 연구의 전제를 고려해볼 때, 비교 기업들은 다가오는 리스크와 혼란에 너무 느리게 대응해 손실을 입은 반면 10X 기업들은 매우 신속하게 리스크를 감소시켰다.

이를 확인하기 위해 우리는 10X 기업과 비교 기업의 역사에서 긴박

| 리스크 비교 | 10X 기업 vs. 비교 기업

| 의사결정 유형 | 10X 기업 | 비교 기업 |
|---|---|---|
| 분석된 의사결정의 수 | 59 | 55 |
| 데스라인 리스크가 포함된 의사결정 | 의사결정의 10% | 의사결정의 36% |
| 비대칭 리스크가 포함된 의사결정 | 의사결정의 15% | 의사결정의 36% |
| 통제 불가능 리스크가 포함된 의사결정 | 의사결정의 42% | 의사결정의 73% |
| 저위험*으로 분류된 의사결정 | 의사결정의 56% | 의사결정의 22% |
| 중간위험**으로 분류된 의사결정 | 의사결정의 22% | 의사결정의 35% |
| 고위험***으로 분류된 의사결정 | 의사결정의 22% | 의사결정의 43% |

*저위험 = 데스라인 리스크도 아니고, 비대칭 리스크도 아니고, 통제 불가능 리스크도 아님.
**중간위험 = 데스라인 리스크는 아니지만, 통제 불가능 리스크이거나 비대칭 리스크.
***고위험 = 데스라인 리스크와 혹은 비대칭 리스크이며 통제 불가능 리스크.

| 10X 기업: 비교 기업보다 적은 위험 | 유형별 리스크 평균

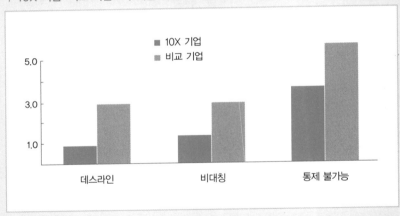

| 성공적인 결과와 연관된 행동 | 성공적이지 못한 결과와 연관된 행동 |
|---|---|
| 끊임없는 우려. 위협의 조기 감지. | 위협의 감지가 늦음. |
| 사건이 전개되는 속도에 맞춰 의사결정 속도를 조절. "느리게 갈 수 있으면 늦게 가고, 빠르게 가야 하면 빨리 간다." | 사건의 전개 속도에 맞춰 의사결정 속도를 조절하는 데 실패. 상황에 따라 너무 느린 결정이나 너무 빠른 결정. |
| 심사숙고하고 사실에 기반을 둔 의사결정. 아무리 빠르더라도 매우 규율 있는 사고. | 반사적이고 충동적인 의사결정. 광적인 규율과 전략적 엄격함 결여. |
| 일단 결정이 되고 난 후에는 최고로 실행. 탁월함을 잃지 않고 실행하며 시간에 맞추기 위해 필요한 집중도 증가. | 속도를 내기 위해 실행에 있어 탁월함을 잃음. 빠르게 움직일 때 최고로 실행하기 위해 집중을 높이는 데 실패. |

했던 사건 115건을 찾았다(부록 I 참조). 우리는 인식 속도(기업이 사건의 중요성을 얼마나 빨리 또는 늦게 인식했는지), 의사결정 속도, 실행 속도에 비례하여 좋은 결과와 나쁜 결과 사이의 상관관계를 조사했다. 분석을 통해 알아낸 결과가 다음의 표에 요약되어 있다. 분석 결과 '언제나 더 빠르게 움직여라'와 미묘한 차이가 있는 관점이 도출되었다. 우리는 변화나 위협을 조기에 인식하고 길든 짧든 가용한 시간 동안 철저하고 신중하게 결정을 내리는 것이 신속한 의사결정보다 더 좋은 결과를 낸다는 것을 알았다. 핵심 질문은 "신속히 대응해야 하는가, 천천히 대응해야 하는가?"가 아니라 "리스크 속성이 변하기까지 시간이 얼마나 남았는가?"인 것으로 밝혀졌다.

암 진단에 대한 앤디 그로브의 반응을 떠올려보자. 그는 바로 행동에 돌입하지 않았다. 그는 그에게 남은 시간을 고려했고 몇 주 안에 리스크 속성이 크게 바뀌지는 않는다는 것을 깨달았다. 몇 달 또는 몇 년 동안이라면 바뀌겠지만 몇 주 동안은 바뀌지 않는다. 그 후 그는 다양한 모든 가능성을 고려하여 자신만의 데이터 차트를 만들며 철저하게 대처 방안을 수립하는 데 시간을 사용했다. 그로브는 암이 걸린 상황에서 결코 현실에 안주하지 않았지만 즉각적으로 결정을 내리지도 않았다. 자신의 상황과 선택 가능한 대안들을 신중히 고려하지 않고 수술실로 뛰어든다면 오히려 리스크가 커질 것이라고 생각했다.[22]

— 때로는 너무 빨리 행동하면 위험이 커진다. 때로는 너무 늦게 행동하면 위험이 커진다. 중요한 질문은 "리스크 속성이 변하기까지 시간이 얼마나 남았는가?"이다. 몇 초가 남았는가? 몇 분? 몇 시간? 며칠? 몇 주? 몇 달? 몇 년? 몇 십 년? 가장 어려운 일은 그 질문에 답하는 것이 아니라 그 질문을 할 침착성을 유지하는 것이다.

10X 기업들은 리스크 속성이 천천히 변하는 경우 사건이 진행되도록 놔두기 위해 시간을 갖는 경향이 있었지만, 리스크 속성이 급속히 바뀌기 시작하는 경우 아주 빠르게 행동을 준비했다. 스트라이커는 1989년 연례 보고서에서 의료비가 국민총생산GNP의 15퍼센트를 넘는다면 미국은 머지않아 빈곤해질 것이며, 이는 차례로 비용에 대한 반작용으로 이어져 스트라이커의 의료 장비 가격이 하락할 수도 있다고 언급했다. 그래서 앞으로 다가올 폭풍에 대비해 경계를 게을리 하지 않았다. 스트라이커는 혼란이 무엇을 앗아가든 그에 대처하기 위해 매우 많은 산소통(대차대조표상의 현금)을 저장해두었다. 그럼에도 불구하고 존 브라운은 성급하게 행동하지 않았다. 상황이 진행되는

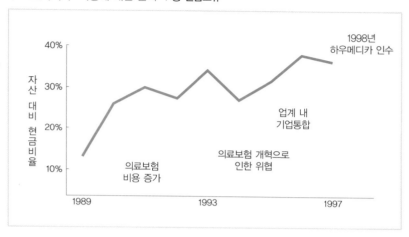

| 스트라이커: 폭풍에 대한 준비 | **총 현금보유**

1998년
하우메디카 인수

40%

30%

20%

10%

자산 대비 현금비율

의료보험
비용 증가

의료보험 개혁으로
인한 위협

업계 내
기업통합

1989    1993    1997

것을 지켜보며 때가 되었을 때 신속하게 움직이기 위해 준비했다.[23]

그 후 1990년대 후반 병원의 구매력을 집중하기 위해 병원 구매그룹이 생겨나자 스트라이커의 리스크 속성이 급속히 바뀌기 시작했다. 병원 구매그룹은 시장을 주도하는 소수의 대기업과 거래하는 것을 선호했고 이에 대응하여 급격한 기업인수로 업계 내에서 통합이 시작되었다. 의료 장비 회사들은 규모의 경제를 이루어 소수의 대기업 중 하나가 될 것인지 아니면 게임에서 완전히 퇴출될 것인지 냉혹한 선택에 직면했다. 그리고 그때 스트라이커는 하우메디카Howmedica를 기습적으로 사들이고 상위 3개 회사 중 하나로 자리를 굳혔다.[24]

생산적 피해망상을 가진 사람은 숨어 있는 위험을 인지하고 혹시 있을지 모를 붕괴를 경계할 것이다. 하지만 이는 불안과 불확실성을

| 성공적인 결과와 연관된 행동 | 스트라이커의 행동 |
|---|---|
| 극도의 경계, 위험신호일 수도 있는 변화에 대한 끊임없는 우려. 위협의 조기 감지. | 1980년대에 스트라이커는 의료보험료 인상을 명확히 인지하고 이로 인해 업계에 혼란이 올 것을 우려함. |
| 사건이 전개되는 속도에 맞춰 의사결정 속도를 조절. "느리게 갈 수 있으면 늦게 가고, 빠르게 가야 하면 빨리 간다." | 1980년대와 1990년대 초, 극적인 행동은 취하지 않았으나, 대안을 고려하고 여유자금을 크게 늘림. |
| 심사숙고하고 사실에 기반을 둔 의사결정. 아무리 빠르더라도 매우 규율 있는 사고. | 1990년대 말, 병원 구매그룹이 등장하면서 업계를 합병의 추세로 빠르게 몰고 감. 스트라이커는 규율 있는 의사결정으로 하우메디카를 인수함. |
| 일단 결정이 되고 난 후에는 최고로 실행. 탁월함을 잃지 않고 시간에 맞추기 위해 필요한 집중도 증가. | 1998~1999년까지 스트라이커 팀원들은 하우메디카를 성공적으로 합병하기 위해 거의 쉬지 않고 일함. |

없애기 위해 빠르고 즉각적으로 행동하는 것과는 매우 다르다. 우리는 경영연구소를 통해 신흥 시장의 일부 리더들이 리스크 속성이 안정적일 경우, 시간 여유를 가지는 등 아주 침착한 자세를 취한다는 사실을 발견했다. 2008~2009년 사이의 재정 위기 때 우리는 신흥 시장에서 가장 성공적인 사업가 몇몇과 함께 일하며 그들이 위험한 상황에서도 숙고 끝에 침착하게 대응하는 것을 목격했다. 라틴아메리카의 잔인할 정도로 불확실한 환경에서 자수성가한 사업가 중 한 사람은 잠시 멈추고 기다릴 수 있는 능력에 대해 이렇게 말했다. "물론 불확실성이 사라지길 원하는 것은 인간의 본성입니다. 그러나 그 욕구는 빠른 결정, 가끔은 지나치게 빠른 결정을 내리게 합니다. 저의 고향에서는 어떤 결정을 내리고 어떤 행동을 하던지 불확실성은 절대 사라지지 않는다는 것을 쉽게 알게 됩니다. 따라서 만약 행동하기 전에 시간 여유를 갖고 상황을 진전시켜 문제를 좀 더 명확하게

만들 수 있다면 우리는 그만큼 기다립니다. 물론 결정적인 순간이 왔을 때 행동할 준비는 되어 있어야 합니다."[26] 빠를수록 좋다는 믿음, 빠른 자들이 언제나 느린 자들을 이긴다는 믿음, 그리고 빠르지 않은 자는 살아남지 못한다는 믿음은 아주 위험하다. 때로는 빠른 자가 살아남지 못한다.

### 생산적 피해망상 3: 줌아웃하고 줌인하기

어느 유명한 실험에서 대니얼 사이먼스Daniel Simons와 크리스토퍼 차브리스Christopher Chabris는 실험 대상자들에게 사람들이 농구공을 주고받는 영상을 보여주면서 패스 횟수를 세도록 했다. 영상 중간쯤 고릴라 옷을 입은 사람이 패스하고 있는 사람들 사이로 불쑥 들어와 가슴을 주먹으로 두드리더니 코트 밖으로 나갔다. 실험 참가자들은 숫자 세는 일에 집중하느라 약 50퍼센트만이 고릴라의 존재를 알아챘다.[27]

우리는 인생의 대부분을 눈앞에 직면한 계획과 활동에 소모한다. 일의 목록을 만들어 확인하고, 큰 프로젝트의 중간 점검을 하고, 끊임없는 요구사항에 응대하면서 시간을 보낸다. 그래서 우리는 바로 눈앞에 있는 고릴라를 쉽게 놓치기도 한다. 그러나 10X 리더들은 고릴라가 위험하고 위협적이라면 놓치지 않는다. 데이비드 브레쉐어는 아이맥스 카메라를 에베레스트 정상으로 가져가는 데 완전히 집중했지만, 산 아래에서 사람들의 무리가 올라오는 것을 보았을 때 거대한 고릴라를 발견했다.

— 우리는 생산적 피해망상 환자의 표식과도 같은, 듀얼 렌즈를 사용할

수 있는 능력을 설명하기 위해 '줌아웃(멀리 보기)' 과 '줌인(가까이 보기)' 이라는 용어를 사용하기로 했다. 10X 리더들은 목표에 집요할 정도로 집중하는 동시에 환경 변화에도 굉장히 예민하다. 그들은 완벽한 실행과 변화하는 조건에 적응하기 위해 노력한다. 그들은 패스 횟수를 세는 동시에 고릴라를 발견한다.

실제로 이렇게 작동된다.

---

### 줌아웃

**상황의 변**

리스크 속성이 변하기까지 시간이 얼마나 있는가?

엄격하게 평가해보라. 새로운 상황 때문에 계획을 변경해야 하는가?

만약 그렇다면, 어떻게 해야 하는가?

**그러고 나서,**

### 줌인

최대한 계획과 목표를 실행하는 데 집중하라.

---

"리스크 속성이 변하기까지 시간이 얼마나 남았는가?"라는 질문이 줌아웃의 일부임을 주목하라. 10X 리더들은 줌아웃하여 대응책을 만들어낼 시간을 가진다. 물론 리스크의 속성이 빨리 변했거나 고릴라가 이미 가까이 와서 순식간에 공격하는 바람에 빠르게 행동해

야 했던 경우도 있었다. 하지만 그런 경우에도 그들은 당황해서 반사적으로 결정하기보다 신속하게 대응하면서도 신중함과 냉철함을 유지했다.

1979년 12월 4일에 인텔의 매니저 6명과 외부 마케팅 전문가 레지스 맥케나Regis McKenna는 3일간 일상생활을 접어둔 채 난상토론을 벌였다. 이는 인텔의 마이크로프로세서 8086이 모토로라의 68000에 비해 입지가 약화되고 있다는 내용의, 현장 엔지니어 돈 버크아웃Don Buckhout이 보내온 8장짜리 '예리하고도 절박한' 텔렉스 때문에 시작되었다.[28] 특히 모토로라는 68000을 고객들이 생산하는 제품라인에 들어가도록 설득하여 '디자인 윈(다른 회사의 상품에 들어가는 상품-옮긴이)'의 수에서 인텔보다 앞서고 있었다. 이는 위협적인 트렌드였다. 모토로라가 디자인

원에서 지배적인 위치를 차지하게 된다면 그것은 이후 바꾸기 어려운 시장 표준이 될 것이었다. 인텔 매니저 윌리엄 데비도우William Davidow가 그의 저서 《고도기술 시대의 마케팅Marketing in High Technology》에서 회상했 듯이 "인텔의 미래는 막막했다."[29]

특별팀은 '줌아웃' 하기 시작했다. 모토로라가 승리하고 있는 이유 는 무엇인가? 이 사실이 얼마나 중요한가? 우리는 어떻게 맞설 수 있 는가? 특별팀은 '인텔 딜리버스' 라는 인텔의 고유한 슬로건과 몇 세 대에 걸친 모든 종류의 칩을 제공함으로써 고객에게 편의를 줄 수 있 는 능력에 초점을 맞추어, 다섯 가지 요소로 구성된 경쟁력 있는 포지 셔닝 전략과 스케줄을 개발해냈다. 보고서는 세련되고 전략적이었으 며, 인텔의 강점에 대한 깊은 통찰력과 고객들이 진짜 우려하는 것이 무엇인지를 반영하고 있었다. 매우 체계적인 분석에 기반을 두어 특 별팀은 'CRUSH 작전' 이라는 이름의 대응 계획을 세웠다.[30]

그러고 나서 인텔은 '줌인' 하기 시작했다. 특별팀은 소집된 지 일주 일도 채 되지 않아 금요일에 해산했고, 인텔은 그다음 주 화요일에 계 획을 승인함과 동시에 수백만 달러의 예산을 할당했다. 그 주가 가기 전, 100명도 넘는 CRUSH 팀 멤버들이 굵은 주황색 글자로 'C-R-U-S-H' 라고 쓰인 배지를 달고 산호세 하얏트 호텔에 모였다. 거기 서 그들은 1년 동안, 대세를 바꾸고 IBM이 훗날 출시할 PC를 위한 중 요한 디자인 원을 포함한 2,000개의 디자인 원을 얻기 위해, 전 세계 로 자칭 십자군 원정을 떠났다.[31]

— 빠르고 위험하고 경쟁적인 상황 속에서도 인텔의 특별팀은 아주 신

중한 접근을 통해 세련되고 철저한 전략을 수립했다. 인텔은 단 7일 만에 CRUSH 작전을 시행했지만 지독히 체계적으로 준비했다. 10X 팀은 급변하는 위협에 직면했을 때 얼어붙거나 즉각적으로 반응하지 않는다. 그들은 빠르게 행동해야 할 때에도 우선 빠르게 생각한다.

인텔은 모토로라의 위협을 늦게 알아차리는 실수를 했기 때문에 빠르게 단기 작전을 실행해야 했다. 그러나 인텔은 당황하여 생각 없이 반응함으로써 상황을 악화시키지 않았다. 10X 기업들은 과장이나 유언비어보다는 경험에 의존하고 경악스러운 사건들 앞에서도 증명된 원리와 전략을 고수한다. 아무리 급변하는 위협이 다가온다 해도 체계적인 사고와 행동을 버릴 필요는 없다.

1987년 초반에 조지 라스만은 획기적인 대포알 같은 상품인 EPO를 발사할 때가 되었다고 암젠 이사회에 보고했다. 암젠의 FDA 신청 팀은 그 순간의 중요성(개발과 시험은 끝났고 상품은 준비되었으며 시간은 가고 있으니, 이제 우리가 나설 때가 되었다!)을 깨닫고는 자청해서 '시미밸리 Simi Valley의 인질'이 되었다.

처음에 그들은 사무실에서 일했지만, 곧 FDA 허가보다 더 중요한 것은 없다고 판단하여 방해 요소를 전부 없애버리고자 다른 것들을 모두 '추후 처리' 파일더미에 던져두었다. 그러고는 복사기와 작업 중인 파일을 여관방으로 옮기고, 일상생활에서 벗어나 잔인하고 쉼 없는 스케줄에 맞추어 생활하기 시작했다. 아침에 일을 시작해서 점심시간에 잠시 휴식을 갖고 오후 6시까지 일하고 다시 저녁시간을 가진 후, 밤까지 일하는 생활을 매일 몇 주 동안 계속했다. 93일 후 그들은 마침내 임대한 트럭에 19,578장짜리 문서를 싣고 공항으로 달려가 FDA로 보냈다. '시미밸리의 인질들은 이제 자유다!' 라고 적힌 노란 리본으로 장식된 커다란 침대 시트가 암젠 본부에 내걸렸다.[32]

그 후 그들은 지난 시간을 만회하기 위해 많은 일을 처리해야 했다. 그러나 다른 경쟁자들을 제치고 FDA에 EPO의 승인을 받을 기회를 놓치는 것보다 더 중요한 일이 있었겠는가?

— 시미밸리의 인질들은 시간 경쟁에서 1등이 되어야 한다는 것을 알았지만 그렇다고 속도를 내기 위해 세밀하고 체계적인 접근을 포기하지는 않았다. 잠시 동안 그들의 집중력을 극도로 끌어올림으로써 승리에 필요한 속도를 확보할 수 있었다.

반대로 제넨테크가 비슷한 상황에서 어떻게 실패했고, 그 결과가 어떻게 인수합병을 초래했는지 살펴보자. 1987년 5월 29일 금요일 오후, FDA의 자문단을 대상으로 한 제넨테크의 신약 t-PA(액티바제 Activase라고도 불린다)의 프레젠테이션을 보려고 메릴랜드 주 베세스다의 FDA 강당에 400명이 모였다. 생명공학 역사상 어떠한 약도 심장마비 환자들의 응고된 혈액을 풀어줄 수 있는 마법의 약 t-PA만큼 흥분을 이끌어내지는 못했다. 제넨테크의 뛰어난 마케팅은 사람들에게 t-PA가 큰 성공을 거둘 것이라 믿게 하여, 제넨테크의 주식은 100배 수익률로 거래되고 있었다. t-PA를 둘러싼 반응이 열광적이었던 만큼, 신약이 FDA 승인에서 예상 밖의 난관에 봉착할 경우 주식 가격은 큰 영향을 받을 것이었다.[33]

5시간에 걸친 프레젠테이션과 토론이 끝난 후 저녁 즈음에 의장이 표결을 요청했다. 표결 결과는 좌중을 경악시켰다.[34] 제넨테크는 t-PA가 생명을 연장시킨다는 사실을 위원회에 확신시키는 데 실패했고, 위원회는 t-PA에 대한 후속 연구를 명했다.[35] 아이러니하게도 제넨테크는 FDA의 검증을 통과하기 위한 대부분의 정보를 갖고 있었다. 단지 미팅 당일에 위원회가 제기할 법한 우려와 질문들에 즉각적으로 대처할 수 있는 모든 자료를 제대로 준비하지 못했던 것이다.[36]

제넨테크의 설립자 로버트 스완슨Robert Swanson은 위원회의 결정이 실수라고 주장했고, 실제로 제넨테크는 다음 해에 인가를 얻어냈다.[37] 그러나 당시에는 적어도 10개의 회사가 t-PA와 관련된 약을 개발 중이었고, 제넨테크가 FDA 승인을 위해 다시 자료를 만드는 동안 다른 회사들은 도약의 발판을 만들었기 때문에 잃어버린 6개월은 매우 중요했다.[38] 고공비행 중이었던 주가는 t-PA 인가 지연으로 폭락하여 그 후 2년간 전체 시장보다 60퍼센트나 낮아졌다. 이로 인해 자기자본 비용(제넨테크는 R&D 투자를 위해 많은 자본이 필요했다)이 높아지는 바람에, 결국 제넨테크는 로슈Roche에 지배지분을 매각하게 되었다.[39]

## 인생의 모든 시간이 평등한 것은 아니다

우리는 이 장을 '줌아웃' 하고 '줌인' 하는 것의 중요성을 강조하는 측면에서 아문센의 이야기로 마무리하고자 한다. 아문센이 1911년에 남극이 아닌 북극에 가려고 했었다는 사실이 밝혀졌다.

그렇다, 북극이다! 그는 북극에 가기 위해 자금을 모았고, 북극에 가기 위해 팀을 꾸렸으며, 북극에 가기 위해 프람Fram 선의 사용 허가를 얻었다. 이 모든 계획이 북극 탐험을 위한 것이었다.[40] 그렇다면 어쩌다가 지구의 반대편에 있는 남극에 가게 된 걸까?

북극에 가기 위해 준비하는 동안 아문센은 북극점이 정복되었다는 참담한 소식을 들었다. 첫 번째로 프레드릭 쿡Frederick Cook, 그다음에는 로버트 피어리Robert Peary가 북위 90도에 도달했다는 소문이 돌았다. 그래서 아문센은 탐험의 방향을 남극으로 돌리고 모든 에너지를 새로운 목적지를 위한 준비에 쏟기 시작했다. 그는 이 결정을 닻을 올리는 순간까지 몇 달이나 선원들에게까지 숨기고 있었다. 1910년 9월 9일 포르투갈 마데이라Madeira 항구에서 아문센은 일정보다 3시간 앞서 닻을 올려 선원들을 놀라게 했다. 그는 선원들을 갑판에 모아놓고는 북극 대신 남극으로 탐험의 방향을 돌릴 것이라고 침착하게 말했다. 그날 이른 시간까지만 해도 승무원들의 마음속에는 북극만이 자리하고 있었다. 하지만 같은 날 저녁 10시에 그들은 북극을 까맣게 잊고 새로운 모험을 향해 남극으로 떠나고 있었다.[41]

꼼꼼한 완벽주의자에 준비성이 철저하고 규율에 광적이었던 아문센은 '충동적'이라는 단어와는 거리가 멀었다. 그러나 북극이 정복되고 스콧이 남쪽으로 향하고 있을 때, 아문센은 계획을 180도 수정했다. 만약 아문센이 "내 계획은 북극에 가는 것이었으니 그대로 북극에 가야겠다"라고 말하며 새로운 목표에 초점을 맞추기 거부했다면 그의 팀은 10X 성과를 내지 못했을 것이다. 그러나 북극이 정복되었다는 것을 알게 된 그는 '줌아웃'하여 변화된 상황을 살펴보고 '줌인'하여 남극으로 향하는 새로운 계획을 실행했다.

10X 사람들은 기회나 위험, 혹은 그 둘 다로 인해 계획을 수정하고 집중의 대상을 바꾸며 의제를 조정해야 할 결정적 순간을 알아차리는 능력을 갖고 있다. 결정적 순간이 왔을 때 그들은 이미 완충장치와 여러 개의 산소통을 갖고 상황에 맞출 유연성과 다양한 옵션을 준비하고 있다. 또한 언제나 신중하게 생사의 기로에 놓일 수 있는 위협과 비대칭적이고, 통제 불가능한 위험을 최소화하면서 일해왔기 때문에 안전의 여지를 많이 갖고 있다. 그들은 변화를 감지하면 '줌아웃' 하고, 리스크 속성이 변하기까지 시간이 얼마나 있는지 살핀다. 그들은 반사적으로 결정하지 않고 엄격히 따져본 끝에 결정한다. 그러고 나서 그들은 '줌인' 하고 결정적 순간에 최선의 실행을 위해 완벽하고 집요하게 몰두한다.

인생의 모든 시간이 평등한 것은 아니다. 삶에는 더욱 중요한 순간들이 있다. 1911년은 아문센에게 중요한 순간이었고, 그는 그 순간을 최대로 활용했다. 1996년 5월 에베레스트에서 데이비드 브레쉐어는 그의 인생에서 더욱 중요한 순간을 맞았고 그 순간을 멋지게 보냈다. 9월 11일은 항공 업계에 있어 더욱 중요한 순간이었고 사우스웨스트 항공은 탁월하고 도전적인 행동으로 그 순간을 돌파했다. 누구나 평소보다 훨씬 중요한 순간들, 즉 우리가 붙잡거나 놓쳐버릴 수 있는 순간들과 마주칠 것이다. 10X 리더들은 그 순간을 위해 준비하고 그 순간을 알아보고 기회를 잡고 인생을 걸고 최선을 다한다. 그들은 가장 중요한 순간에 가장 전력으로 임한다.

### 핵심 포인트

■ 이 장은 생산적 피해망상의 중요한 세 가지 측면을 살펴본다.

1. 예기치 않은 사건과 불운이 발생하기 전에, 현금을 비축하고 충격 완화제(산소통)를 준비한다.
2. 리스크의 성격을 규정(데스라인 리스크, 비대칭 리스크, 통제 불가능 리스크)하고 정해진 시간에 따라 리스크를 관리한다.
3. 줌아웃하고 줌인한다. 상황 변화를 감지하고 효과적으로 대응하기 위해 극도로 긴장을 유지한다.

■ 10X 리더들은 미래에 일어난 사건들을 확실히, 지속적으로 예측할 수 없음을 알고 있기 때문에 집요하게 미리 대비한다. 그들은 불운한 사건들이 예기치 못한 시기에 자신들을 연이어 강타할 수 있다고 가정한다.

■ 당신의 회사가 앞서갈지, 뒤처질지, 혹은 죽음을 맞이할지 결정하는 건 폭풍이 몰아치기 전에 당신이 어떻게 하느냐에 달려 있다.

■ 10X 리더들은 다른 사람들보다 훨씬 앞서 충격 완화제와 흡수제를 구비한다. 10X 기업들은 자산 대비 현금비율이 기업 대부분의 중간값보다 3~10배 높았으며, 심지어 기업 규모가 작았던 시절부터 비교 기업들보다 항상 보수적인 대차대조표를 유지했다.

■ 10X 기업들은 리스크의 세 가지 유형에 특별히 주의를 기울이며, 리스크에 대한 접근과 관리에 극도로 신중한 태도를 취한다.

1. 데스라인 리스크: 이 위험은 기업을 죽이거나 심각한 손상을 줄 수 있다.
2. 비대칭 리스크: 이 위험 속에서는 유리한 점보다 불리한 점이 많다.
3. 통제 불가능 리스크: 이 위험은 통제되거나 관리될 수 없다.

■ 10X 리더들은 줌아웃하고 난 뒤 줌인한다. 우선 목적에 초점을 맞추면서 자신들의 환경에서 변화를 감지한다. 그들은 완벽한 실행을 추구하며 상황 변화에 맞춰 이를 조정한다. 위험을 느낄 때는 위협이 얼마나 빨리 다가오는지, 그리고 계획에 변화가 필요한지 판단하기 위해 즉각적으로 줌아웃한다. 그리고 난 뒤 목표 실행에 다시 초점을 맞춰 자신의 에너지를 집중하면서 줌인한다.

■ 빠른 변화 때문에 규율 있는 사고와 행동을 버려야 하는 것은 아니다. 오히려 변화가 빠르기 때문에 엄격한 의사결정을 위해서 더욱 열심히 줌아웃해야 하고, 빠르면서도 훌륭하게 실행하기 위해 줌인해야 할 필요가 있다.

### 예기치 못한 발견

■ 10X 기업들은 비교 기업들보다 위험을 덜 감수하면서도 훨씬 월등한 결과를 냈다.

■ 긍정적인 잠재 요소들만 보는 배짱과 자신감 있고 위험을 기꺼이 감수하려는 기업가들과는 달리, 10X 리더들은 생산적 피해망상을 유지한다. 그들은 다음과 같이 자문한다. "최악의 시나리오는 무엇일까? 이 시나리오는 어떤 결과를 낳을까? 우리는 이를 대비한 계획이 있는가? 이 의사결정의 유리한 점과 불리한 점은 무엇일까? 어떠한 유리한 점과 불리한 점이 있을까? 우리의 통제를 벗어난 위험은 무엇일까? 어떻게 하면 통

제 불가능한 힘에 노출되는 걸 최소화할 수 있을까? 만약에? 만약에? 만약에?"

- 10X 기업들은 비교 기업들보다 특별히 속도가 빠르진 않았다. 리스크의 내용이 변하기 전에 단호하면서도 신중하게 의사결정을 하려면, 길든 짧든 가능한 한 최대한 시간을 취해야 서둘러 결정할 때보다 나은 결과를 낸다.

### 핵심 질문

- 당신 기업이 직면한 커다란 위협 및 위험이 있다면, 그 리스크의 속성이 변하기까지 얼마나 많은 시간이 있는가?

6

SMaC

광적인 규율

단계 5의
야망

생산적 피해망상

실증적 창의성

사람들은 대부분 병이 아니라 치료 때문에 죽는다.
**몰리에르**Moliere[1]

1979년 초 사우스웨스트항공의 CEO 하워드 퍼트넘Howard Putnam은
항공규제 완화라는 대혼란으로 인해 '회사 운영 방식을 혁신해야 하
는가'의 문제로 고심했다. 1978년에 제정된 항공규제완화법Airline
Deregulation Act은 항공사 간에 경쟁을 유발하고, 시장점유율을 높이기
위한 총력전으로 내몰았다. 결국, 가격전쟁의 불이 붙은 항공사들은
비용 절감에 몰두하다 부도로 이어질 수 있는 상황이었다.

퍼트넘은 여러 사항을 고려했다. 규제 완화가 회사의 저비용 모델
을 약화시키는가? 규제 완화가 회사의 진취적 기상과 직원을 중시하
는 문화를 위협하는가? 규제 완화가 신속하게 운항한다는 회사의 경
쟁력을 훼손하거나 직항운항 시스템의 생존력을 파괴하는가? 급박한
환경 변화가 회사의 급격한 변화를 불러오는가?[2]

그는 "아니다. 그렇지 않다"고 대답했다.

퍼트넘은 사우스웨스트가 '일률적 접근 방식the cookie-cutter approach'을 중심으로 계속 확장해야 한다고 결론지었다. 그는 동일한 형태의 쿠키를 대량으로 생산하기 위해 반복해서 사용하는 레시피의 이미지를 생각해냈다. "지금까지 잘해왔던 일을 하자. 계속 반복해서 하자." 그리고 퍼트넘은 그렇게 했다. 그뿐 아니라 그는 레시피를 하나씩 구체화했다. 아래는 퍼트넘이 이야기한 내용을 그대로 정리한 것이다.[3]

1. 2시간 이하의 운항을 하는 단거리 항공사로 남으라.
2. 향후 10~12년 동안 보잉 737을 주요 기종으로 활용하라.
3. 비행기 탑승률을 높이고 대체로 10분 이내에 재운항하라.
4. 승객이 우리의 최대 고객이다. 수익성이 좋고 처리 비용이 적은 작은 소포를 제외하고는 화물이나 항공우편을 취급하지 말라.
5. 저렴한 운임과 빈번한 운항횟수를 유지하라.
6. 기내식 서비스를 하지 말라.
7. 연계운송(타 항공사와의 환승 연계 서비스-옮긴이)을 하지 말라. 발권, 요금, 전산 비용이 발생하는 데다 우리만의 차별화된 공항은 연계운송에 적합하지 않다.
8. 텍사스 노선을 최우선으로 하고, 승객이 많은 단거리 운항 시장이 있을 경우만 주州간 운항을 시행하라.
9. 가족과 고객이 우리의 서비스와 즐거운 분위기에 감동받게 하라. 우리는 사우스웨스트항공 직원이라는 자부심이 있다.
10. 모든 것을 단순화하라. 자동 티켓발매기, 탑승구 앞 10분 대기자 제도, 간소한 컴퓨터 시스템, VIP 고객 무료 음료 서비스, 탑

승 구역 내 커피와 도넛 무료 제공, 탑승 좌석 선택불가, 테이프로 보관하는 탑승객 명단, 비행기와 승무원 댈러스Dallas 공항으로 매일 밤 귀항, 하나의 항공 기지와 정비소만 보유.

퍼트넘은 "사우스웨스트항공은 저가 항공 분야를 이끌겠습니다"라는 식의 단조롭고 무의미한 선언을 하지 않았다. 2시간이라고 정확히 말했다. 737 기종이라고 구체적으로 명시했다. 10분 내 재운항한다고 말했다. 화물이나 항공우편은 취급하지 않겠다고 했다. 기내식 서비스와 연계운송도 하지 않겠다고 분명히 했다. 좌석도 선택할 수 없다고 했다. 자동 티켓발매기를 언급했다. 퍼트넘의 10개 항목은 무엇을 해야 하고 무엇을 하지 말아야 하는지 알기 쉽게 확실히 표현되어 있으며 실행하거나 이해하기 쉽다. 퍼트넘은 결정하고 실행하기 위해 단순하고 명료한 구체적인 틀을 제시했다.

퍼트넘의 10개 항목에는 무엇이 효과적인지 경험을 통해 확인한 통찰력이 반영되어 있다. 737 기종만 운행한다는 아이디어를 들여다보자. 왜 737 기종만 운행할까? 한 기종만 운항하면 모든 조종사들이 전 항공기를 조종할 수 있어서 운항 일정을 매우 융통성 있게 조정할 수 있다. 또한 정비 부품, 운항 훈련 매뉴얼, 정비 절차, 승무원 훈련용 모의 비행 훈련 장치, 승강용 계단, 탑승 절차 등이 모두 한 종류만 있으면 된다.

하지만 퍼트넘 목록의 정말 놀라운 점은 시간을 뛰어넘은 일관성에 있다. 이 항목은 25년 동안 겨우 20퍼센트만 변경되었다. 잠시 생각해보자. 오일쇼크나 항공관제 파업 같이 기업의 운영에 지장을 주는 사건이나 거대한 규모의 기업합병, 허브앤드스포크 방식의 증가, 불황, 이자율 급등, 인터넷의 발전, 9·11 테러에도 불구하고 겨우 20퍼센트만 바뀌었을 뿐이다. 게다가 놀랍도록 일관되게 유지되는 와중에도 레시피는 조금씩 진화해왔다. 사우스웨스트항공은 결국 2시간이 넘는 운항을 추가하고 인터넷 예약을 적용했으며, 아이슬란드항공과도 연계했다.⁴ 만약 사우스웨스트항공이 융통성 없이 폐쇄적이고 시대의 흐름에 무관심해 적시에 퍼트넘 목록을 개정하지 않았다면 아마도 10X 기업에 들지 못했을 것이다. 그러나 가장 두드러진 점은 사우스웨스트항공이 목록의 대부분을 그대로 유지한 방법이다.


## SMaC 레시피

하워드 퍼트넘의 10개 항목은 SMaC 레시피를 구성한다. SMaC 레시피는 반복 가능하고 일관성 있는 성공공식을 만드는 지속적인 경영 실행 방식이다. 'SMaC'는 구체적Specific, 체계적Methodical, 지속적Consistent 인 것을 의미한다. 견고한 SMaC 레시피는 단순한 전술이라기보다 전략을 실제 현실로 바꾸기 위한 운영 코드이자 지속적인 실행 방식이다. 전술은 상황에 따라 변화하지만 SMaC 실행 방식은 수십 년 동안 지속되며 다양한 상황에 적용할 수 있다.

— 우리는 구체적인 것과 지속적인 것 사이의 불가피한 트레이드오프 (어느 하나를 얻으려면 다른 것을 희생해야 하는 경제관계-옮긴이)를 믿어

왔다. 즉 원칙에 따른 지속가능한 규칙을 원하면 그것은 핵심 가치나 상위 수준의 전략처럼 일반적이어야 하며, 반대로 구체적인 실행을 원하면 그런 실행들은 전술처럼 상황에 따라 자주 바뀔 수 있어야 한다. 하지만 구체적인 동시에 지속가능하기도 한 실행 방식SMaC을 개발하는 일은 가능하다.

SMaC 실행 방식은 전략이나 문화, 핵심 가치, 목적이나 전술과는 다르다.

'737 기종만 운행한다'가 핵심 가치인가? 아니다.

'737 기종만 운행한다'가 목표이자 회사 존립의 이유인가? 아니다.

'737 기종만 운행한다'가 상위 수준의 전략인가? 아니다.

'737 기종만 운행한다'가 기업문화인가? 아니다.

'737 기종만 운행한다'가 상황에 따라 바뀌는 전술인가? 아니다.

퍼트넘이 10개 항목을 제시한 지 30년이 흘렀지만 사우스웨스트항공은 여전히 737 기종만 운행한다.[5]

SMaC 레시피에는 '하지 말아야 할' 항목도 포함되어 있다. 퍼트넘 목록에는 하지 말아야 할 항목(연계운송, 기내식 서비스, 일등석 좌석제공, 화물운송)이 분명히 나타나 있다. 퍼트넘은 이런 서비스를 추가하면 탑승절차가 복잡해진다는 것을 잘 알고 있었다. 10X 기업의 SMaC 레시피에도 하지 말아야 할 일이 포함되어 있다. 수익 유지를 위해 대손충당금을 사용하지 마라(프로그레시브). 시장에 내놓을 완벽한 소프트웨어를 기다리지 말고, 출시할 수 있을 만큼 잘 만들고 그 후에 개선해라(마이크로소프트). 새로운 혁신의 선두주자도 후발주자도 되지 마라.

유행에서 한 발짝 뒤에 물러서 있어라(스트라이커). 불황기에도 R&D 비용을 줄이지 마라(인텔). 과대광고를 하지 마라. 다음 성공을 과대평가해서 소비자를 화나게 하느니 과소평가하는 편이 낫다(암젠). 스톡옵션을 CEO에게 주지 말고 직원들에게만 주어라(바이오멧).[6]

명료하고 구체적인 SMaC 레시피는 극한 상황에서도 사람들이 일관된 태도를 유지하고 높은 성과를 계속 이어갈 수 있게 해준다. 에베레스트에 오른 데이비드 브레쉬어를 다시 생각해보자. 그는 몇 년 동안 아이맥스 프로젝트를 진행하면서, 높은 산에서 영화를 촬영하기 위한 SMaC 레시피를 개발했다. 그는 혹독한 추위 속에서 아이맥스용 카메라의 구체적인 취급방법을 정해놓기 위해 토론토의 영하 45도 냉동고에 들어가서 배터리가 어떻게 작동하는지 평가하고 맨손으로 65밀리미터 필름을 넣는 연습(카메라 오작동을 최소화하기 위해 맨손으로 필름을 넣어야 했다)을 했다. 그는 극단적인 상황이나 예기치 못한 사건이 발생했을 때 카메라를 운반하고 작동시키기 위해 고지식할 정도의 필수점검 목록을 만들었다. 아이맥스 프로젝트나 안전에 직접적으로 도움을 주지 않는 물품을 차례차례 제거하며 장비 목록을 완성해갔다. 그러고 나서 에베레스트 등반 1년 전에 네팔에서 28일 동안 약 257킬로미터를 트레킹하며 모든 방법을 개선했다. 그의 팀은 에베레스트에 올라 영화를 촬영했을 때 정확히 무엇을 어떻게 해야 하는지 구체적으로 알고 있었다.

1996년 5월 23일, 그의 팀은 아이맥스 카메라를 들고 에베레스트 정상에 올랐다. 카메라 부품을 떨어뜨리거나 카메라가 제대로 작동하지 않거나 또는 필름을 제대로 끼우지 못하는 실수 하나가 몇 년간의 노력과 그동안 쏟아부은 수백만 달러를 수포로 돌리게 할 수 있었다. 브레쉐어는 그때의 순간을 이렇게 설명했다. "우리는 천천히 과거 60 일 동안 해왔던 방법대로 작업했습니다. 저는 맨손으로 필름을 카메라에 다시 끼워 넣었습니다. 그리고 세계의 정상에서 로버트와 나는 마지막으로 카메라 점검 목록을 확인했습니다." SMaC가 최고![7]

● 데이비드 브레쉐어의 SMaC 레시피 항목들[8]

1. 발생 가능한 모든 상황에 대비한 비상 계획(비상 계획을 위한 비상 계획까지)을 포함하여 이에 대한 각각의 식별표가 있는 자료를 만들라.

2. 자리를 이동할 때마다 남기고 가는 것이 없는지 확인하기 위해 사방을 잘 둘러보는 '필수점검'을 수행하라.

3. 매번 환상적인 사진을 얻기 위해서는 아무리 추워도 맨손으로 카메라 필름을 끼우라.

4. 5분 안에 카메라를 조립하여 삼각대에 끼우고 필름을 넣은 후 초점을 맞춰 촬영하라.

5. 촬영 원정을 떠나기 전 영하의 냉동고 같은 실제 촬영 조건과 비슷한 환경에서 모의실험을 하여 장비를 점검하라.

6. 항상 장비의 무게와 기능을 최적화하라. 기능과 안전을 보장하는 가장 최소의 무게만 운반하라.

7. 팀을 구성할 때 마음에 맞는 팀원을 선택하라.

8. 여분의 산소, 아이젠, 장갑, 장비같이 중요한 물품의 예비용

품을 가져오라. 계획했던 것보다 더 오래 머무르는 경우에 대비하라.

9. 몸이 약한 팀원은 정상에 오르지 못하게 하라. 팀의 약점은 가장 약한 팀원에 의해 결정된다.

10. 산에서 순조롭게 작업할 수 있도록 등반과 영화 제작, 두 팀으로 나누라.


혼돈의 세상을 통제하는 중요한 방법 중 하나가 SMaC 레시피다. 견디기 힘든 상황에 빠질수록 SMaC 레시피는 더욱 필요하다. 이는 혼돈 속에서 질서를 부여하고 혼란에 빠졌을 때 일관성을 유지하게 한다. 격변의 세상에서 SMaC 레시피 없이 회사를 경영한다는 것은 나침반 없이 폭풍 속 망망대해에서 길을 잃는 것과 같다.

자, 당신은 이제 "좋아, SMaC 레시피만 있으면 되는 거군"이라고 생각할 수 있다. 그러나 이것만으로 10X 기업과 비교 기업이 체계적으로 구분되지는 않는다. 오히려 대조군과 비교했을 때 10X 기업군이 광적인 규율로 어떻게 레시피를 고수했는지, 그리고 실증적 창의성과 생산적 피해망상으로 어떻게 레시피를 신중히 수정했는지 먼저 살펴보아야 한다.

| 프로그레시브 SMaC 레시피[9] | 내구성 및 일관성 |
|---|---|
| 1. 비표준 자동차 보험에 집중해서 메이저 보험회사가 가입을 꺼리는 고위험 운전자를 가입시키라. | 30년 이상<br>1990년대에 변화 |
| 2. 96퍼센트에 맞추어 보험료를 책정하라. 보험가입 건수가 아닌 수익성을 감안해서 보험료를 책정하고 시장점유율을 올리기 위해 인수기준underwriting standards이나 가격 책정규율pricing discipline을 낮추지 말라. 규제, 경쟁력 유지의 어려움, 자연재해 등의 문제가 아니면 보험수익 underwriting profit을 달성하지 못한 것에 변명하지 말라. | 30년 이상<br>2002년까지 변화 없음 |
| 3. 수천 가지 보험료가 산출되는 한이 있더라도 운전위험 요소(주거지, 나이, 결혼 여부, 운전기록, 자동차 제조연도, 엔진 크기 등)에 영향을 주는 가입자의 모든 생활 정보를 바탕으로 맞춤식 보험료를 책정하라. | 30년 이상<br>2002년까지 변화 없음 |
| 4. 규제로 인해 수익성 있는 가격 책정 및 약정이 불가능한 주에서는 영업하지 말라. | 20년 이상<br>2002년까지 변화 없음 |
| 5. 보험금 손해사정시 신속한 처리에 집중하라. 이는 서비스 개선과 비용 절감으로 이어진다. | 25년 이상<br>2002년까지 변화 없음 |
| 6. 지속적인 수익이 나올 때까지 투자액을 총수익의 5퍼센트 미만으로 유지하면서 적어도 한 가지 신규 사업이나 서비스를 실험하라. | 30년 이상<br>2002년까지 변화 없음 |
| 7. 금융투자가 아닌 보험업으로 주 수익을 창출하라. | 30년 이상<br>2002년까지 변화 없음 |
| 8. 수익관리를 위해 대손충당금을 사용하지 말라. | 30년 이상<br>2002년까지 변화 없음 |
| 9. 영업조직은 독립 보험설계사를 고용하고, 적은 수의 설계사로 많은 업무를 처리하기보다는 많은 설계자가 적은 업무를 처리하도록 하라. | 30년 이상<br>1990년대에 변화 |

## 광적인 규율로 SMaC 레시피 고수하기

10X 기업들은 레시피 항목을 평균 20년 이상, 정말 긴 시간 동안(짧게는 8년에서 길게는 40년 이상) 유지했다! 다음 표는 10X 기업 SMaC 레시피의 내구성과 일관성을 잘 보여주고 있다.

우리는 10X 기업과 비교 기업을 통해 몇 가지 흥미로운 차이를 발견했다. 대부분의 비교 기업도 성과가 좋은 시기에는 SMaC 레시피를 보유하고 있었으나 시간이 흐르면서 10X 기업보다 더 많이 레시피를 변경했다. 두 기업군의 레시피 항목 117개를 분석해보니, 비교 기업이 10X 기업보다 4번 이상 더 많이 변경했다는 것을 알 수 있었다(부록 J 참조).

이제 '비교 기업들은 10X 기업들과 비교했을 때 확실히 뒤떨어진 운영 모델을 가지고 있었고, 아직 더 좋은 모델을 찾지 못했기 때문에 더 많이 변경했겠지'라고 생각할 수도 있을 것이다. 하지만 PSA를 다시 생각해보자. 사우스웨스트항공은 PSA의 운영 매뉴얼을 적용하면서 거의 복제품처럼 시작했다. 두 항공사 모두 규제 완화와 혼란스러운 외부 환경에 직면했고 탄탄한 핵심 시장과 거의 동일한 레시피를 가지고 있었지만 사우스웨스트항공만이 규제 완화 이후 20년 동안 위대한 기업으로 남았다.

PSA는 규제 완화에 대처하는 방식으로 유나이티드항공United Airlines 처럼 되어야 한다는 결정을 내렸다. 아이러니하게도 사우스웨스트항공이 텍사스에서 탄력을 받기 시작할 무렵 PSA는 검증된 자신들의 레시피에서 점점 더 멀어져갔다. 검증된 레시피를 개발하고 사용했던

| 분석 대상 기간 동안 SMaC 레시피 항목 변화 |

| 10X 기업 | | 비교 기업 | |
|---|---|---|---|
| 암젠 | 10% | 제넨테크 | 60% |
| 바이오멧 | 10% | 커쉬너 | 없음 |
| 인텔 | 20% | AMD | 65% |
| 마이크로소프트 | 15% | 애플 | 60% |
| 프로그레시브 | 20% | 세이프코 | 70% |
| 사우스웨스트항공 | 20% | PSA | 70% |
| 스트라이커 | 10% | USSC | 55% |

PSA가 역사상 가장 성공한 항공사였음은 틀림없으나 결국 US항공에 매각되었다. PSA 회장은 독자기업으로서 운영을 마감하는 자리에서 "전성기에 있는 민간 항공사라도 생존하는 일은 쉽지 않습니다. 우리도 독자적으로 운영할 수 있을 테지만, US항공의 합리적인 제안을 받아들이는 것이 보다 합당하다고 생각합니다"라고 흐느끼며 말했다.[10]

애널리스트들과 언론은 사우스웨스트항공 또한 퍼트넘의 단순 목록을 대대적으로 개정하는 변화가 필요하며 그렇지 않으면 PSA와 같은 길을 걷게 될 것이라 말하기 시작했다. 1987년 〈비즈니스위크〉는 "56세의 켈러허가 단순함을 유지하는 전략을 다시 고려해야 한다는 비판의 목소리가 커진다"는 기사를 게재했다. 〈월스트리트 트랜스크립트〉는 애널리스트의 말을 인용하여 사우스웨스트항공은 더 이상 성장하는 기업의 모습을 보여줄 수 없으며 그 운영 모델은 이제 쓸모없을 것이라고 했다. 당시 CEO였던 허브 켈러허는 맥거울리프 장군 General McAuliffe이 벌지 전투Battle of the Bulge에서 독일의 최후통첩에 "말도 안 되는 소리!"라고 반응했던 것처럼 항공사를 대변혁하라는 주위의 압력에 대응했다. 켈러허는 퍼트넘 목록 내 각 항목들이 왜 효과적인지 잘 알고 있었으며 사우스웨스트항공의 운영 모델이 여전히 경쟁이 치열한 항공 산업에 적당하다는 것 또한 제대로 이해하고 있었다. 그는 대부분의 레시피를 그대로 남겨놓았다. 당연히 사우스웨스트항공은 세계에서 가장 존경받는 기업 중 하나가 된 반면, PSA는 시대에 뒤처져서 곧 잊혀졌다. PSA의 정신은 계속되고 있지만 그곳은 캘리포니아가 아닌 텍사스 심장 깊은 곳이다.[11]

— 통념상 변화는 어렵다고 말한다. 하지만 변화가 그렇게 힘들다면 왜 비교 기업에서 급진적인 변화가 더 많이 나타나는 것일까? 그것은 변화가 가장 어려운 것이 아니기 때문이다. 변화를 실행하는 것보다 더 어려운 것은 무슨 일을 어떻게 해야 할지 깨닫고 변화가 필요한 때와 필요하지 않은 때를 알아차리는 것이다.

애플의 몰락과 부활은 레시피를 벗어났을 때의 위험과 레시피를 다시 복구했을 때의 가치를 잘 보여준다. 1990년대 중반, 애플은 '나머지 우리를 위한 컴퓨터the computer for the rest of us'라는 슬로건으로 애플 II와 맥을 생산할 당시의 영광에서 상당히 벗어나 있었다. 고질적인 일관성 결여에 시달리며 회사 대표가 주기적으로 바뀌었다. 1985년 존 스컬리는 스티브 잡스를 내쫓았다. 1993년에는 마이클 스핀들러Michael Spindler가 스컬리를 대신했고, 1996년에는 길 아멜리오Gil Amelio로 교체되었다. 애플은 중점 사업 분야도 자주 바꾸었다. 나머지 우리를 위한 컴퓨터에서 산업용 컴퓨터로, 그 후에는 BMW급 고가의 컴퓨터, 시장점유율을

**시장 대비 누적 주식수익률**

사우스웨스트항공은 자신의 SMaC 레시피를
고수함으로써 잘 대응한 반면,
PSA는 이를 변경함으로써 약화되었다.

25.0
20.0
15.0
10.0
5.0

시장 대비 비율

규제 완화

사우스웨스트항공

PSA

1975          1985

● 참고: 각 기업의 시장 대비 비율은 1974년 12월 31일부터 1984년 12월 31일까지 계산.

높이기 위한 저사양의 컴퓨터 그리고 또다시 고급 컴퓨터로 전략을 바꾸었다. 주식시장에서 상승곡선을 그리는 마이크로소프트와는 반대로 애플의 주식수익률은 전체 시장 아래로 떨어졌다. 이 시기에 마이크로소프트는 리더십이나 목표, 전력, 레시피에서 확고한 일관성을 보여줬다. 애플의 위상은 바닥으로 떨어져서 1993년에는 어느 기술회의에 벤처투자회사 자문위원과 컴퓨터 전문가가 등장해 "애플 컴퓨터가 살아남을까?"라는 주제로 토론을 벌일 정도였다.[12] 애플은 결국 독립적인 운영을 포기하고 회사를 매각하기 위해 선마이크로시스템스 같은 회사와 진지한 협상을 시작했다. 위대한 기업이 되려던 애플이 치욕스러운 죽음을 맞이하는 듯 보였다.[13]

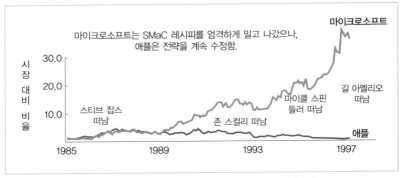

마이크로소프트는 SMaC 레시피를 엄격하게 밀고 나갔으나, 애플은 전략을 계속 수정함.

마이크로소프트

시장대비비율

30.0
20.0
10.0

스티브 잡스
떠남

존 스컬리 떠남

마이클 스핀
들러 떠남

길 아멜리오
떠남

애플

1985　　1989　　1993　　1997

● 참고: 각 기업의 시장 대비 비율은 1985년 12월 31일부터 1997년 8월 31일까지 계산. 또한 1985년 8월부터 1986년 3월까지 마이크로소프트의 CRSP 자료가 없으므로 이 기간 동안 주식수익률은 시장평균 수익률로 추정함.

다행히 1997년에 경제가 호전되면서 이야기는 달라진다. 그리고 흥미롭게도 스티브 잡스는 애플에 복귀한 뒤 회사를 대폭 개혁하는 대신, 창고에서 시작해 위대한 기업으로 발전할 수 있었던 20년 전의 원칙을 되돌렸다. "중요한 것은 애플의 DNA가 바뀌지 않았다는 사실입니다." 2005년에 잡스가 말했다.[14] 이는 거시적인 목표에서뿐만 아니라 레시피의 세세한 부분에서도 마찬가지였다. 예를 들면 다음과 같다. '우리 제품을 복제할 수 없도록 한다', '두루 호환이 되도록 제품을 설계한다', '친근하고 우아하게 디자인한다', '보안을 철저히 지키면서 고객들의 억제되었던 흥분을 사로잡을 수 있도록 화려하게 출시한다', '주요 기술을 직접 통제하지 못할 사업에는 뛰어들지 않는다', '기업이 아닌 개인을 타깃으로 설계하고 홍보한다' 등이었다. 이러한 실천 항목들은 모두 애플 초창기에 만들어진 것이었고 20년 후 애플이 부활할 때 다시 생명을 얻었다. 애플이 침체기 동안 경쟁자들보다 뒤처진 이유는 원래의 레시피가 더 이상 효과가 없었기 때문이 아니라, 그 레시피를 충실히 이행하기 위한 규율이 부족했기 때문이었다. 스티브 잡스가 천재이기도 했지만, 무엇보다 레시피의 핵심과 맞닿는 광적인 규율이 있었기 때문에 애플이 원래의 레시피를 되찾고 회복할 수 있었다. 존 스컬리는 2010년 인터뷰에서 25년 전에 자신이 쫓아냈던 사람의 지휘 아래 재기한 애플을 보며 이렇게 말했다. "지금 스티브가 아주 엄격하게 고수하는 원칙들은 예전에 그가 사용했던 원칙들과 똑같습니다."[15]

— 10X 기업은 사업이 하락세에 빠졌다고 해서 금세 자사의 원칙이나 방법이 쓸모없다고 생각하지 않는다. 그보다는 레시피에서 벗어나지 않았는지 또는 레시피를 유지하기 위한 규율이나 엄격함이 흐지부지되지 않았는지를 먼저 살핀다. 만일 그렇다면 레시피에 담긴 철학을 다시 생각함으로써 해결 방안을 찾고, 레시피를 충실히 지키기 위한 열정을 회복한다. 그들은 묻는다. "레시피가 더 이상 듣지 않는 이유가 규율이 부족해서인가? 아니면 환경이 근본적으로 바뀌었기 때문인가?"

1960~1970년까지 약 12년 동안 전미대학농구선수권대회NCAA에서 팀을 10회 우승으로 이끈 UCLA의 위대한 감독 존 우든은 일관성의 완벽한 사례로 손꼽힌다. 〈UCLA의 역대 우승자들The UCLA Dynasty〉이라는 아주 흥미로운 다큐멘터리 영화에서 한 선수는 이렇게 회상한다. "우리는 모든 걸 할 수 있었습니다. 1955년, 1965년, 1970년, 1975년

에 경기를 뛴 UCLA 선수들을 뽑아서 한 팀에 넣어도 즉시 함께 뛸 수 있었을 겁니다."

우든은 7×12센티미터 크기의 카드 묶음에 적은 훈련법을 30년 동안 거의 고치지 않고 시행했다. 대회 전까지 똑같은 훈련이 시계 태엽처럼 정확히 시작하고 끝났다. 한 선수는 이렇게 말한다. "시합이 다가오면 선수들은 암기한 것처럼 자동적으로 탁월한 기량을 발휘했습니다."[16] 우든은 자신의 '성공 피라미드(인생과 경기에 대한 철학)'를 선수들이 신발 끈을 매는 방법에 이르기까지 상세하게 레시피로 옮겼다.[17]

당신이 UCLA에 선발된 스타 농구 선수라고 상상해보자. 당신은 포지션을 부여받고 코트를 이리저리 뛰어다니며 공을 골인시키고, 뛰어오르고, 손가락으로 공을 돌리는 등 실력을 뽐낼 준비를 갖추고 첫 연습에 참여한다. 당신은 올어메리칸(해당 시즌에서 가장 뛰어난 기량을 보인 아마추어 선수들로만 포지션을 구성한 팀-옮긴이)의 영예를 얻은 한 선배 선수 옆에 조심스럽게 다가가 감독이 훈련을 시작하기를 기다린다. 잠시 뒤 감독이 나타나 조용한 목소리로 첫 연습의 시작을 알린다. "신발 끈을 묶는 법부터 시작한다." 당신은 전국 우승을 거머쥔 올어메리칸 팀의 유명한 선배들을 바라보며 생각한다. 이것은 신입 선수 신고식일 것이라고. 그러나 아니다. 선배들은 차분하게 신발을 벗더니 신발 끈 묶는 법을 배울 준비를 한다.

"우선 양말을 조심스럽게 천천히 신어라." 선배들은 진지하게 감독의 지시를 따른다. "이제 양말을 움직여 주름이 없도록 펴라. 팽팽하게, 천천히." 마치 깨달음의 경지에 이르기 위해 다도를 가르치는 엄격한 스님처럼 감독은 나지막이 읊조린다. "그리고 아래부터 신발 끈을 끼워라. 조심스럽게. 천천히. 모든 끈이 조여지도록… 꽉! 꽉! 꽉!"

연습이 끝난 후 올어메리칸 선배 중 한 명에게 다가가 이게 다 뭐냐고 물으니 그는 이렇게 대답한다. "큰 경기에서 물집이 생기면 아주 고통스럽지. 그러다 아슬아슬한 접전이 펼쳐졌을 때 신발 끈이 풀리면……. 하지만 여기서는 그런 일이 일어나지 않아." 1년 뒤, 다시 한 번 전국선수권대회 우승을 위해 연습에 참가한다면 1년 전 당신처럼 "신발 끈을 묶는 법부터 배우라"는 감독의 말에 놀라는 신입 선수들을 보게 될 것이다.

현대 경영학설은 기업이 대규모 혁명을 자주 시행하라고 촉구한다. 세상이 외부를 변화시키는 것보다 더욱 크게 내부를 변화시키고 끊임없이 바뀌어야 한다며 권고한다. 그러나 미국 남북전쟁이 벌어지던 어두운 시기에 링컨이 말했던 것처럼 "과거의 고요한 신조는 폭풍이 치는 현재에 적합하지 않다."[18] 폭풍우가 몰아치는 세상에서 우리는 새로이 생각해야 한다. 지속적인 혁신만이 번영을 유지하는 유일한 길이라는 생각을 버려야 한다는 뜻이다. 만약 평범해지고 싶거나 격변하는 환경 속에서 자멸하기를 원한다면, 당신을 자극하는 모든 것에 반응해 끊임없이 변화하고 뛰어넘는 식으로 대응하면 된다.

우리는 연구를 통해, 평범한 이의 특징은 변화를 거부하는 것이 아니라 늘 우왕좌왕하는 것이라는 사실을 발견했다. 세상의 극단적인 변화와 혼란에도 불구하고 10X 기업은 경쟁 상대에 비해 레시피를 덜 바꾼다. 10X 기업이 현실에 쉽게 만족한다는 의미가 아니다. 그들은 안이함과는 거리가 먼 단계5의 야망을 추구하면서 생산적 피해망상에 따라 광적인 규율을 만들고, 실증적 창의성을 불러일으켜 열정에 불을 붙인다. 10X 기업의 리더들은 몹시 강박적이고 의욕이 넘치는 사람들이다. 걱정이 많은 그들은 급변하는 환경 속에서 자사의 레시피가 쓸모없어질 것을 염려하는 동시에 효과가 입증된 레시피는 엄격히 지킴으로써 거대한 목표를 달성한다. 그리고 환경이 절박하게 변화를 요구할 때에야 비로소 레시피를 수정한다.


## SMaC 레시피의 수정

만약 변화하는 세계의 모든 것들을 목록화하라는 요청을 받는다면, 얼마나 긴 목록이 필요할까? 다음의 몇 가지 분류에 따라 생각해 보자.

경제는 어떻게 변화할 것인가?
시장은 어떻게 변화할 것인가?
유행은 어떻게 변화할 것인가?
기술은 어떻게 변화할 것인가?
정치적 지형은 어떻게 변화할 것인가?
법규는 어떻게 변화할 것인가?
사회규범은 어떻게 변화할 것인가?
당신의 직업은 어떻게 변화할 것인가?

일반적으로 변화의 소용돌이는 엄청난 규모에 속도도 점점 빨라진다. 따라서 모든 외부적 변화에 일일이 대응하려고 노력하면 이내 무기력한 상태에 빠지고 만다. 대부분의 변화는 단지 소음에 지나지 않으며 우리에게 근본적인 변화를 요구하지도 않는다. 그러나 우리가 적응하고 진화해야 하는, 결코 소음이 아닌 변화도 있다. 그러한 변화에 맞춰 행동하지 않으면 우리는 재앙을 맞이하거나 소멸하거나 기회를 놓치고 만다. 위대한 기업들은 레시피 대부분을 그대로 유지한 상태에서 변화가 더 낫다고 판단되면, 선택한 요소들을 수정하여 레시피를 발전시킨다.

1985년 인텔은 반도체 메모리칩 사업DRAMS에서 암울한 현실과 맞닥뜨렸다. 일본의 경쟁 기업이 2년 동안 가격을 80퍼센트나 낮춤으로써 반도체 사업에 무자비한 가격전쟁을 불러온 것이다. 결국 인텔의 최고 경영진은 이 사업이 희생과 비참함 외에 아무것도 남기지 않는다는 잔인한 사실을 깨달았다. 다행히 인텔은 테드 호프Ted Hoff 라는 엔지니어가 1969년에 컴퓨터의 모든 기능을 단 하나의 칩에 집약시킨 마이크로프로세서 개발에 성공함으로써 경쟁 기업을 향해 총탄을 쏘기 시작했다. 그 후 16년 동안 인텔은 점진적으로 마이크로프로세서 사업에 집중해 시장점유율을 높이고 이익이 증가시킴으로써, 이것이 인텔에게 엄청난 성공을 안겨줄 사업이라는 사실을 경험적으로 확인했다.[19]

스탠퍼드대학 교수이자 인텔의 전략적 발전 이론에 관한 세계적 권위자인 로버트 버겔만Robert Burgelman이 처음 내린 결정을 두고 앤디 그로브, 고든 무어는 메모리칩 사업 쇠퇴에 어떻게 대응해야 할지 논쟁

했다. 그로브는 줌아웃하여 무어에게 가상의 질문을 던졌다. "새로운 경영진이 우리 자리를 대신한다면, 그들은 무엇을 할 것 같소?"[20] 잠시 생각에 잠긴 무어는 다음과 같이 답했다. "D램 사업에서 철수하겠지요." 이에 그로브는 "그렇다면, 다시 회전문을 밀고 들어가 우리 손으로 반도체 사업을 접읍시다"라고 대답했다. 그들은 이를 실행에 옮겼고, 인텔은 주력 사업을 마이크로프로세서 분야로 바꾸었다.

이는 몹시 큰 변화였으나 인텔은 레시피의 다른 중요한 원칙들은 고수했다. 인텔이 메모리칩 사업에서 철수하면서도 변함없이 유지한 것이 무엇인지 다음 표에서 살펴보자. 분명한 사실은 만약 인텔이 메모리칩 사업에서 철수하지 않았다면 10X 기업이 되지 못했을 것이라는 점이다. 또 만약 무어의 법칙을 버리고 연구원들을 해고하고 가격 책정 모델을 포기하는 등 레시피의 대부분을 바꿨더라도 결코 10X 기업이 되지 못했을 것이다. 이 이야기에서 중요한 두 가지 사실은 인텔이 메모리칩 사업에서 대담하게 철수했다는 점, 그리고 SMaC 레시피 대부분을 유지했다는 점이다.

— 인텔의 사례는 '더하기의 천재성'을 여실히 보여준다. 위대한 기업은 본래의 SMaC 레시피를 그대로 유지한 채 아주 작은 부분만 바꾼다. 이는 '점진적인' 변화라고 표현하기에는 부족한, 그 자체로 엄청난 변화이다. 10X 기업은 이 점을 철저히 이해함으로써, 중대한 변화와 비범한 일관성을 동시에 이룬다.

인텔의 비교 대상인 AMD는 한 레시피를 고수했다가 다른 레시피

| 인텔의 SMaC 레시피[21] | 1985년의 변화 |
|---|---|
| 1. 모든 기능을 최소로 축약한 형태로 제공하는 통합 제품에 집중한다. D램 메모리칩 사업에 초점을 맞춘다. | 메모리칩 사업에서 철수하고 마이크로프로세서에 집중 |
| 2. 적어도 1년 반에서 2년의 기간 동안 하나의 회로 안에 집적도를 두 배로 높인 제품을 만든다는 무어의 법칙을 지킨다. | 변화 없음 |
| 3. (a) 불량품을 줄여 반도체칩의 수율을 높이고, (b) 기능적 밀도를 높여 회로의 혁신을 창조하며, (c) 회로 단위를 줄임으로써 무어의 법칙을 더욱 발전시킨다. | 변화 없음 |
| 4. 블루오션에 해당하는 차세대 반도체칩을 지속적으로 개발한다. 인텔 이 전 세대의 반도체칩보다 더 나은 결과물을 생산했으며, 산업의 표준임을 고객에게 각인시키는 반도체칩을 개발한다. 다음의 네 분야로 구성된 순환구조를 통해 경쟁이 존재하지 않는 공간에서 이익을 극대화한다. (a) 초반에 가격을 높게 책정한다. (b) 판매량을 확보하여 제조원가를 낮춘다. (c) 경쟁사가 시장에 진입하면 더욱 가격을 낮추고, 제조원가를 유지한다. (d) 다른 블루오션을 창출하기 위해 이익을 재투자한다. | 변화 없음 |
| 5. 제조 과정을 가장 세밀한 부분까지 표준화한다. 예를 들어 맥인텔. 첨단 기술 분야의 젤리빈을 만드는 것처럼 집적회로를 만든다고 생각하자. | 변화 없음 |
| 6. '인텔 딜리버스'를 유지한다. 우리가 항상 제품과 가격에 대한 약속을 이행할 것이라는 신뢰를 얻음으로써 고객을 확보하자. 이것이 산업의 기준이 되고 이를 유지하는 비결이다. | 변화 없음 |
| 7. 견고한 언덕은 공격하지 않는다. 강력하고 견고한 경쟁자와 시장 경쟁을 피한다. | 변화 없음 |
| 8. 건설적인 내부 토론을 하자. 직위에 상관없이 논쟁하고 토론한 후, 결정된 사항을 즉시 실천한다. 반대와 찬성의 과정은 필수다. | 변화 없음 |
| 9. 모든 것을 측정하고, 눈에 보이는 결과를 만든다. | 변화 없음 |
| 10. 침체기에도 연구개발 예산을 삭감하지 말고, 기술력으로 경쟁자를 앞지를 수 있는 좋은 기회로 삼는다. | 변화 없음 |

로 바꾸기 위해 원래의 레시피를 버린 뒤, 다시 최초의 레시피로 돌아가는 등 인텔과는 뚜렷한 대조를 보인다. AMD는 주로 2차 공급자로서의 지위에 초점을 맞추어 군사용으로 특화된 반도체칩 생산에 주력하는 레시피를 개발했다. 그러나 1980년대 초, 제리 샌더스는 '아스파라거스'에서 영감을 얻어 새로운 레시피를 개발했다. 아스파라거스는 다른 작물보다 선행 투자비용이 높고 재배 기간도 더 긴 만큼 비싼 가격에 판매되는 작물이다. 이러한 비유를 초소형 전자 기술 분야에 적용한 것이다. 샌더스와 AMD는 선행 투자비용이 높고 오랜 개발 기간이 필요하지만 만약 성공한다면 더 높은 가격에 팔 수 있는 특허 반도체칩 생산으로 방향을 전환했는데, 이는 분명 아스파라거스와 비슷했다. AMD는 사옥에 아스파라거스가 그려진 깃발을 내걸고, "아스파라거스 사업을 위한 준비가 됐다"라고 공언하는 광고를 내보냈다. 하지만 불과 몇 년 뒤, AMD는 아스파라거스 생산의 일부를 유지하기는 했지만 다시 2차 공급자 전략으로 돌아갔다. 그리고 곧 플랫폼platforms, 프로세스process, 생산production에 집중하는 이른바 '3P 전략'으로 방향을 바꿨다. 그 뒤 '고객 중심의 혁신'이라는 전략으로 방향을 또 다시 바꾸었다. 이 모든 전략들이 나쁜 아이디어는 아니었지만, 레시피를 바꾸는 과정에서 판매 전략이 너무 자주 바뀐 탓에 AMD는 장기적인 성장 동력을 확보하는 데 실패하고 말았다.[22]

그렇다면 10X 기업은 레시피 중 좋은 것을 유지하고 나머지는 바꿔야 할 시기가 언제인지 어떻게 알아낼까? 명확한 레시피를 갖고 있다면 실증적 증거를 통해 환경 변화라는 맥락 안에서 그 내용을 재검토할 수 있을 것이다. 기업이 맞닥뜨린 잔혹한 현실은 무엇인가? 의견이 아니라 사실을 검토하자. 우리가 경쟁 기업에 쏠 총알은 무엇인가? 그들이 우리를 향해 쏜 총알은 어디에 맞았는가? 인텔의 사례는 불확실한 미래에 총알을 쏘는 것이 어떤 대비책을 마련해줄 수 있는지, 그러므로 세계가 변화할 때 기존의 레시피를 가지고 있어야 한다는 사실을 보여준다. 인텔은 메모리칩 산업의 붕괴에 대응하기 위해 마이크로프로세서 분야에 투자한 것이 아니라, 십여 년 전에 이미 마이크로프로세서 분야에서 입지를 증명함으로써 경쟁 기업에 총알을 쏘아온 셈이다.[23]

　　― SMaC 레시피를 건전하게 수정하기 위한 방법으로 다음의 두 가지를 꼽을 수 있다. 첫째, 내부적으로 초점을 맞춰 실증적인 창의성을 실천하는 것. 둘째, 외부에 초점을 맞춰 생산적 피해망상을 견지하는 것이다. 첫 번째 방법은 새로운 실천 방식을 레시피의 일부로 포함하기 전에 생각하지 못한 것을 찾아내고 시험해보기 위해 총알을 쏘는 일을 수반한다. 두 번째 방식은 줌아웃하여 사업 환경의 변화를 인지하기 위한 규율을 만들어 변화를 측정한 뒤, 이에 따라 레시피를 수정하기 위해 줌인하는 것이다.

　상황에 따라 무게중심이 다르기는 하지만, 10X 리더들은 대체로 두 가지 접근 방식을 모두 사용한다. 인텔의 경우 마이크로프로세서 분야에서 총알을 쏜다는 실증적 창의성을 채택한 뒤, 메모리칩 분야를 유지하기 어려운 시기가 왔다는 생산적 피해망상이 이어졌다. 마이크로소프트가 1990년대에 인터넷을 받아들인 사례는 레시피를 수정하게 하는 첫 기폭제로 생산적 피해망상이 어떻게 작용하는지를 보여준다.

1994년 이전까지 마이크로소프트는 독립형 개인용 컴퓨터를 중심으로 한 레시피를 만들었다. 그리고 1994년 1월, 25세의 마이크로소프트 엔지니어인 제임스 알라드James Allard는 인터넷에서 1분마다 새로운 시스템 2개가 업데이트되고, 40분마다 새로운 네트워크가 구축된다는 사실을 지적함으로써 업계에 경종을 울렸다. 한 달 후 코넬대학을 방문한 마이크로소프트의 기술 임원은 모든 학생들이 어떻게 인터넷에 연결되었는지 직접 목격한 후, 빌 게이츠에게 '코넬은 접속 중!Cornell is WIRED!'이라는 이메일을 보냈다. 에베레스트 산에 오른 데이비드 브레쉐어처럼 빌 게이츠는 상황 변화를 감지하고 줌아웃했다.

사실 빌 게이츠는 이미 기존의 레시피에서 줌아웃해 있었다. 그는 회사를 벗어나 독서에 집중하고 거기서 얻은 지식을 고민할 수 있도록 매년 일주일씩 '생각 주간 Think Week'을 정했는데, 1994년 4월의 생각 주간에는 온통 인터넷만 생각했다. 그는 마이크로소프트 연구진에게 인터넷이라는 새로운 위협을 탐색하도록 지시함으로써, 직원들도 줌아웃할 수 있도록 자극을 주었다. 우리가 직면한 사실은 무엇인가? 대폭 바꾸어야 하는가? 현실인가, 가상인가? 우리는 위협받고 있는가? 몇 개월간 토론과 논쟁, 격렬한 의견 대립이 끊이지 않았다. 결국 마이크로소프트는 인터넷이 근본적인 변화를 의미하며, 이는 기업에 심각한 위협이 된다고 결론을 내렸다. 그리고 마침내 인터넷을 기꺼이 받아들이기로 했다.[24]

마이크로소프트는 곧 줌인했다. 게이츠는 '인터넷 해일 The Internet Tidal Wave'이라는 제목의 8장에 달하는 빼곡한 글에서 "인터넷의 중요성에 대한 나의 시각이 몇 단계에 걸쳐 상승했다"고 썼다. 그는 곧 직원들에게 "인터넷 기능에 집중하라"는 지시와 함께 500명이 넘는 프로그래머를 투입하여, 훗날 '인터넷 익스플로러Internet Explorer'라는 브라우저를 개발하는 대장정에 속도를 높였다.[25] 그 글은 비전을 가진 창업자가 어떻게 함선의 방향을 하룻밤 만에 180도 돌려 혁신했는지를 보여주는 전설로 여겨졌다.

하지만 마이크로소프트도 인터넷의 부흥 이전에 그들을 성공으로 이끌었던 레시피의 대부분을 유지했다. 마이크로소프트는 주력 사업인 소프트웨어 분야를 포기하지 않았다. 업계 표준에 대한 신념도 포기하지 않았다. 불완전한 제품을 출시한 다음 그것들을 개선하는 방법을 포기하지 않았다. 대량구매에 대한 할인전략도 계속 유지했다. 개방형 시스템에 관한 약속을 버리지 않았다. 최고의 생각이 채택되도록 내부적으로 격렬하게 논쟁하고 근거를 시험하는 방식을 포기하지 않았다. 윈도우 시스템을 버리지 않았다. 윈도우 시스템에 필요한 어플리케이션 개발도 포기하지 않았다. 마이크로소프트가 인터넷을 받아들인 것은 엄청난 변화였지만 그들은 레시피의 대부분을 유지했다. 마이크로소프트는 자사의 레시피를 크게 바꾸었는가? 그렇다. 마이크로소프트는 자사의 레시피를 유지했는가? 그렇다. 다시 말해 10X 기업은 일관성과 변화 중 한 가지만 선택하기를 거부하고 두 가지를 동시에 끌어안는다.

## 일관성과 변화

1787년 필라델피아에 모인 미국 헌법 입안자들은 '유연하면서도 오래 지속되는 실질적인 헌법 체계를 어떻게 만들어낼 것인가'라는 심오한 문제와 씨름했다. 한쪽에 치우쳐 구체적인 조항들을 너무 많이 만들면 헌법이 국민을 너무 속박하거나 아니면 아예 국민과 무관한 것이 되고 만다. 입안자들은 세상이 어떻게 변할지 현실적으로 예측할 수 없었고 자동차, 비행기, 라디오 토크쇼, 케이블 뉴스, 인터넷, 시민권 운동, 핵무기, 피임약, 소련의 부상과 몰락, 재즈, 미국의 외국 석유 의존, 또는 9·11 테러를 상상할 능력도 없었다. 그렇다고 광범위하고 일반적인 기준만 제시하는 데 그치면 헌법은 다양한 사람과 집단을 하나로 통합시킬 실용적인 이정표를 제공하는 데 실패하게 된다. 옥신각신하는 작은 독립 국가들로 분열되지 않도록 하기 위해서는 전체를 하나로 묶을 수 있는 논리적, 지속적, 일관적인 헌법 체계가 필요했다.

그래서 그들은 수정 제도라는 기발한 발명품을 만들어냈다. 인류 역사상 처음 나타난 형식인 이 헌법 수정 제도는, 헌법 입안자들이 상상하지 못했던 일들이 발생하면 미래 세대가 헌법을 수정할 수 있게 하여 헌법이 유기적으로 진화하도록 한 것이다. 이와 함께 헌법 수정 절차에 매우 높은 장애물을 만들어 안정성을 확보하는 데에도 동일하게 중점을 두었다. 1791년 최초의 10개 헌법수정조항the Bill of Rights 이후 220년 동안의 수정조항은 17개뿐이었다. 헌법 조항은 입안자인 하원의원 중 2/3의 찬성, 상원의원 중 2/3의 찬성 그리고 연방 주의 3/4

의 찬성이 있을 경우에만 수정이 가능하다. 1791~2011년 사이에 얼마나 많은 사건들이 일어났는지 생각해보라. 그런데도 헌법이 수정된 경우는 단 17차례에 불과하다. 헌법 입안자들은 변화가 일어날 수 있다는 사실과, 불확실한 세상에서 국가가 유지되기 위해서는 변치 않는 원칙이 있어야 함을 동시에 인지하고 있었음이 분명하다.[26]

기업, 사회, 국가, 학교, 병원, 군대 등 인간이 만든 모든 집단은 지속과 변화 사이의 균형을 찾기 위한 끊임없는 투쟁에 직면한다. 인간이 만든 어떠한 집단도 일관성 없이는 최고의 성공에 이르지 못한다. 만약 당신이 집단을 성공에 이르게 할 통합된 개념과 훈련된 방법론을 갖추고자 노력하지 않는다면, 환경의 변화에 쉽게 패배하거나 통제할 수 없는 힘에 운명을 맡겨야 할 것이다. 하지만 마찬가지로 어떤 인간 집단도 생산적 진화 없이는 성공의 최고 단계에 이르지 못한다.

당신에게는 세월이 지나도 변치 않는 원칙과 일관성을 제공하여 결정을 유도하는 확고한 규칙이 필요하다. 그리고 실질적으로 작동되는 것이 무엇인지에 대한 경험적인 이해를 통해 그 규칙을 올바르게 확립할 시간도 필요하다. 1787년에 미국이라는 신생국은 헌법 제정을 위해 필라델피아에 최고의 인재들을 모아 4개월이라는 시간을 보냈다. 독립선언은 '우리는 이 자명한 진실을 지킨다' 라는 이상을 제공하면 됐지만 헌법은 국민과 권력이 자신의 이익을 수행하는 힘과 견제와 균형의 필요성, 반동의 흐름이라는 위협, 그리고 타협이라는 가치에 관하여 실제로 어떻게 운영되는지에 대한 현실적인 설명을 해야 했다. 그리고 헌법은 변화에 대응하는 원칙을 지녀야 했다.[27]

— 견고하고 효과가 입증된 SMaC 레시피로 바꾸는 것은 헌법 수정 제도와 비슷하다. 실천적인 철학과 경험적인 타당성을 바탕으로 한 레시피가 옳다고 생각된다면 그 레시피는 아주 오랫동안 유효할 것이다. 당신의 레시피에 대해 끊임없이 질문하고 도전하되, 변화에 신중하라.

실질적으로 도움이 되는 것이 무엇인지 고민하고 그 방향으로 움직인 사람들, 예를 들어 무어의 법칙을 따르고, 전사적으로 사우스웨스트항공의 모델을 적용하고, EPO 유전자를 해독하고, 윈도우 시스템을 표준으로 만들고자 끊임없이 돌진하고, 우리가 스스로 원했던 컴퓨터와 MP3 플레이어를 만든 사람들은 위대함을 성취했다. 엄청난 아이러니이지만 세상에 가장 의미 있는 변화를 일으킨 사람들은 그들의 접근 방식에 있어서 확고한 일관성을 유지했다. 그들은 독단적이거나 융통성이 없지 않았다. 그들은 규율을 따랐고 창의적이었으며, 생산적 피해망상에 빠져 있었다. 그들은 SMaC이다!

## 핵심 포인트

- SMaC란 구체적, 체계적, 지속적인 것을 의미한다. 당신을 둘러싼 환경이 불확실하고 빠르게 변화하며, 가혹할수록 SMaC는 더욱 필요하다.

- SMaC 레시피는 지속적으로 반복 가능한 성공공식을 만드는 내구성 있는 경영 실천 방식이다. 이는 무엇을 하고 하지 말아야 할지에 관한 명확한 지침을 제공한다. SMaC 레시피에는 실증적 확인, 그리고 무엇이 효과적이고 왜 그런지에 관한 통찰이 반영되어 있다. 사우스웨스트항공 CEO였던 하워드 퍼트넘의 10가지 목록은 그러한 아이디어를 완벽히 보여준다.

- 10X 성공을 위해서는 SMaC 레시피를 개발하고 지키며 상황적으로 필요할 때 이를 수정할 필요가 있다. 이를 위해서는 10X 리더에게 세 가지 행동이 필요하다. SMaC 레시피를 개발하고 발전시키기 위한 '실증적 창의성', 이를 고수하기 위한 '광적인 규율', 필요한 변화를 감지하기 위한 '생산적 피해망상'이 그것이다.

- 비교 기업들도 최고의 시기에는 한 곳(커쉬너)을 제외하고 모두 견고한 레시피를 가지고 있었다. 그러나 창의적인 일관성을 유지한 채 이를 실행하기 위한 규율이 부족했기 때문에 혼돈의 시기에 제대로 대응하지 못하고 크게 흔들렸다.

- SMaC 레시피의 수정을 위해서 나머지 요소들은 그대로 놔둔 채 한두 가지 재료나 성분에 변화를 줄 수 있다. 지속되고 있는 구조에 수정을 가할 때 이는 극적인 변화를 촉진하면서도 일관성을 훌륭히 유지할 수 있게 해준다. 일관성과 변화 사이의 긴장상태 관리는 어떠한 기업에게도 쉽지

않은 도전이다.

- SMaC 레시피를 건전하게 수정하는 두 가지 방법이 있다. 첫째, 실증적 창의성의 발휘로 이는 보다 내부지향적이다. 둘째, 생산적 피해망상(줌 아웃과 줌인)의 발휘는 보다 외부지향적으로 초점이 맞춰져 있다.

### 예기치 못한 발견들

- 수십 년간 지속될 수 있는 명확하고 구체적인 실행 방식, 즉 SMaC 레시 피를 개발하는 건 가능하다.
- 10X 기업들은 일단 SMaC 레시피를 갖고 난 후, 각 분석 기간 동안 평균 15퍼센트만 바꾸었다. 그리고 각 요소들은 평균 20년간 지속되었다. 10X 기업과 비교 기업 모두 빠른 변화와 끊임없는 불확실성에 직면했음 을 감안한다면 이는 놀라운 발견이다.
- 변화를 시행하는 것보다 무엇이 효과적이고, 그 이유는 무엇이며, 언제 변화를 줘야 하고, 언제 그러지 말아야 하는지 이해하는 게 훨씬 어렵다.

### 핵심 질문

- 당신의 SMaC 레시피는 무엇이며 이는 수정할 필요가 있는가?

7

운 수익률

원하던 모든 것을 이룰 단 한 번의 순간, 단 한 번의 기회가 온다면
그걸 붙잡을 거야, 아니면 그냥 놓쳐버릴 거야?

**에미넴**Eminem[1]

204

# 7

1999년 5월 말콤 댈리Malcolm Daly와 짐 도니니Jim Donini는 당시 아무도 정복하지 못했던 알래스카 주 선더마운틴Thunder Mountain의 900미터 부근에서 정상까지 몇 십 미터만을 남겨둔 채 서 있었다. 댈리는 도니니에게 먼저 가서 최초로 정상에 도달하는 기쁨을 누리라고 권했지만 도니니는 "아냐, 자네가 먼저 가게. 선물받을 자격이 있는 사람은 자네야"라고 말하며 댈리에게 양보했다.[2] 하지만 1시간도 채 못 되어 댈리는 다리가 부서진 상태로 로프 끝에 매달리게 되었다. 다리 한쪽을 잃어 영원히 변화된 삶을 살게 될 상황에서 목숨을 건 처절한 싸움을 시작하게 된다.

댈리는 등산용 얼음도끼를 거대한 발톱처럼 휘두르고 아이젠을 얼음에 박으며 수직에 가까운 암벽을 능숙하게 타고 정상을 향해 올라갔다. 댈리가 안전로프를 허리 벨트에 묶어 끌고 올라가는 동안, 도니니는 사고가 날 때 자동차 안전벨트가 몸을 단단히 붙잡아주듯이 로프가 갑자기 당겨지면 꽉 잡아주는 제동장치 사이로 로프를 풀어주며 암벽에 몸을 지탱하고 있었다. 그들의 계획은 다음과 같았다. 댈리는 보호장치를 설치(주로 '아이스 스크류ice screws'를 단단히 얼어붙은 암벽에 박는다)하며 먼저 정상에 올라간다. 그리고 산 정상에서 단단히 로프를 붙잡고 있으면 도니니가 그것을 타고 올라간다는 것이었다.

정상까지 약 5미터의 가파른 절벽만을 남겨둔 상태에서 댈리는 보호장치를 설치할 수 없는 바위를 만났다. 그렇지만 마지막 몇 미터를 오르는 것은 쉬워보였기 때문에 별 문제가 되지 않았다. 댈리는 왼손으로 바위의 커다란 돌출부를 잡고, 붙잡을 것을 찾아 오른손을 더듬거리며 생각했다. "이제 한 번만 더 올라가면 정상이군. 드디어 올라왔어."

하지만 그때 무언가가 무너졌고, 댈리는 떨어지기 시작했다.

3미터

6미터

아이스 스크류가 뽑혀나갔다.

12미터

30미터

계속 떨어진다!

댈리가 벽에 부딪치며 떨어지는 동안 로프가 세차게 움직이고 장비들이 매달려 흔들렸다. 그는 동료를 덮쳤고, 아이젠의 뾰족한 날이 도니니의 오른쪽 허벅지를 찔렀다. 댈리는 그래도 멈추지 못했다. 계속 떨어진다.

또다시 18미터

날카로운 무언가가 로프를 잘랐다. 로프의 12가닥 중 10가닥이 그 자리에서 잘려나갔다. 남은 두 가닥마저 끊어진다면……. 댈리는 산허리에 부딪친다. 남은 끈 두 가닥(2밀리미터도 안 되는)이 팽팽해졌지만 끊어지지는 않았다. 댈리는 구겨진 덩어리처럼 매달린 채 멈추었다.

"말콤, 말콤, 괜찮아? 살아 있는 거야?" 댈리가 죽었을 거라고 생각하며 도니니가 소리쳤다. 댈리는 응답이 없었다. 도니니는 계속 소리쳤다. 아무 응답도 없다. 잠시 후 댈리가 마침내 의식을 회복했다. 머리에서 피가 뚝뚝 흘러내렸다. 종아리와 발 부분을 보니 복합골절상으로 산산조각이 나서 일그러져 있었고, 발은 완전히 뭉개진 채 너덜거렸다. 댈리는 부서진 뼈의 끝부분들이 서로 마찰을 일으키는 것을 느꼈다.

도니니가 댈리에게 내려와서 함께 구조 계획을 짜봤지만, 조금만 움직여도 상처부위가 악화되어 출혈로 죽을 수 있다는 사실을 곧 깨달았다. 댈리는 "가서 구조대를 불러"라고 도니니에게 말했다. 어쩔 수 없이 도니니는 댈리를 벽에 고정시킨 뒤 홀로 900미터를 내려가기 시작했다.

도니니는 산기슭에 있는 베이스캠프에 도착한 뒤 바로 뜻밖의 소식을 들었다. 타키트나 에어 택시Talkeetna Air Taxi(탐사 지원 서비스)에서 일하는 그의 친구 폴 로더릭Paul Roderick이 때마침 계곡 위를 지나고 있다는 것이었다. 도니니는 멈추라는 손짓을 했고, 로더릭은 도니니를 태우고 곧바로 산악관리소로 날아갔다. 덕분에 댈리를 구조하기 위한 계획은 즉각 추진되었다. 도니니가 관리소까지 걸어가야 했다면 이보다 수 시간은 더 소요되었을 것이다. 그렇게 단축된 시간은 결정적이었다. 구조대가 조직되었을 때, 폭풍이 곧 들이닥칠 듯해서 구조할 시간이 얼마 남지 않았다. 날씨와 시간 싸움을 벌이며 헬리콥터 한 대가 댈리가 있는 곳으로 날아갔고, 헬리콥터에 설치된 케이블에 매달린 구조 요원이 산비탈에 뛰어들어 댈리를 구조했다.

4시간 후 거대한 폭풍이 산을 덮쳤고, 그 후 12일 동안 휘몰아쳤다.


## 운일까, 기술일까?

이제 생각해보자. 이 이야기에서 운이 한 역할은 무엇일까? 단단해 보이던 지형이 갑자기 무너져서 댈리를 심연으로 떨어뜨린 것은 불운이었다. 하지만 행운도 많았다. 로프는 완전히 끊어지지 않았고 댈리는 생존했으며, 추락 도중 도니니와 부딪쳤지만 죽음으로 몰고 가지는 않았다. 또한 도니니는 비행기가 부근을 지나가고 있던 바로 그 순간에 베이스캠프에 도착했다. 일이 5시간만 지체되었다면 댈리는 살아남지 못했을 것이다.

하지만 이야기에 다른 요인들을 첨가해보자.

말콤 댈리는 사전 준비를 철저히 했다. 그는 엄청난 신체 능력과 산악 경험, 즉 자전거, 등반, 달리기, 스키, 등산 등을 통해 수천 시간에 걸쳐 엄격히 훈련하며 축적한 체력과 기술로 무장했다. 또한 그는 살기 위한 필사적 투쟁에 직면할 경우를 대비해 생존 지침서를 읽으며 정신적으로 준비하기도 했다. 사실 댈리는 등반 며칠 전 어니스트 섀

클턴Ernest Shackleton이 1916년 남극 엘리펀트 섬에서 자신과 동료들을 구출하기 위해 벌인 작전에 대해 읽었다. 댈리는 이런 준비 작업을 통해 불행이 덮쳤다고 한탄하고 앉아 있는 것은 위험을 증대시킬 뿐이라는 사실을 배웠다. "발을 잃은 것은 매우 안타까웠습니다. 하지만 제가 할 수 있는 일은 아무것도 없었죠. 발 때문에 지나치게 걱정하면 그만큼 스트레스만 더 받고, 아마 살아남을 가능성마저 잃게 될 것 같았습니다. 그래서 일단 발 생각은 접어두기로 했습니다"라고 댈리는 회고했다.

댈리는 살아남기 위한 생존 계획을 세웠다. 그는 저체온증을 피할 수 있도록 몸을 따뜻하게 유지해야 했다. 그래서 팔을 360도 회전시키는 운동을 양쪽으로 100회씩 하고, 그다음에는 복부 수축 운동을 100회씩 했다. 마음을 집중한 채로 '약' 100까지가 아니라 '정확히' 100까지 세면서 이 과정을 멈추지 않고 반복했다. 나중에는 힘에 겨워 횟수를 50회로, 그리고 다시 20회로 줄이기는 했지만 멈추지는 않았다. 댈리에게 이 계획을 44시간 동안 계속 실행할 수 있는 지구력과 끈기가 있었다는 사실은 분명 운이 아니었다.

댈리는 함께 등반하는 동료가 위험과 불확실성에 대한 최선의 방어책이 되어준다는 사실을 알고 항상 파트너 선정에 세심한 주의를 기울여왔다. 그래서 짐 도니니라는 훌륭한 동료와 함께 등반을 할 수 있었다. 도니니는 파타고니아Patagonia에서부터 히말라야에 이르기까지 산에서 수천 일을 보낸 경험과 등반가들이 가장 탐내는 산들 가운데 일부를 최초로 정복한 기록이 있었다. 또한 허벅지에 상처를 입었음에도 900미터를 발 한 번 헛디디지 않고 '혼자서' 내려올 수 있는 극

소수의 등반가들 중 한 명이었다.[3]

구조 작업이 시작되었을 때 댈리는 구조 요원들이 자신을 쉽게 들어 올릴 수 있도록 가방을 잘라 부서진 발을 싸고 다리를 덮고 있던 얼어붙은 피를 떼어냈으며, 몸의 다른 부분을 벽에 얼어붙게 만들지 모를 나머지 얼음들을 잘라냈다. 그가 이런 조처를 취할 수 있었던 것은 전에 헬리콥터 구조에 대해 공부한 적이 있기 때문이다. 댈리는 만반의 준비가 되어 있었다.

하지만 댈리가 생존할 수 있었던 가장 중요한 요인은 아마도 그가 자신을 사랑해주고, 자기를 위해 죽음의 위험이라도 무릅쓸 수 있는 사람들과 깊은 관계를 맺어왔다는 점일 것이다. 헬리콥터에 매달려 댈리를 구출한 구조 팀장 빌리 샷Billy Shot도 그의 오랜 친구였다. 빌리가 눈 덮인 경사면으로 이동했을 때 라디오 통신이 두절되었는데, 보통 이런 일이 벌어지면 철수하는 것이 원칙이었다. 하지만 빌리는 폭풍이 오기 전에 친구를 산에서 '구해야만 한다'고 생각했고, 즉석에서 수신호로 소통수단을 대체했다. 그는 얼음 장비로 산을 찍으며 댈리에게 급히 다가갔고, 그를 케이블에 고정시킨 뒤 헬리콥터에 신호를 보내 출발하도록 했다. 빌리는 댈리를 양팔로 꽉 끌어안은 채 붙잡고 있었다. 수백 미터 상공에서 케이블에 매달려 있는 동안 빌리는 댈리를 보며 미소를 듬뿍 머금었다. "내가 누군지 알겠어?" 댈리는 얼굴을 알아볼 수 없어 고개를 흔들었다. 그러자 빌리는 보호헬멧을 들어 올리며 말했다. "나야 빌리 샷!" 댈리의 친구가 그의 생명을 구하러 와주었고, 안전하게 구조해낸 것이다. 분명 운도 댈리의 생존에 한몫을 하긴 했지만 결국 댈리를 구해낸 것은 운이 아니었다. 댈리를 구한

건 사람들이었다.


## 운은 어떤 역할을 하는가?

운은 대체 어떤 역할을 하는 것인가? 생존과 성공을 위한 전략을 개발하는 데 있어 운은 어떤 식으로 고려해야 하는 것일까? 성공한 10X 기업은 비교 기업보다 정말 운이 더 좋았을지도 모른다. 물론 아닐 수도 있다. 그래서 우리는 다음의 세 가지 기본적인 질문을 통해 운에 대해 분석하기로 했다.

1. 운은 10X 기업과 비교 기업의 역사에서 흔한 요소인가, 드문 요소인가?
2. 운은(영향을 끼친다면) 비교 기업과 구별되는 10X 기업의 분기점을 설명하는 데 어떤 역할을 하는가?
3. 리더는 어떻게 운을 사용해야 10X 기업을 만들 수 있는가?

하지만 이 주제를 분석하려면 운이 개입한 사건을 명백히 정의하는 것을 시작으로, 엄격하고 내적으로 일관된 방법부터 개발해야 한다. 우리는 사람들이 '운은 준비된 사람이 기회를 만날 때 생긴다', '운은 계획에서 비롯된다', 심지어 '열심히 일할수록 운도 더 좋아진다'와 같은 속설에 사로잡혀 운을 정확하지 못한 방식으로 이해하고 있다는 것을 깨달았다. 종종 인용되는 이런 문구들 중 그 어떤 것도 운의 역할을 제대로 분석할 수 있을 만큼 정확하지 않기 때문에, 우리는 운이 개입된 구체적 사건을 확인하는 데 초점을 맞춤으로써 이 주제를 직접적으로 다룰 수 있는 정의를 내렸다.

— 우리는 다음 세 가지 조건에 부합하는 것을 운이 따른 사건이라고 정의했다. (1) 사건의 어떤 중요한 측면이 기업 내 주요 행위자들의 행동과 대부분, 혹은 완전히 독립적으로 일어난 사건. (2) 기업에 중요한 결과(좋거나 나쁘거나)를 초래할 수 있는 사건. (3) 예측 불가능한 요소를 포함하고 있는 사건.

이 정의는 세 가지 조건 모두가 중요하다. 우선 그 사건의 중요한 측면 중 일부는 주요 행위자들의 행동과 대부분, 혹은 완전히 독립적으로 발생해야 한다. 예를 들어, 댈리와 도니니는 도움이 필요한 바로 그 순간에 폴 로더릭이 비행기를 타고 부근을 지나가는 데 아무 영향도 주지 않았다. 이는 엄청난 행운이었다. 폭풍이 다가오기 전에 댈리를 구해내야 하는 시간적 압박을 고려하면 특히 그렇다. 두 번째로 기업에 잠재적으로 중요한 결과를 가져다주는 요인이 포함된 사건이어야 한다. 로프 두 가닥이 잘려지지 않고 남아 댈리가 추락하는 것을 막아준 사실이 바로 그렇다. 마지막으로 예측 불가능성이란 요소를 포함해야 한다. 댈리는 단단해 보이던 바위가 무너지면서 60미터 아래로 곤두박질치게 될 줄은 상상도 못했다.

하지만 이 이야기의 다른 세부사항들은 운이란 요인과 거리가 멀다는 점에도 주목하기 바란다. 댈리가 복근 운동과 팔 돌리기를 44시간 동안 쉬지 않고 한 것은 순전히 의도적인 행위로, 엄청난 체력이 뒷받침되었기에 가능한 일이었다. 또한 도니니가 900미터의 빙벽을 혼자서 성공적으로 내려갈 수 있었던 것은 그의 기술과 경험 덕분이었다. 게다가 댈리의 친구들이 그를 구하기 위해 생명의 위협을 무릅쓴 것은 운 때문이 아니라, 자신이 그런 상황에 처했다면 댈리도 똑같이 해주었을 것이란 사실을 알았기 때문이다.

우리가 내린 운의 정의는 그 사건의 궁극적 원인에 대한 설명과는 무관하다. 운이 개입된 사건의 원인이 우연이든 신의 조화이든 아니면 어떤 다른 힘이든 간에, 그것은 우리의 분석 작업과는 아무 관계도 없다. 끈 두 가닥이 끊어지지 않고 남은 것을 순전한 우연으로 보든 기적으로 보든 상관없다. 한 사건이 우리가 내린 정의의 세 가지 기준을 만족시키기만 한다면 원인에 관계없이 그것을 운이 개입된 사건으로 간주했다.

우리는 일부 사건이 다른 사건들보다 더 큰 영향력을 지닌다는 사실을 설명하기 위해 각각의 짝을 일관되게 분석하려 노력했다. 그래서 운이 개입된 각 사건들의 중요도를 고려하는 방법을 개발했다.

─ 운을 분석하는 것은 어렵지만 기발한 시도이다. 하지만 우리는 "10X 기업이 비교 기업보다 행운을 더 많이 누리거나, 혹은 불운을 더 적게 겪었는가?"라는 질문에 중점을 두면서 '각기 짝지어진 기업 양측에 일관된 방법론을 적용'함으로써 이 모호한 주제를 공략하기 위해 증거기반 분석법을 사용할 수 있었다.

# 운 분석 사례

### 암젠 vs. 제넨테크

여기에 나열된 14가지 운 관련 사례들은 짝지어진 이들 기업에 운이 개입된 46가지 사건들을 분석한 뒤 선정한 대표적인 것들이다.

지금까지 운이란 주제를 다룬 사람이 전무했기 때문에 어떤 결과가 나올지 전혀 알 수 없었다. 그래서 운에 대한 우리의 정의를 활용하여 10X 기업과 비교 기업을 구분해볼 수 있도록 230가지 중요한 운 관련 사건들을 식별하고 체계적으로 분석했다. 모든 회사들이 행운과 불운을 겪지만 과연 그 운이 10X 성공을 이끌어내는 데 있어 중대하고 납득 가능한 결정적인 역할을 하는 것일까?

이 질문에 대답하기 위해 자료를 다각도로 검토했다(부록 K 참조). 먼저 10X 기업들이 비교 기업들보다 훨씬 더 많은 '행운'을 누렸는지 여부를 알아보았다. 대답은 '그렇지 않다'였다. 10X 기업들에서 행운이 개입된 중요 사건은 평균적으로 7가지가 발견되었고, 비교 기업들에서는 8가지가 발견되었다. 그렇기 때문에 10X 기업이 훨씬 더 많은 행운을 누렸다고는 할 수 없었다.

그다음으로 우리는 비교 기업들이 10X 기업들보다 불운을 더 많이 겪었는지 검토했다. 대답은 '그렇지 않다'였다. 분석 결과는 각 집단이 불운과 연관된 사건을 평균적으로 9가지씩 겪었고, 따라서 불운의 개입 수준이 비슷하다는 점을 보여주었기 때문이다.

그런 뒤 운이 10X 기업의 모든 성공을 거의 다 설명할 수 있을 정도로 막강한 영향력을 지닐 수 있는지 여부를 고려했다. 하지만 엄청난

## 암젠

| 운이 따른 사건 | 평가 |
| --- | --- |
| 1981년 | 암젠이 낸 조그만 3단짜리 구인광고를 푸쿤 린Fu-Kuen Lin이라는 이름의 대만 과학자가 우연히 보고 지원했다.[4] 암젠은 누가 그 광고를 보도록 통제할 수 없었을 뿐 아니라 지원자 중 한 사람이 장차 온갖 역경과 회의적인 시각을 이겨내고 EPO 유전자 연구를 이끌 끈기 있는 천재라고 예측하지도 못했다. 푸쿤 린이 취직 자리를 구하기 위해 광고를 살피던 바로 그 순간에 맞게 암젠이 구인광고를 낼 수 있었던 것은 운이었다.[5] | 행운<br>매우 중요 |
| 1982년 | 생명공학 산업이 침체기를 겪으면서 투자자들이 위축되고 신생 기업에 대한 투자유치 옵션에도 영향을 주었다. 얼마 뒤에 상장을 계획하고 있던 암젠에게는 큰 충격이 될 수 있었다.[6] | 불운<br>중간정도 중요 |
| 1983~1989년 | EPO 생성 유전자를 분리하는 데 성공했는데, 이는 가로세로 높이 각각 1마일의 호수에서 작은 각설탕 하나를 찾아내는 것에 비유되었다. 합성 EPO 제품은 임상실험을 거쳐 FDA 승인을 받았다. 아무리 기술력 있는 R&D 인력이 있다고 하더라도 생명공학 분야에서 성공적인 신제품을 만들어내는 것은 항상 행운이 수반되어야 하는 일이다. 이론적 성공에서부터 임상실험과 FDA 승인을 얻기까지 일이 잘못될 확률은 언제나 존재한다.[7] | 행운<br>매우 중요 |
| 1987년 | 라이벌 제넨테크가 암젠의 특허기술을 피할 수 있는 특허를 발표했다. 암젠이 생명공학으로 합성 EPO 코드를 만든 데 반해, 제네틱스 인스티튜트Genetics Institute는 인간의 소변에서 추출한 '천연' EPO 특허를 취득했다. 이에 관해 〈네이처〉에는 이런 기사가 실렸다. "제네틱스는 마지막 목적지에 대한 권리를 가졌고, 암젠은 그 길로 가는 길목에 있을 뿐이다."[8] 이 예기치 못한 사건은 도약을 위해 자본을 유치하려던 암젠을 위험에 빠뜨렸다. | 불운<br>매우 중요 |
| 1991년 | 미연방항소법원은 암젠이 제네틱스 인스티튜트에게 패했던 판결을 뒤집었고, 미대법원이 이를 확정함으로써 암젠이 최종 승리를 거두었다. 암젠이 전력을 다해 법률 소송을 진행한 것은 운이라고 할 수 없지만, 대법원이 최종적으로 암젠의 손을 들어주고 제네틱스의 상고를 기각한 것은 운이 따라주었다고 할 수 있다. 암젠이 이 재판에서 이기지 못하고 결국 타협안을 찾게 될 것이라고 생각하던 많은 사람들은 이 결과에 크게 놀랐다.[9] | 행운<br>매우 중요 |
| 1995년 | 항抗비만 유전자 렙틴leptin은 성공적으로 제품화될 모든 가능성의 문을 통과하지 못했다. 제대로 된 제품만 나오면, 알약 하나로 식욕을 억제하고 몸무게를 줄일 수 있기에 잠재시장은 거대했다. 그러나 암젠은 개발 이유를 환자들에게 충분히 납득시키지 못하는 바람에 결국 임상실험을 중단했다.[10] | 불운<br>중간정도 중요 |
| 1998년 | 화학요법으로 항암치료를 받을 때 혈소판 손실을 줄여주는 기능을 하는 MGDF(거핵세포 성장 및 발달인자)가 상품화되지 못했다. 2000년까지 2억 5,000만 달러를 벌어들일 것으로 예상했지만 임상실험 결과 일부 환자들에게 항체가 형성돼 그 효과가 상쇄되었음이 밝혀졌다.[11] | 불운<br>중간정도 중요 |

# 제넨테크

| 운이 따른 사건 | 평가 |
|---|---|
| 1975년 | 로버트 스완슨과 분자 생물학자 허버트 보이어Herbert Boyer가 마침 적절한 시기(과학의 발전 덕분에 유전자 접합이 막 가능해진), 적절한 장소(샌프란시스코 만 부근)에 있었던 덕분에 서로 만날 수 있었다. 두 사람은 만나자마자 급속히 가까워졌으며 두 가지 조건(벤처투자를 유치하고 유전자 접합 기술을 발전시키는)만 충족시키면 역사상 최초로 생명공학 기업을 만들 수 있다는 사실을 깨달았다.[12] 두 사람이 회사를 시작한 것은 운이 아니지만, 그들이 정확히 알맞은 시기에 알맞은 장소에서 만날 수 있었던 것은 운이다. | 행운<br>매우 중요 |
| 1980년 | 〈타임〉은 한 페이지를 모두 할애해 제넨테크의 주식공모가 임박했다는 기사를 실었다.[13] 공모가는 예상을 훨씬 뛰어넘었고, 현대 기업 역사상 초유의 공모주 청약 흥행 가운데 하나(네스케이프나 구글의 기업공개처럼)가 되었으며, 주가는 하루도 채 되지 않아 150퍼센트 이상(35달러에서 89달러로) 뛰었다.[14] 제넨테크가 성공적인 IPO를 한 것은 운이 아니지만, 하루 만에 주가가 150퍼센트 뛴 것은 통제를 벗어난 중요한 행운이었다. | 행운<br>중간정도 중요 |
| 1982년 | 제넨테크는 FDA 인가를 얻어 유전자 결합을 이용해 상업적으로 재조합DNA 약제(인간 인슐린)를 만드는 데 성공한 최초의 기업이 되었다.[15] 제넨테크가 유전자 결합방법을 알아낸 것은 운이 아니지만, 누구보다 먼저 그 고지에 오른 것은 운이다. 제넨테크가 제품을 개발한 것은 운이 아니지만, 임상실험을 통과해 FDA 승인을 얻는 데는 운이 작용했다. | 행운<br>매우 중요 |
| 1982년 | 생명공학 산업이 침체기를 겪으면서 투자자들이 위축되었다. IPO 당시 89달러까지 치솟던 주가는 35달러 밑으로 떨어지는 바람에 자본비용이 높아지게 되었다. 시장은 언제나 통제·예측이 불가능하다. 수익이 100만 달러 미만이었기에 R&D에 필요한 자본을 유치해야 하는 제넨테크에게는 산업 침체가 잠재적인 불안 요인이었다.[16] | 불운<br>중간정도 중요 |
| 1987년 | 제넨테크의 t-PA가 FDA 승인을 얻기 위한 임상실험을 통과했다. 이 약은 심근경색 초기 단계에 사용할 수 있기 때문에 잠재시장이 거대했다.[17] 하버드 의과대학 약학부 학장은 "심근경색 치료에서 t-PA의 역할은 감염치료에서 페니실린의 역할에 버금간다"고 말했다.[18] 첫 번째 생명공학 블록버스터로 여겨진 액티바제는 '지금껏 출시된 가장 성공적인 신약'이자 제넨테크를 연수익 10억 달러의 기업으로 바꾸어줄 '슈퍼스타'로 묘사되었다.[19] | 행운<br>매우 중요 |
| 1989년 | 〈뉴잉글랜드 의학저널〉은 t-PA의 효과에 의문을 제기하며 더욱 보수적인 전략과 대체 치료제를 권고하는 기사를 실었다.[20] 다른 연구들도 t-PA에 이의를 제기했다.[21] 제넨테크는 기업 외부의 연구를 통제할 수 없었고, 〈뉴잉글랜드 의학저널〉의 권위는 사건의 심각성을 더했다. | 불운<br>매우 중요 |
| 1993년 | GUSTO라고 불린 연구는 이전 연구와는 달리 제넨테크의 t-PA가 대체 치료제보다 더 많은 생명을 구했음을 발견했다. t-PA는 시장 지원군을 다시 얻었고 시장점유율은 70퍼센트로 올랐다.[22] GUSTO 연구를 지원한 것은 운이 아니지만, 그 연구가 t-PA의 효과를 입증한 것은 운이 따라주었기 때문이다. | 행운<br>매우 중요 |

| 기업 짝 | 행운이 따른 중요한 사건의 수 | |
| --- | --- | --- |
| | 10X 기업 | 비교 기업 |
| 암젠과 제넨테크 | 10 | 18 |
| 바이오멧과 커쉬너 | 4 | 4 |
| 인텔과 AMD | 7 | 8 |
| 마이크로소프트와 애플 | 15 | 14 |
| 프로그레시브와 세이프코 | 3 | 1 |
| 사우스웨스트항공과 PSA | 8 | 6 |
| 스트라이커와 USSC | 2 | 5 |
| 평균 | 7 | 8 |
| 합계 | 49 | 56 |

행운이 경쟁사들 중 한쪽에만 작용된 사례는 인텔 vs. AMD 단 한 쌍 뿐이었다(IBM이 개인용 컴퓨터에 인텔 마이크로프로세서를 장착하기로 결정한 것). 이 사례에서조차 30년에 걸친 인텔의 지속적인 성공을 이 행운 하나만으로 충분히 설명할 수는 없었다. 1970년대 초반 이래로 '인텔 딜리버스'가 시장에서 확고한 지위를 차지해왔다는 회사의 명성을 감안해보면 특히 그렇다.[23] 전반적으로 10X 기업과 비교 기업들 모두 커다란 행운과 불운을 어느 정도씩 겪었다고 결론지을 수 있다. 증거자료들은 10X 성공이 모든 것을 변화시킨 거대한 행운 덕분에 이루어진 것이라는 가설을 지지해주지 못했다.

마지막으로 우리는 비교 기업들이 입지를 굳힐 기회를 갖기도 전에 불운을 겪은 반면, 10X 기업들은 초반에 행운을 누린 것이 아닌지 자문하면서 운의 시간적 분포를 분석했다. 커다란 행운을 일찍 누린 것이 10X 기업들에게 영구적인 우위를 점하게 해준 것일지도 몰랐기 때문이다. 하지만 이번에도 별 차이점을 발견하지 못했다. 10X 기업들

| 기업 짝 | 불운이 따른 중요한 사건의 수 | |
|---|---|---|
| | 10X 기업 | 비교 기업 |
| 암젠과 제넨테크 | 9 | 9 |
| 바이오멧과 커쉬너 | 7 | 4 |
| 인텔과 AMD | 14 | 11 |
| 마이크로소프트와 애플 | 9 | 7 |
| 프로그레시브와 세이프코 | 8 | 10 |
| 사우스웨스트항공과 PSA | 13 | 13 |
| 스트라이커와 USSC | 5 | 6 |
| 평균 | 9.3 | 8.6 |
| 합계 | 65 | 60 |

이 더 많은 행운을 일찍 누린 것도 아니었고, 비교 기업들이 더 많은 불운을 일찍 겪은 것도 아니었다. 일반적으로 10X 기업은 초기에 이점을 누리거나 운을 경험하지 않았다.

우리는 분석을 진행하면서 운과 결과를 혼동하지 않도록 매우 조심했다. 불운을 겪은 기업이 좋은 결과를 이뤄낼 수도 있고, 행운을 제대로 활용하지 못한 기업이 부진한 결과를 낼 수도 있기 때문이다. 결과적으로 10X 기업과 비교 기업들간의 진정한 차이점은 운 자체가 아니라 그 운으로 무엇을 '했느냐'에 있었다.

ㅡ 10X 기업들이 비교 기업들보다 더 운이 좋은 것은 아니었다. 이들 모두 행운과 불운을 비슷하게 겪었다. 이로써 10X의 성공은 운이 아니라고 결론내릴 수 있었다. 그 성공을 이뤄낸 것은 사람들이다. 그러므로 핵심 질문은 "운이 좋은가?"가 아니라 "운으로부터 높은 수익을 얻어낼 수 있는가?"가 되어야 한다.

ㅡ

● **당신에게 최고의 행운은 누구인가?**

1998년에 암젠의 회장 고든 바인더Gordon Binder는 뉴커먼소사이어티Newcomen Society에서의 연설에서 '암젠 역사상 가장 결정적이었을 순간'에 대해 언급했다. 그 사건은 무엇이었을까? 초기에 투자 자금을 조달한 순간? 암젠의 주식을 상장한 순간? 식품의약청이 블록버스터 제품 EPO를 승인한 순간? 다른 주요 제품을 개발한 순간? 아니었다. 그것은 대만의 과학자 푸쿤 린이 우연히 회사 구인 광고를 보고 지원했던 순간이다.[24]

1982년 어느 날 동이 트기 전, 조지 라스만은 회사 주차장으로 차를 몰고 들어오면서 연구실에 불이 켜져 있는 것을 보았다. "틀림없이 누군가가 실수로 어젯밤에 불을 끄지 않은 거겠지"라고 생각했다. 불을 끄려고 연구실로 들어갔을 때 라스만은 린이 열심히 일하고 있는 모습을 보았다. 연구실에서 밤을 꼬박 새운 것이었다. 잘난 체하지 않고 끈질기게 연구에 몰두하면서 거의 2년 동안 하루 16시간씩 쉬지 않고 일한 결과, 린은 EPO 유전자 복제라는 문제를 해결했다. 그 문제는 무척이나 어려워서 사람들은 비현실적으로 보이는 린의 연구를 거들떠보지 않았다. 린은 이렇게 회고했다. "제 조수는 다른 동료들로부터 '결과가 나오지 않을 프로젝트를 붙잡고 있는 사람과 같이 일하다니 참 바보구나'라는 소리를 들었습니다." 린이 구인광고를 보지 못했다면 어떻게 되었을까? 린이 다른 곳에서 일자리를 얻었다면 어떻게 되었을까? 그랬다면 암젠이 생명공학 업계에서 수십억 달러 상당의 블록버스터 제품을 처음으로 개발할 수 있었을까?[25]

우리는 운에 대해 고려할 때 '무슨 일'이란 변수(비행기가 제때 근처를 지나가거나, IPO가 기대했던 것보다 큰 성공을 거두는 것 등)에 중점을 두는 경향이 있다. 하지만 운이 취하는 가장 중요한 형태는 '무슨 일'이 아니라 '누가'라는 것이다. 예를 들어 가족사업의 경우에는 아들이나 딸이 회사를 위대하게 이끌 수 있는 자질이 있는지 여부가 운을 크게 좌우한다. 프로그레시브는 오하이오 주 클리블랜드에서 작은 가족기업으로 시작했지만, 사장이었던 아버지가 피터 루이스라는 뛰어난 아들을 두고 있었기 때문에 1965년 경영권이 루이스에게 인계된 뒤 회사가 10X 기업으로 성장할 수 있었다.[26]

이 연구는 우리가 혼란스럽고 불확실한 환경에서 살고 있다는 전제로부터 시작했다. 하지만 기업의 운명을 결정하는 것은 환경이 아니라 사람이다. 사람들은 광적인 규율을 지킬 수 있다. 사람은 실증적인 창의성도 가질 수 있다. 사람은 생산적 피해망상도 가질 수 있다. 사람은 모든 것을 이끈다. 사람은 팀을 이루고 조직을 만든다. 사람은 문화를 꽃피운다. 사람은 가치를 구현하고 목적을 추구하며 '크고 위험하고 대담한 목표BHAGs'를 성취한다. 우리가 경험할 수 있는 모든 운 중에서 사람 운(올바른 멘토, 동료, 리더, 친구를 발견하는 운)이 가장 중요하다.

## 높은 운 수익률ROL

빌 게이츠는 개인용 컴퓨터 혁명기에 진정으로 위대한 소프트웨어 회사를 세움으로써 10X 리더가 될 수 있었다. 그의 성공 원인은 무엇일까? 어떻게 보면 빌 게이츠는 엄청나게 운이 좋은 사람인지도 모른다. 그는 미국 중산층 가정에서 태어났기 때문에 시애틀에 있는 사립학교인 레이크사이드스쿨Lakeside School에 입학할 수 있었다. 이 학교에는 프로그램을 배울 수 있는 컴퓨터가 텔레타이프 통신망에 연결되어 있었는데, 이런 환경은 1960년대 말과 1970년대 초에는 보기 드물었다. 또한 그는 초소형 전자공학의 발달로 개인용 컴퓨터가 보급되던 시점에 성년에 다다르도록 시기를 맞춰 태어났다. 그가 10년, 아니 5년만 늦게 태어났어도 이 시기를 놓쳤을지 모른다. 게다가 그의 친구 폴 알렌Paul Allel은 1975년 〈파퓰러 일렉트로닉스Popular Electronics〉 1월 호에서 우연히 '상업 모델에 대적할 세계 최초의 소형 컴퓨터 키트'라는 제목의 머리기사를 읽었다. 앨버커키Albuquerque에 있는 작은 회사가 설계한 알테어Altair 컴퓨터에 관한 기사였다. 게이츠와 알렌은 프로그램 언어를 베이직에서 알테어에 사용할 수 있는 다른 프로그램으로 바꾸자는 아이디어를 냈고, 이 아이디어는 훗날 개인용 컴퓨터에 사용되는 제품을 최초로 판매한 기업가의 지위를 가져다준다. 게이츠는 하버드대학에 입학했는데 이곳에는 우연히도 그의 아이디어를 개발하고 시험해볼 수 있는 PDP-10 컴퓨터가 있었다.[27] 정말 게이츠는 운이 좋았다. 안 그런가?

그렇다. 게이츠는 운이 좋았다. 하지만 그가 10X 리더가 된 것이 운 때문이라고는 할 수 없다. 다음 질문들을 고려해보자.

그 시대에 미국 중산층 가정에서 자란 사람이 게이츠뿐이었는가?

1950년대 중반에 컴퓨터를 사용할 수 있는 사립학교에 다닌 사람이 게이츠뿐이었는가?

1970년대 중반에 컴퓨터를 갖춘 대학에 다닌 사람이 게이츠뿐이었는가?

〈파퓰러 일렉트로닉스〉를 읽은 사람이 게이츠뿐이었는가?

베이직에서 프로그램을 짤 수 있는 사람이 게이츠뿐이었는가?

아니, 아니, 모두 다 아니다.

레이크사이드가 그 시절에 학생들이 사용할 수 있는 컴퓨터를 갖추었던 최초의 학교 중 하나였을지는 모르나, 유일한 학교는 아니었다.[28] 게이츠가 1975년에 컴퓨터를 갖춘 대학에서 수학과 컴퓨터에 통달한 학생이었을지는 모르나, 다른 대학에도 비슷하거나 더 나은 컴퓨터 장비, 그리고 뛰어난 학생들이 얼마든지 있었다. 게다가 게이츠는 베이직에서 프로그램을 짤 수 있는 유일한 사람도 아니었다. 베이직 언어는 10년 전에 다트머스대학 교수가 개발했고 1975년경에는 학계와 산업에 이용되면서 널리 알려졌다.[29] 또한 〈파퓰러 일렉트로닉스〉에 기사가 실렸을 당시 게이츠보다 훨씬 더 컴퓨터를 잘 알고 있던 전자공학과 컴퓨터과학 박사과정 학생들은 어떤가? 그중 누구라도 당장 학업을 포기한 뒤 개인용 컴퓨터 소프트웨어 회사를 차릴 수 있었고, 이는 이미 산업계와 학계에서 일하던 컴퓨터 전문가들도 마찬가지였다.

하지만 알테어용 베이직 프로그램을 짜는 데 모든 것을 다 바치느라 삶의 계획마저 뒤집는 사람이 몇 명이나 되는가? 또 부모에게 반항하고 대학을 중퇴하며 그 먼 앨버커키까지 이사간 사람이 몇 명이나 되는가? 알테어용 베이직을 작성하고 디버깅하며 그 누구보다 먼저 제품을 내놓기 위해 준비한 이들이 몇 명이나 되는가?[30] 수천 명의 사람들이 바로 그 순간 게이츠가 한 바로 그 일을 할 수 있었지만, 그들은 하지 않았다.

— 빌 게이츠와 그와 비슷한 이점을 누렸던 사람들간의 차이점은 운이 아니다. 물론 게이츠는 최적의 시기에 태어났고 1975년경 프로그래밍을 배울 수 있는 기회를 얻는 행운을 누렸지만, 다른 사람들도 그와 같은 행운을 누렸다. 그렇지만 게이츠는 가능성으로 충만한 환경과 자신의 행운을 더 잘 활용했다. 중요한 차이점은 바로 이것이다.

처음 운에 대한 분석 작업을 시작했을 때 많은 친구와 동료들은 우리에게 "운이 의도적으로 일으킬 수 없는 인간의 통제를 벗어나 있는 것이라면, 왜 연구하면서 시간을 허비하나?"라고 말하곤 했다. 사실 맞는 말이다. 행운과 불운은 우리가 그것을 좋아하든 말든 상관없이 모든 사람에게 일어난다. 하지만 10X 리더들을 조사하면서 게이츠처럼 운을 알아보고 붙잡은 사람들, 그리고 운이 따른 사건을 제대로 활용하여 다른 사람들보다 더 많은 혜택을 얻어낸 리더들을 발견하게 되었다. 이들을 남다른 인물로 만들어준 것은 중대한 순간에 운으로부터 높은 수익을 얻어낼 수 있는 능력이었고, 이 능력은 엄청난 증식 효과를 지니고 있었다. 그들은 운과 관련된 사건이 발생하면 줌아웃해 기존 계획을 희생하면서까지 추구할 가치가 있는 것인지 숙고해본다. 빌 게이츠가 〈파퓰러 일렉트로닉스〉의 기사를 본 폴 알렌에게 "난 지금 공부에 집중해야 돼. 몇 년 기다렸다가 준비되면 해보자고"라고 말했다면 어떻게 되었을지 생각해보라.

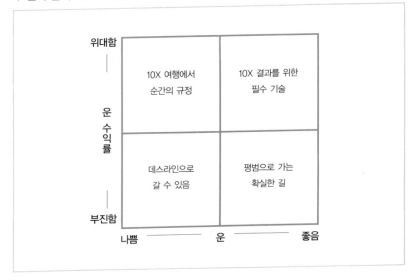

| 운과 운 수익률을 혼동하지 말 것 |

이번 장 중반에 핵심 틀로 사용할 위의 표를 보라. 모든 사람이 좋든 나쁘든 운의 영향을 받지만 10X 기업들은 그 운으로부터 더 많은 것을 얻어냈다. 빌 게이츠의 사례는 오른쪽 위의 사분면, 즉 행운으로부터 엄청난 수익을 얻어내는 경우의 예이다.

우리는 운이라는 주제를 바라보는 두 가지 극단적 견해와 마주했다. 첫 번째는 운을 비정상적인 성공이라고 보는 관점으로, 크게 성공한 사람은 그저 동전 던지기에서 행운을 잇달아 맛본 운 좋은 수혜자라고 보는 견해다. 만일 한 방에 원숭이 수백 마리를 몰아넣고 동전을 던지게 하면 어쨌든 어떤 원숭이는 그저 우연에 의해 50번 연속으로 앞면이 나오는 경우를 접하게 될 것이란 식이다. 이 견해에 따르면 빌 게이츠 같은 사람들은 50번 연속 앞면이 나오는 행운을 겪은 행운아에 불과하다. 두 번째는 성공과 생존은 전적으로 능력, 준비, 노력, 끈기에서 비롯되며 운은 아무런 역할도 하지 못한다는 견해다. 이 견해를 옹호하는 사람들은 운이라는 부정할 수 없는 존재를 무시한다. "내가 성공하는 데 운은 아무런 역할도 하지 않았어. 내가 정말 뛰어날 뿐이야." 이러한 관점에서 보면, 빌 게이츠는 중국에서 문화대혁명 시절에 농민으로 자랐어도 지금처럼 되었을 것이다.

우리는 이 극단적인 관점들을 지지하지 않는다. 한편으로 운이 존재한다는 사실, 즉 일부 사람들은 더 운이 좋은 상태에서 인생을 시작한다는 사실을 부인할 수 없다. 다른 한편으로 운 그 자체만으로는 일부 사람들이 위대한 기업을 만드는 반면, 다른 사람들은 그러지 못하는 이유를 설명할 수 없다는 점도 인정한다. 우리가 분석 대상으로 삼은 것은 단일한 사건도 아니고 짧은 기간 동안 일어난 일도 아니다. 최소 15년 이상 탁월한 성과를 지속해온 위대한 기업과 그 기업을 세운 리더를 살펴보았다. 그 결과 순전히 운 때문에 성과를 지속해온 기업은 단 하나도 없었다. 하지만 성장 과정에서 운과 관련된 사건을 겪지 않은 위대한 기업 역시 단 하나도 없었다. 운이 전부이거나 아무것도 아니라는 양극단의 견해들은 스스로를 지지해줄 아무런 근거도 갖지 못한다. 조사한 자료에 훨씬 더 부합하는 것은 운 수익률이라는 종합적 개념이다.

높은 운 수익률을 달성하려면 운이 따르는 사건에 일상에 차질을 빚을 정도로 열성적으로 자신을 내던져야 하며, 이런 태도를 항상 유지해야 한다. 빌 게이츠는 엄청난 행운만으로 성공한 사람이 결코 아니다. 그는 끊임없이 밀어붙이고 추진하면서 20마일 행진을 이어갔고 총 먼저 쏘고 대포 쏘기를 실천했으며, 데스라인을 피하기 위해 생산적 피해망상을 유지했다. 또한 SMaC 레시피를 개발 및 개선했고 탁월한 사람들을 고용했으며, 규율의 기업문화를 정착시켰고 편집광처럼 목표에 집중하면서 배짱 좋게 밀어붙였다. 그리고 이러한 노력을 20년 이상 지속했다. 이건 운이 아니라 운 수익률이다.

### 운의 낭비

비교 기업을 보면 행운이 여러 번 찾아왔음에도 전반적인 운 수익률이 대체로 낮다. 몇몇 기업은 놀라울 정도로 계속되는 행운을 누렸음에도 모두 날려버리는 대단한 능력을 보여주기도 했다.

경쟁에서 끊임없이 밀렸던 AMD는 1990년대 중반에 행운이 따르는 사건을 연달아 경험했다. 우선 인텔 마이크로프로세서 복제를 사실상 허용하는 연방배심원 판결 덕분에, 인텔의 지배력에 대한 고객들의 반감을 유리하게 이용할 기회가 생겼다. 컴퓨터 제조 업계는 절대자 인텔에게 굽실거리기가 신물이 난 나머지 인텔을 대신할 다른 마이크로프로세서 업체가 나타나기를 애타게 바라던 참이었다. AMD는 인텔의 펜티엄 프로세서에 전면 대항하여 K5를 개발했고 고객들은 AMD와 계약하기 시작했다. 그렇게 AMD가 여세를 몰아 매출 기록을 세우고 인텔의 시장을 점차 잠식해가고 있을 때 또다시 커다란 행운이 찾아왔다. 드물게 사용되는 특정 연산에서 반올림 오류를 발생시키는 결함이 인텔 펜티엄 프로세서에 있다고 널리 알려지면서, IBM이 해당 제품이 장착된 컴퓨터를 출하 중단한 것이다. 인텔은 결국 이미 판매된 펜티엄칩을 교체하는 비용으로 4억 7,500만 달러라는 엄청난 돈을 책정했다고 발표했다. 그리고 이 모든 일이 기술 호황 속에 칩 수요가 고속 성장할 때 벌어졌다.[31]

그렇다면 이런 행운 앞에서 AMD는 어떻게 했을까?

1995년 연례 보고서에 샌더스는 "AMD는 회사의 주돛에 큰 구멍을 내버려 바람을 타지 못했다. 주돛에 난 구멍이란 5세대 AMD-K5 프로세서 출시를 앞두고 늑장을 부린 일"이라고 밝혔다. K5 프로젝트는 당초 일정보다 수개월 뒤처져 있었고 고객들은 인텔로 다시 돌아가기 시작했다. 결국 AMD의 마이크로프로세서 매출은 60퍼센트나 급감했다. AMD가 K5 문제를 해결했을 때쯤 인텔은 차세대 프로세서로 이미 한 단계 앞서 나간 상태였다.[32] 이렇게 AMD는 또다시 무너지는 듯했다.

하지만 때마침 신기하게도 AMD에 행운이 두 번이나 다시 찾아왔다. 첫째로 넥스젠NexGen이라는 작은 회사가 인텔 차세대 프로세서의 실용 복제품을 개발했고, 넥스젠은 자금이 모자라 우호적인 인수자를 물색하고 있었다. AMD는 넥스젠을 인수했고 단번에 마이크로프로세서 시장에 다시 뛰어들었다. 이렇게 탄생한 AMD-K6는 윈도우 구동 시 인텔 펜티엄 프로세서보다 오히려 더 빠르고 값싸게 사용할 수 있었다. 둘째로 AMD에게 유리한 쪽으로 업계 전체가 갑자기 방향을 틀었다. 1,000달러도 안 되는 저가 개인용 컴퓨터가 전체 컴퓨터 시장에서 가장 빠른 속도로 성장했다. AMD의 K6는 이런 전환기에 제격이었다. 이때에도 AMD는 시나리오가 완벽했다. 고객들은 인텔의 기세를 꺾고 싶어 했고 저가 컴퓨터 중심으로 시장이 형성되면서 AMD

가 특수를 누렸다. K6는 사상 최대 수준의 기술 붐이 불고 있는 가운데 적시에 나타난 이상적인 제품이었다.[33]

그러나 AMD는 수요를 충족시킬 만큼 칩을 생산하는 데 실패하여 기회를 훌륭하게 활용하지 못했다. 소비자들은 인텔을 대체할 기업으로 AMD를 응원했지만 제조상의 문제로 K6를 제대로 이용할 수 없자 다시 인텔로 발길을 돌리기 시작했다. 최고의 순간에 보기 드문 행운을 연달아 얻었지만 AMD 주식은 1995년 초부터 2002년 말까지 전체 시장 대비 70퍼센트 이상 하락했다.[34]

— AMD의 사례는 비교 기업군에서 일반적으로 관찰되는 행운의 허비라는 양상을 잘 보여준다. 이들은 행운을 활용할 기회가 왔을 때 이를 잡지 못하고 비틀거렸다. 행운이 따르지 않아서 실패한 것이 아니라 운을 최대한 활용하지 못해서 실패한 것이다.

1980년에 IBM은 당시 개발 단계에 있던 개인용 컴퓨터에 설치할 운영체제를 구하고 있었다. 모두가 알다시피 이런 상황은 마이크로소프트의 역사에 전환점이 되었지만 IBM이 처음 운영체제를 찾던 당시에는 그 결과가 지금과는 완전히 달라질 수 있었다. 사실 마이크로소프트는 자체 개발한 운영체제가 없었고 이 사업을 추진할 계획조차 없었기 때문이다. 이 분야의 확실한 선두 기업은 캘리포니아 주 퍼시픽 그로브에 있는 디지털리서치 Digital Research였다. 이 사례는 "기회가 올 때 그것을 잡을 것인가 아니면 흘러가게 놔둘 것인가?"라는 질문을 강조하기 위해 함께 살펴볼 가치가 있다.

디지털리서치는 개인용 컴퓨터의 선두적인 비애플 운영체제인 CP/M을 개발한 회사로, IBM의 중역들이 협력 가능성을 논의하기 위해 디지털리서치를 찾았다. 하지만 이 회사의 CEO인 게리 킬달Gary Kildall은 베이 에리어Bay Area에 업무회의 일정이 잡혀 있어서 IBM과의 미팅을 일단 동료들에게 맡긴 채 전용비행기를 타고 샌프란시스코로 향했다. 킬달이 그날 오후 돌아왔을 때 회의는 부정적인 방향으로 전개되고 있었다. IBM 사람들은 그다지 감흥을 받지 못한 채 그날 오후 늦게 자리를 떴고 킬달도 휴가를 떠났다. 정확히 왜 협의가 무산되었는지에 대해서는 여러 가지 해석이 있지만 결과적으로 공급 계약과 관련해 불만을 가진 IBM은 마이크로소프트와 손을 잡았다.[35] 그 순간 기회가 왔음을 깨달은 마이크로소프트는 IBM의 개인용 컴퓨터 출시에 맞춰 운영체제를 준비하는 혹독한 일정에 전념했다.[36] 디지털리서치는 때마침 IBM이 문을 두드린 바로 그 시기에 적절한 위치에 있는 놀라운 행운을 누렸지만 엄청난 운 수익률을 거두는 데는 실패했다. 대신 마이크로소프트가 그 일을 해냈다.

### 빛나는 10X 리더

1988년 11월 8일, 피터 루이스는 보험 업계에 엄청난 충격을 가져온 소식을 접했다. 캘리포니아 유권자들이 자동차 보험회사에 대한 징벌적 조치인 주민제안 103을 통과시킨 것이다. 이 법안은 보험요율을 20퍼센트 인하하고 소비자에게 보험료 환급을 지시함으로써 세계 최대 자동차 보험시장을 혼란에 빠뜨렸다. 51퍼센트의 찬성표로 하루 만에 심각한 손해를 입게 된 캘리포니아 주 보험시장은 프로그레시브의 전체 사업에서 차지하는 비중이 거의 25퍼센트나 되었다. 이에 프로그레시브는 심각한 위험에 노출되었다.[37]

루이스는 줌아웃하고 물었다. "도대체 무슨 일이 일어나고 있는 거야?" 그리고 프린스턴대학에서 함께 공부했던 랠프 네이더Ralph Nader에게 전화를 걸었다. 네이더는 오랫동안 소비자보호 운동가로 활동해 온 사람으로, 한때 '네이더 돌격대Nader's Raiders'라는 일종의 특수부대와 같은 시민그룹을 이끌었으며 주민제안 103을 옹호했다. 루이스는 사람들이 자신을 싫어한다는 말을 들었다. 사람들은 보험회사와 거래하는 것이 몹시 싫어서 투표를 통해 들고 일어났던 것이다. 뭔가 잘못이 있음을 깨달은 루이스는 직원들을 소집해 "소비자들이 실제로 우리를 증오하고 있다"고 전하며, 더 나은 회사를 만들도록 촉구했다.[38]

이 법안을 선물로 여기기 시작한 루이스는, 이를 계기로 회사의 핵심 목표를 다지고 자동차 사고로 인한 경제적 비용과 충격을 줄여나갔다. 한 예로, 프로그레시브는 '신속 대응' 서비스를 도입해 1년 365일 언제 어느 때에 사고가 나더라도 도움을 제공했다. 손해사정인은 회사의 모든 밴과 SUV 차량을 동원해 보험계약자의 집이나 사고 현장으로 직접 파견되어 일을 처리했다. 1995년에 프로그레시브의 손해사정인이 보험금 지급 준비를 마치고 사고 발생 24시간 내에 직접 고객을 찾아간 비중이 80퍼센트나 되었다. 이 법안이 통과되기 전인 1987년에 프로그레시브는 미국 개인 승용차 보험시장에서 B등급에 그쳤으나 2002년에는 4위에 올랐다. 몇 년 후 피터 루이스는 주민제안 103 법안을 '회사에 기여한 최고의 사건'이라고 일컬었다.[39]

─ 프로그레시브와 피터 루이스는 10X 리더들이 차질이나 불운으로 타격을 입었을 때 어떻게 좋은 결과로 승화시키며 빛을 발하는지 보여준다. 10X 리더들은 어려움을 촉매로 삼아 목표를 다지고 가치 있는 일에 재도전하며, 규율을 강화하거나 창의적으로 대응하며 생산적 피해망상을 늘린다. 운이 아니라 위기 회복력이야말로 위대한 기업의 특징이다.

이 연구를 진행하는 동안 우리는 캐나다 태생 하키 선수들의 생월과 성공간의 상관관계를 학술적으로 분석한 글을 읽었다. 하반기에 태어난 선수들이 상반기에 태어난 선수들에 비해 덜 성공했다는 것이 결론이었다. 10.75세와 10세는 체격과 운동속도 면에서 차이가 날 수 있다. 나이가 바뀌는 1월 1일을 기점으로 연초에 태어난 아이는 연말에 태어난 아이에 비해 신체적으로 우월하므로, 더 빨리 두각을 드러내고 시간이 갈수록 격차를 더욱 벌리게 된다는 것이다. 이 글을 쓴 말콤 글래드웰Malcolm Gladwell은 결국 이런 양상이 북미아이스하키리그 NHL에도 줄곧 영향을 미쳐 출생월 분포가 70퍼센트 정도 상반기 쪽으로 몰려 있는 점을 예로 들며 이러한 연구 결과를 널리 알렸다.[40]

하지만 아이스하키 명예의 전당Hockey Hall of Fame에 입성한 실로 위대한 10X 선수들의 통계를 자세히 살펴보면 확연히 다른 결론에 도달한다(명예의 전당에 오른 선수들은 일반 NHL 선수들보다 훨씬 더 우수하다. 현재 명예의 전당에는 해마다 4명의 선수만 추대되고 있으며 평가는 선수 경력 전체를 기준으로 한다). 명예의 전당에 오른 캐나다 태생의 선수는 사실상 절반이 하반기에 태어났다(부록 L 참조). 이제 다음 사항을 고려해보자. 실제로 캐나다 출신의 NHL 선수들 가운데 상반기보다는 하반기에 태어난 이들이 훨씬 적지만, 명예의 전당에 오른 선수들의 절반이 하반기 출생이라는 사실은 매우 흥미로운 반전이 아닐 수 없다. 다시 말해 하반기에 태어난 불운을 가진 선수들이 상반기에 태어난 행운을 가진 선수들보다 명예의 전당에 오를 가능성이 더 높다는 사실이다![41]

가난한 지역에서 태어나 아이들이 '바닥에서 천장까지 이어지는 다층 침대에서 포개 자는' 집에 살면서 스케이트를 갖게 되었다는 사실만으로도 감격스러웠던 12월 태생의 레이 부케Ray Bourque를 살펴보자. 그는 스케이트와 함께 잠을 자고 아파트 건물 지하실에 임시 링크를 만들어 벽에 고정시킨 골문에 퍽을 날리는 등 수천 번의 슛을 연습하며 하키와 함께 살았다. 너무 세게 퍽을 날렸는지 시멘트에 금이 가고 물이 새어 들어와서 아버지가 우중충한 벽에 충전제를 발라 수리하기도 했다. 부케는 직업정신을 투철하게 길렀다. 실제로 그는 스스로 지켜온 막대한 운동량을 보여주듯이 NHL에서 명예의 전당에 이르기까지 대부분의 선수생활 기간 동안 한 경기당 30분 이상, 때로는 동료 선수의 두 배를 뛰었다. 그는 NHL 올스타게임에 19번 연속 출전했으며, NHL 역사상 골을 가장 많이 넣은 방어수로 은퇴했다. 부케는 우수한 신체 조건을 타고났고 어릴 때에도 운동능력이 월등했을 것이다. 물론 NHL에 들어오는 다른 선수도 대부분 그럴 것이다. 하지만 부케처럼 선수생활 내내 10X의 면모를 보여준 선수는 매우 드물다.[42] 부케는 "목표는 장애와 어려움을 넘어선 곳에 존재합니다. 그 과정에서 변명하거나 책임을 전가하지 마십시오"라고 말했다.[43] 그는 삶의 여정에서 행운과 불운을 모두 겪었지만 운이 부케를 희대의 선수로 만든 것은 아니다.

이쯤 되면 '부케는 예외적인 인물'이라고 반박할 수도 있다.

제대로 보았다. 예외적으로 성공하자는 게 이 책의 요지이지 않은가?

"나를 죽이지 못하는 고통은 나를 강하게 만들 뿐이다"라는 니체의 유명한 말이 있다.[44] 우리는 누구나 불운을 경험한다. 문제는 자신을 더 강하게 만들기 위해 어떻게 불운을 활용하고 불운이 정신적 감옥이 되는 것을 막으며, 이제껏 없었던 최고의 기회로 바꾸느냐이다. 그것이 바로 10X 리더들의 행동이다.

### 나쁜 운, 저조한 수익

우리는 사우스웨스트항공이 막 창업했을 무렵, 주목할 만한 순간이 있었음을 우연히 발견했다. 그 순간을 초대 CEO인 라마르 뮤즈는 자신의 책《사우스웨스트의 길 Southwest Passage》에서 이렇게 묘사했다. "사우스웨스트 설립 후 첫 번째 일요일 아침, 우리는 대재앙을 가까스로 모면했습니다. 이륙활주를 하는 중에 우측 역추진 장치가 작동했어요. 기장이 즉각 비행기를 다시 제어하고 회전하여 하나의 엔진만으로 비상착륙을 할 수 있었죠."[45] 만일 조종사가 결단력은 좋지만 비행기 추락을 막을 실력이 없었다면 어땠을까? 회사 문을 연 첫 주에 737기가 땅으로 곤두박질쳤다면 지금 사우스웨스트항공이 존재할까?

행운인지 불운인지 그 형태가 정말로 확실한 운은 딱 하나 있다. 바로 게임을 끝장내는 운이다. 사우스웨스트는 새로운 도시에서 사업을 시작하거나 새로운 공항의 게이트를 확보할 기회를 놓쳤더라도 여전히 위대한 기업으로 발전했을 수 있다. 하지만 설립 첫 주에 비행기 추락으로 무너졌다면 그 기회를 영영 잃어버렸을 것이다.

— 행운과 불운 사이에는 흥미로운 비대칭이 존재한다. 행운은 제 아무리 크다 해도 한 번에 위대한 기업을 만들지는 못한다. 하지만 데스라인으로 밀어넣는 심각한 불운 하나, 혹은 재앙적 결과를 초래하는 연속적인 불운한 사건들은 기업을 파멸로 이끌 수 있다.

1970년대 후반부터 1980년대 초까지 PSA와 사우스웨스트항공은 계속된 불운으로 비슷한 고난을 겪었다. 두 기업 모두 관제사 파업을 겪었고 오일쇼크로 항공 연료비가 급증했으며 심각한 경기 침체와 걷잡을 수 없는 물가상승에 직면했다. 또한 금리가 가파르게 상승하면서 항공기 대여 비용이 늘어났으며 두 회사 모두 CEO 교체라는 예상치 못한 변화를 맞았다. 1982년에 PSA의 폴 바클리Paul Barkley 회장이 "2년이 채 안 되는 시간이었지만 10년은 더 지난 느낌"이었다고 말할 정도였다.[46] 1979~1985년까지 PSA는 자기 파괴적인 파멸의 올가미에 빠져들었다. 즉 비용을 절감하기보다는 가격을 인상했고 해고와 격렬한 노사분규로 기업문화를 파괴했다. 또한 부채를 늘려 재무상태를 악화시켰고 SMaC 레시피를 포기한 채 불규칙한 수익을 올린 CEO를 영입했다. 결국 PSA는 불운에 따른 낮은 수익률을 거두었고 사우스웨스트항공에 영원히 뒤처졌다.[47]

동전 던지기를 할 때 앞면(행운)과 뒷면(불운)이 불규칙하게 나오다가 시간이 흐르면서 그 비율이 비슷해지는 경향이 있다면, 우리는 행운을 거머쥘 때까지 충분히 오랫동안 불운을 견딜 만한 실력과 강인

함, 위기에 대한 준비와 회복력을 갖추고 있어야 한다. 말콤 댈리는 추락사고 후에도 살아남을 정도로 행운이 따라야 했지만, 동시에 60미터 아래로 떨어진 뒤 위험천만했던 44시간을 버텨내기 전부터 강하고 능숙한 위기대응력이 있어야 했다. 사우스웨스트항공은 1980년대 초의 불운이 닥치기 전에 강한 대처능력을, 조종사는 역추진 장치가 작동되기 전부터 역량과 준비를 갖추고 있어야 했다.

― 10X 기업들은 실증적 창의성, 광적인 규율과 더불어 생산적 피해망상을 발휘하여 상당한 안전지대를 마련해놓았다. 만약 충분히 오랫동안 경기를 버틴다면 행운은 돌아오기 마련이지만 그렇지 않고 쓰러진다면 다시 행운을 잡을 기회는 결코 없을 것이다. 운은 버티는 사람들을 좋아하지만, 살아남아야 버틸 수 있다.

데인 밀러는 10X 기업 중 하나인 바이오멧을 시작할 때 이를 잘 알고 있었다. 그는 1977~1982년까지 회사가 기반을 마련하는 동안 겪게 될 어려움에 대비하고 충격을 완화하기 위해 극단적인 생활을 하며 버텼다. 밀러와 세 동료는 하던 일을 그만두고 각자 저축한 돈을 모두 이 회사에 쏟아부었다. 이들은 재고품을 쌓아두는 이동주택을 연결하려고 벽에 구멍을 뚫는 바람에 금방이라도 무너질 듯한 곳(실은 헛간을 개조했다)에서 주말을 포함해 하루 12~16시간씩 일하며 지냈다. 여름에는 전기요금을 최대한 아끼기 위해 냉방을 끄고 카드놀이용 접이식 테이블에서 땀방울을 뚝뚝 떨어뜨리며 일했다. 투자자를 만나러 출장을 갈 때도 여비를 아끼기 위해 밀러와 직원 한 명이 장로

교회의 이동주택에서 잠을 자고 얼음처럼 차가운 물로 샤워를 해야 했다. 한번은 밀러가 회사 뒤편의 빈 들판을 바라보다가 좋은 생각을 떠올렸다. '놀고 있는 저 초원에 소들을 풀어놓고 키우는 것도 괜찮지 않을까?' 회사에 현금이 바닥났을 때 힘든 시기를 견디기 위해 소고기로 식사를 대신하면 되겠다는 생각이었다. 그래서 소 세 마리를 기르기 시작했고 바이오멧은 의료기기 업계 사상 최초로 목축으로 위험을 헤징하는 기업이 되었다.

바이오멧은 상당액의 외부투자를 유치할 때까지 다양한 상품을 시도해보고, 소를 잡아먹고 찬물로 샤워하면서 5년 이상을 버텼다. 벤처투자자들에게 거절당하면서도, 필요한 부품을 하청업체에서 보내주지 못했을 때도, 유명 판매점에서 거절당했을 때도 살아남았다. 오랫동안 살아남은 결과, 인공보정물 제품이 마침내 주목을 받으면서 주가수익률이 동종 업계 대비 11배 이상인 기업으로 성장했다.[48]

## 운은 전략이 아니다

삶은 아무것도 보장해주지 않는다. 하지만 가능성이나, 심지어 운을 관리하는 전략은 가르쳐준다. '운 관리'에는 네 가지 핵심이 있다. 첫째, 행운이나 불운이 왔을 때 알아챌 수 있게 '줌아웃' 하는 능력을 키워야 한다. 둘째, 운에 따라 계획의 수정 여부를 판단할 수 있는 지혜를 개발해야 한다. 셋째, 피할 수 없는 불운이 닥쳤을 때 견딜 수 있도록 충분히 대비해야 한다. 넷째, 행운이나 불운이 왔을 때 운 수익률이 플러스여야 한다. 운 자체는 전략이 아니지만 플러스 운 수익률을 올리는 것은 전략이다.

그렇다면 운 수익률을 극대화하는 방법은 무엇일까? 사실 지금까지 쓴 내용이 모두 그 방법이다. 삶은 예측이나 통제가 불가능한 크고 거대한 힘으로 가득하며 불확실하다는 이번 연구의 대전제를 떠올려보라. 불확실하고 통제 불가능하고 거대한 힘이 바로 운이다. 실제로 연구 내용 전체를 '운, 그리고 높은 운 수익을 얻는 법' 중심으로 재구성할 수도 있다.

지금까지 다룬 내용을 되짚어보자.

10X 리더의 행동 | 광적인 규율, 실증적 창의성, 생산적 피해망상, 단계5의 야망을 갖춘 리더는 행운이 따를 때에도 긴장을 풀지 않는다. 불운이 닥쳐도 주저앉지 않는다. 이들은 최종 목표와 대의를 향해 계속 돌진한다.

20마일 행진 | 10X 기업은 행운이 오면 행운을 잡은 뒤, 수일에서 수십 년에 걸쳐 그 위에 성과를 쌓아올린다. 궁극적으로 성공은 운에 좌지우지되지 않는다는 강한 자신감을 기르며, 운이 좋든 나쁘든 성과를 낼 수 있는 기업문화를 조성한다.

총 먼저 쏘고 대포 쏘기 | 10X 기업은 운을 직접 만들지는 않지만 총을 많이 쏘면서 잘될 수 있는 일을 할 기회를 늘린다. 이들은 경험으로 검증된 방식에 창의성을 결합하여, 운에 기대지 않고 크게 한방을

날리는 대포를 쏠 수 있다. 보정되지 않은 대포는 적중하려면 운이 필요하지만 제대로 보정된 대포는 그렇지 않다.

데스라인 위로 이끌기 | 여러분의 산소통을 많이 확보함으로써 10X 기업은 운에 대응하는 수단을 더 많이 만든다. 세 가지 리스크를 관리함으로써 이들은 불운이 닥쳤을 때 재앙이 일어날 가능성을 줄인다. '줌아웃' 했다가 '줌인' 하는 이들의 능력은 운을 파악하고, 운에 따라 계획을 바꿀 만한 이점이 있는지 판단하는 데 도움이 된다.

SMaC | SMaC 레시피를 사용하면 불운을 증폭시킬 만한 실수를 최소화하고, 행운을 똑똑하게 활용할 가능성을 높일 수 있다. SMaC 레시피가 명확하면 운에 따라서 계획을 수정할 것인지, 수정한다면 어떻게 할 것인지를 결정하는 데 도움이 된다.

이 책에 있는 개념은 운 수익률을 높이는 데 모두 도움이 된다. 10X 기업은 우리 모두가 운의 바다에서 헤엄치고 있다는 사실을 잘 알고 있다. 또 운을 만들거나 통제하거나 예측할 수 없다는 사실도 이해하고 있다. 하지만 10X식 경영과 지도 덕분에 이들 기업은 운에서 최대한 많은 수확을 한다. '잘하는 놈이 운 좋은 놈 못 따라간다' 는 옛말이 있다. 예외적인 성공 없이 그저 잘하기만 하려는 기업에는 맞는 말일 수 있다. 하지만 더 큰 야망이 있는 기업에 대해서는 이번 연구를 통해 '운 좋은 놈이 위대한 놈 못 따라간다' 는 정반대의 결론에 이르렀다.

우리가 연구한 최고의 리더들은 운과 역설적인 관계를 유지했다. 다른 기업도 똑같이 운이 좋았다는 부정할 수 없는 사실 앞에서도, 그들은 자신의 성공을 '되돌아보면' 행운이 따른 덕분이었다고 공을 돌린다. 반면 실패에 대해서는 운 탓을 하지 않으며, 불운을 훌륭한 성과로 바꾸지 못한 자신을 탓한다. 실패의 원인으로 불운을 탓하면 이는 운명에 굴복하는 것임을 잘 알고 있기 때문이다. 그리고 행운이 왔을 때 이를 자각하지 못하면 자신의 능력을 과대평가하게 되고, 그 효력이 다했을 때 위험에 노출될 수 있다는 사실도 명심하고 있다. 후에 또 다른 행운이 올 수도 있지만 10X 리더는 절대 기대하지 않는다.

## 핵심 포인트

- 우리는 운이 따른 사건을 다음과 같이 정의했다. (1) 사건의 어떤 중요한 측면이 기업 내 주요 행위자들의 행동과 대부분, 혹은 완전히 독립적으로 일어난 사건. (2) 기업에 중요한 결과(좋거나 나쁘거나)를 초래할 수 있는 사건. (3) 예측 불가능한 요소를 포함하고 있는 사건.

- 운은 행운이든 불운이든 아주 많이 발생한다. 우리가 조사한 기업들은 분석 기간 동안 운이 따른 중대한 사건을 모두 경험했다. 하지만 10X 기업이 일반적으로 비교 기업들보다 운이 더 좋았던 것은 아니었다.

  - 10X 기업들이 일반적으로 행운이 더 많았던 것은 아니다.
  - 10X 기업들이 일반적으로 불운이 더 많았던 것은 아니다.
  - 10X 기업들이 사업 초기에 운이 더 좋았던 것은 아니다.
  - 10X 기업의 성공을 거대한 행운이 따른 사건 하나로 설명할 수 없다.

- 우리는 운이란 주제에 관해 2개의 극단적인 시각을 만났다. 하나는 운을 성공의 주요 원인으로 보는 시각이고, 다른 하나는 운이 성공에 아무런 역할을 하지 못했다고 보는 시각이었다. 하지만 연구 결과, 두 가지 시각 중 어떤 것도 증명할 수 있는 증거를 찾을 수 없었다. 중요한 질문은 "운이 좋은가?"가 아니라 "높은 운 수익률을 거두는가?"이다.

- ROL 시나리오에는 다음 네 가지가 가능하다.

  - 행운으로부터 많은 수확

- 행운으로부터 적은 수확
- 불운으로부터 많은 수확
- 불운으로부터 적은 수확

■ 우리는 행운과 불운 사이에 비대칭을 관찰했다. 크기와 상관없이 하나의 행운만으로는 위대한 기업을 만들 수 없다. 하지만 재앙을 초래할 만한 극도의 불운 하나, 혹은 불운한 사건으로 인한 중대한 결과는 위대한 기업의 위상을 끝장낼 수 있다. 위력적인 운 하나로 인해 게임이 끝나버릴 수 있는 것이다. 10X 리더들은 연이은 불운으로 자신의 기업이 타격 받을 수 있다는 사실을 가정해 미리 준비한다.

■ 이 책에 나오는 모든 리더십 콘셉트들(광적인 규율, 실증적 창의성, 생산적 피해망상, 단계5의 야망, 20마일 행진, 총 먼저 쏘고 대포 쏘기, 데스라인 위에서 이끌기, SMaC)은 모두 ROL을 높이는 데 직접적으로 기여한다.

■ 10X 리더들은 자신의 성공을 행운 덕분으로 돌리는 반면, 실패는 불운의 탓으로 돌리지는 않는다.

### 예기치 못한 발견들

■ 일부 비교 기업들은 10X 기업들보다 크고 좋은 행운을 만났지만, 이를 활용하지 못해 실패했다.

■ 10X 기업들은 엄청난 불운을 겪었지만 높은 ROL을 거두었다. 이는 10X 리더들이 "나를 죽이지 못하는 고통은 나를 강하게 만들 뿐이다"는 철학을 지키고 실천함으로써 가능했다.

■ ROL은 자산대비수익률ROA, 자본대비수익률ROE, 매출대비수익률ROS, 혹은 투자대비수익률ROI 같은 개념들보다 중요하다.

■ '사람 운'은 운의 가장 중요한 형태 가운데 하나이다. 강력한 행운의 흐

름을 발견하는 최고의 방법은 훌륭한 사람과 함께 세상을 헤쳐나가는 것이다. 당신이 인생을 걸 수 있는 사람이 있고 상대방도 당신을 위해 자신의 인생을 걸 수 있는 경우, 그 사람과 깊고 지속적인 관계를 구축해야한다.

### 핵심 질문

■ 지난 10년간 당신이 경험한 운이 따른 가장 중요한 사건은 무엇이었는가? 당신은 높은 운 수익률을 거두었는가? 그 이유는 무엇인가? 운 수익률을 높이기 위해 무엇을 할 수 있는가?

### 추가 질문

■ 당신에게 최고의 행운은 누구인가?

# 에필로그

---

희망이 없어 보일 때에도 상황은 바꿀 수 있다.
**스콧 피츠제럴드**F. Scott Fitzgerald[1]

우리는 현대문화를 감염시키고 희망을 침식하는 위험한 질병을 감지한다. 위대함은 행동과 규율보다는 환경, 심지어 운에 더 많이 좌우된다는 시각이 점점 더 커지고 있는 것이다. 이러한 시각은 '우리가 무엇을 어떻게 하느냐' 보다는 '우리에게 어떤 일이 닥치느냐' 를 더욱 중요하게 생각한다. 복권이나 룰렛 같은 확률 게임에서는 이러한 시각이 타당하다. 하지만 인간의 노력을 하찮게 바라보는 관점은 우리의 인생관을 크게 약화시킨다. 정말 무언가를 위대하게 만들어낸 사람은 단순히 운이 좋았기 때문이며, 우리는 그저 주변 환경에 좌우될 뿐이라 생각하는가? 우리는 스스로의 선택과 행동에 책임이 없다고 믿도록 부추기는 사회와 문화를 만들어가길 원하는가?

이번 조사를 통해 드러난 증거들은 이러한 시각에 확실히 반대한다. 애초 연구는 우리가 직면한 문제의 원인 대부분이 우리의 통제 밖에 있고, 인생은 불확실하며 미래는 알 수 없다는 전제에서 시작되었다. 행운이든 불운이든 운은 누구에게나 작용한다. 하지만 특정 기업이 위대해질 수 있었던 주된 원인을 단순히 운이 좋았다거나 환경 덕분으로 돌릴 수 없다. 이 연구의 가장 중요한 메시지가 뭐냐고 묻는다면, 위대함은 어떤 환경에 놓여 있느냐의 문제가 아니라 무엇보다 신중한 선택과 규율 있는 실행의 문제라는 사실이다. 혼돈과 불확실성의 세계에서도 어느 기업을 진정 위대하게 만드는 요인은 그 기업의 사람들 손에 달려 있다. 그들에게 어떤 일이 벌어지느냐가 아니라 그들이 무엇을 어떻게 잘하느냐가 중요하다.

이 책과 앞서 나왔던 세 권의 책들《성공하는 기업들의 8가지 습관》,《좋은 기업을 넘어 위대한 기업으로》,《위대한 기업은 다 어디로 갔을까》는 '어떻게 하면 지속가능한 위대한 기업을 만들 수 있을까' 하는 주제를 다룬다. 10X 연구를 진행하면서, 우리는 예전 연구의 콘셉트들도 동시에 테스트했다. 불확실성이 높고 혼돈스런 환경에서 예전 연구에서 도출된 핵심 콘셉트들 가운데 일부는 더 이상 적용하기 어려워진 게 아닌지 살펴보기 위함이었다. 그 결과 앞서 나왔던 콘셉트들은 그 가치를 잃지 않았으며, 여전히 위대한 기업을 만드는 데 기여한다고 확신한다.

그렇다면 이러한 콘셉트들이 성공을 보장할까? 그렇지는 않다. 훌륭한 연구는 이해를 높이지만 궁극적인 해답을 제공하지는 않는다. 항상 우리는 더 많이 연구해야 한다. 인생에 장담할 수 있는 일이란 없다. 어느 날 갑자기 모든 상황을 뒤엎을 만한 사건들이 발생할 수 있고, 불가항력적인 힘이 강하고 규율 잡힌 노력을 무력화시킬 수도 있다. 그럼에도 우리는 행동해야 한다. 두려움에 휩싸이거나 기력이 소진되거나 무언가에 현혹되는 순간이 왔을 때, 우리는 어떤 선택을 할 것인가? 우리의 가치를 버릴 것인가, 아니면 굴복할 것인가? 대부분의 다른 이들이 그런다는 이유로 일반적인 행동을 따를 것인가? 가혹한 현실에 타격받았다고 꿈을 포기할 것인가? 지금껏 모든 조사에서 연구한 위대한 리더들은 승리만큼이나 가치를 존중하고, 수익만큼이나 목적을 중시하며, 성공만큼이나 얼마나 유익한가를 살핀다. 그들이 설정한 기준과 추진력은 깊은 곳에서 우러나온 내면의 것이다.

우리는 처한 환경이나 인생에 내재된 불공정한 요인, 운에 속박되지 않는다. 우리는 치명적인 차질이나 스스로 자초한 실수, 과거의 성공에 갇힐 수 없다. 우리가 살고 있는 짧은 인생에 주어진 시간이란 숫자에 좌우될 수도 없다. 자신에게 일어나는 일 가운데 우리가 통제할 수 있는 부분은 아주 작은 조각에 불과하다. 그렇지만 우리는 자유롭게 선택할 수 있고, 그 선택으로 인해 위대해질 수도 있다.

## 감사의 글

자신의 시간과 지혜를 기꺼이 나누어준 여러 사람들의 도움이 없었다면 나는 이 프로젝트를 완성하지 못했을 것이다.

우리에게는 각종 조사를 도와준 훌륭한 팀이 있었다. 그들은 더불어 즐겁게 일할 수 있는 잘 훈련된 똑똑하고 호기심 많은 사람들이다. 침워크Chimp-Works 리서치 팀원들 한 명 한 명께 감사드린다. 수년간에 걸쳐 일련의 분석 작업을 해준 로빈 비트너, 격동과 관련된 통찰을 선사해준 카일 블랙머, 바이오멧과 사우스웨스트항공을 분석해준 브래드 콜드웰, 기업 선정 및 IPO 분석에 힘쓴 아담 세더버그, 10X 기업 업데이트와 출판물 분석 작업을 해준 로렌 쿠제, 프로젝트에 필요한 십여 가지 조사를 위해 수천 시간을 수고해준 테렌스 커밍스, 암젠을 분석해준 대니얼 드와이스펠러, 10X 리더 및 기업 업데이트 작업을 해준 토드 드라이버, 비교 기업 선정 및 비교 분석을 해준 마이클 그레이엄,

IPO 목록과 SMaC를 확인하고 지혜를 빌려준 에릭 하겐, 일련의 정량 분석 작업을 해준 라이언 홀, 기업이 처한 혼돈스런 환경을 분석하고 기업 선정 작업을 해준 베스 하트먼, 산업별 혼돈 분석 및 대규모 IPO 분석 작업을 해준 데보라 녹스, 산업별 혼돈 분석 작업을 도와준 베티나 코스키, 비교 기업 선정 및 비교 분석을 해준 마이클 레인, 기업 자료 업데이트와 수년에 걸친 SMaC 작업을 해준 롤리 린필드, 산업별 혼돈 분석을 해준 니컬러스 오스굿, 비교 기업 선정 및 비교 분석에 수고해준 캐서린 패터슨, 보완 분석 및 무어의 법칙에 관해 조사해준 매튜 어난스트, 사우스웨스트항공과 PSA에 관해 해박하게 조사한 나대니얼 졸라에게 감사한다.

모튼 한센의 연구를 뒷받침해준 분들께도 감사한다. 데이터 분석 작업을 해준 크리스 앨런, 산업 분석에 수고한 무하마드 라시드 안사리, 조사지원 작업을 한 제인 브로클허스트와 헨드리카 에스코피어와 로이진 켈리, 사실 확인 작업을 해준 애트러스 유잉 창, 재무 데이터를 모으고 분석한 치티마 실버잔, 마이크로소프트와 애플을 분석한 필립 실버잔, 데이터 분석 작업을 한 윌리엄 심슨, 기업 선별 작업을 위한 데이터 분석을 해준 지나 캐리오지나 지제티, 수년간 아낌없는 노력과 광범위한 필수적 분석 작업을 해준 나나 본 버누스, 데이터 분석을 해준 제임스 자이틀러에게 고마움을 전한다.

보다 나은 책을 만들 수 있도록 시간을 들여 초고를 읽고 비평과 제안, 격려를 해준 분들께 감사드린다. 그들의 이름은 다음과 같다. 론 앤더, 조엘 앨리슨, 크리스 바버리, 제럴드 벨, 다렐 빌링톤, 카일 블랙머, 존 브레멘, 윌리엄 뷰캐넌, 스콧 칼더, 로빈 케이프하트, 스코트

세더버그, 브라이언 코넬, 로렌 쿠제, 제프 도널리, 토드 드라이버, 데이비드 덩컨, 조앤 언스트, 마이크 페이스, 앤드류 파일러, 클라우디오 페르난데스 아르도스, 앤드류 피미아노, 크리스토퍼 포맨, 존 포스터, 딕 프로스트, 이직 골드버거, 마이클 그레이엄, 에드 그린버그, 에릭 하겐, 벡키 홀, 라이언 홀, 베스 하트먼, 리즈 헤론, 존 헤스, 존 힐, 킴 홀링스워스 타일러, 토머스 혼베인, 레인 호닝, 제인 허프만, 크리스틴 존스, 스코트 존스, 데이비드 케네디, 앨런 카제이, 베티나 코스키, 에바 크리스텐센, 브라이언 라슨, 카일 레코프, 짐 린필드(침프 로릴리의 아버지), 에드 루트비히, 위스터 맥클라렌, 데이비드 맥스웰, 케빈 맥 가비, 빌 맥넵, 앤 월리 모엘터, 마이클 제임스 모엘터, 클래런스 오티스 주니어, 래리 펜삭, 제리 패터슨, 에이미 프레스맨, 샘 프레스티, 마이클 프로우팅, 데이비드 레아, 짐 레이드, 네빌 리처드슨, 사라 리처드슨, 케빈 루먼, 데이비드 샐리어스, 킴 산체스 라엘, 비제이 사테, 키건 스캔런, 더크 슐림, 윌리엄 슈스터, 애너벨 샤이어, 앨리슨 싱클레어, 팀 타소펄로스, 케빈 타월, 진 타일러, 톰 티어니, 니콜 투미 데이비스, 매튜 우닝스트, 나나 본 버누스, 로렌스 웨브, 데이비드 위클리, 척 엑스레이브, 데이브 위더로우, 그리고 나대니얼 졸라. 솔직함과 통찰력을 보여준 이들께 고마움을 표하고자 한다. 또한 조사방법론 부문에 특히 도움을 준 콘스탄스 헤일, 제프리 마틴, 필리페 시모스 도스 산토스에게 감사한다. 또한 대화를 통해 피드백을 준 살바토레 파졸라리, 데니스 고드샬레스, 벤 리들 주니어, 에반 샤피로, 로이 스펜스 주니어, 짐 웨들에게도 감사한다.

도움을 준 다음의 기관과 사람들께도 고마움을 전하고 싶다. PSA

연례 보고서 자료를 열람하게 해준 노스웨스턴대학 교통도서관, 콜로라도대학 윌리엄 화이트 경영대학원 도서관의 베티 그리브와 캐롤 크리스먼, 고급 데이터와 훌륭한 서비스를 제공해준 시카고대학 부스 경영대학원 주가연구센터, 특허 자료와 식견을 제공해준 제시 싱, 이동 사무실을 제공해준 데니스 베일과 로리 드로우버그, 초기 콘셉트 토론에 참여해준 리 윌뱅크스, 증명 작업을 도와준 알렉스 톨, 훌륭한 대화로 핵심 아이디어가 점화되어 나올 수 있게 해준 앨런 웨버, 끝이 없어 보이는 작업을 견디어준 짐 로건, 열악한 여건에서 10X 리더라는 아이디어를 테스트해준 토미 콜드웰, 그 밖에 개인적 친분으로 도와준 짐의 많은 지인들이 있었다. 모튼은 이번 연구 기간 동안 교수로 있던 하버드 경영대학원, 인시아드와 버클리대학에 특히 감사한다.

마지막 원고를 편집한 데보라 녹스는 우리가 내용 하나하나를 명확하게 기술할 수 있게 해주었고, 전체 아이디어뿐만 아니라 세부사항까지 우리의 아이디어를 여러 시각으로 검토해주었다. 무한한 창의성과 변치 않는 우정을 보여준 그래픽 전문가 제임스 로브, 창의적인 아이디어를 가진 디자인 천재 자넷 브로켓에게 감사한다. 접근하기 어려웠던 영역을 멀리 바라볼 수 있도록 안내해준 캐린 마룬니에게 감사한다. 피터 몰데이브는 우리에게 헌신적으로 깊이 있는 자문을 해주었다. 처음부터 이번 연구를 신뢰하면서 변화하는 출판의 방향에 대해 끊임없이 안내해준 홀리스 하임바우크는 진정한 파트너십 정신을 발휘해주었다. 본 연구와 관계된 모든 이들에게 진기한 정보와 기록을 찾아내 제공해준 피터 긴스버그에게 감사한다.

짐은 크고 창의적인 프로젝트에 전념할 수 있게 해주었던 침워크의 소속팀에게도 감사를 전한다. 브라이언 베글리, 패트릭 블레이크모어, 타페 하이타워, 비키 모스르 오스굿, 로라 슈차트는 프로젝트 초기에 많이 수고해주었다. 전략적 시각으로 현명하고 신중한 조언을 제공한 제프 데일에게 감사한다. 주디 던클리는 자료의 정확성과 정밀도를 높일 수 있도록 노력해주었고, 조앤 에른스트는 주제를 분석하고 우리가 생각을 가다듬을 수 있도록 남다른 능력을 발휘해주었다. 마이클 레인은 수년간 미흡한 부분을 지적해주었고, 수 바로우 톨은 팀의 운영을 맡아 이러저런 뒷받침과 수습을 도맡아 주었으며, 캐시 월랜드 터너는 짐의 오른팔로서 친구를 만들고 관계를 구축하는 데 놀라운 능력을 발휘했다. 또한 연구 막바지에 헌신적으로 팀에 빛과 에너지를 선사해준 로빈 비트너와 롤리 린필드에게 감사한다.

마지막으로 우리가 9년에 걸친 이 프로젝트를 진행하는 동안 무한한 지지와 냉정한 비평, 인내를 보여준 우리 각자 삶의 동반자인 조앤 에른스트와 헬렌 한센에게 깊이 감사한다. 그들이 없었더라면 이 책은 나올 수 없었을 것이다.

# 자주 받는 질문들

**Q1** 《좋은 기업을 넘어 위대한 기업으로》, 《성공하는 기업들의 8가지 습관》, 《위대한 기업은 다 어디로 갔을까》에서 말하던 개념들 중에 이번 연구로 인해 바뀐 것이 있나요?

없습니다. 우리는 10X 및 비교 기업들의 사례와 이전에 발표한 개념들 사이의 연관성을 체계적으로 조사했습니다. 그 결과 10X 기업들이 비교 기업들보다 기존의 개념들을 더욱 확실히 입증하고 있다는 증거들을 찾을 수 있었습니다.

**Q2** 《좋은 기업을 넘어 위대한 기업으로》에서 말한 단계5의 리더들이 10X 리더들의 행동과 어느 정도 일치하나요?

단계5의 리더들의 광적인 규율, 실증적 창의성, 단계5의 야망은 10X 리더들에게서도 비슷하게 관찰할 수 있었습니다. 하지만 생산적 피해망상은 10X 리더들에게서 더 많이 찾을 수 있었습니다. 아마도 그들이 더 치열한 환경 속에서 기업을 운영했기 때문이라고 생각합니다. 단계5의 리더들은 상대적으로 안전한 환경에서 기업을 운영했습니다. 또한 일반적으로 그들은 이미 확고히 자리 잡은 좋은 기업을 이어받은 반면, 10X 리더들은 외부 환경에 더 많이 노출되어 있고 또 취약할 수밖에 없었던 창업 초기나 규모가 작았을 때 경영을 맡았습니다. 추측컨대 단계5의 리더들이 만약 10X 리더들이 직면했던 불확실하고 혼돈스런 상황에 직면했다면, 생산적 피해망상을 더 많이 보였을 것입니다. 마지막으로 우리는 《좋은 기업을 넘어 위대한 기업으로》가 단계5의 이중적인 측면(개인적 겸양과 직업적 의지의 아이러니한 결합)을 강조했던 반면, 이번 연구에서는 의지 측면을 더욱 강조했음을 지적하고자 합니다. 하지만 진정한 단계5의 리더가 되기 위해서는 항상 겸양과 의지를 모두 훈련할 필요가 있습니다.

**Q3** 불확실하고 혼돈스러운 환경에서 기업을 이끌 때 '사람 먼저' 원칙(적합한 사람들을 버스에 태우고 부적합한 사람들을 버스에서 내리며, 중요 자리에 적절한 사람들을 앉히고 난 후에야 버스를 어디로 몰고 갈지 판단한다는 개념)은 어떤 **역할을** 하나요?

사람 먼저 원칙에 대해서는 《좋은 기업을 넘어 위대한 기업으로》에서 상세히 다루었기 때문에 많이 언급하지 않았습니다. 10X 리더들도 적합한 사람을 버스에 태우고 올바른 자리에 앉히는 것을 몹시 중요하게 여깁니다. 데이비드 브레쉐어가 에베레스트 등반을 준비하며 적합한 사람을 선발하는 데 몰두했던 사실을 기억하기 바랍니다. 힘든 도전을 위해서는 어느 속담처럼 '팀의 약점은 가장 약한 팀원에 의해 결정된다'는 말에 귀 기울여야 합니다.

2002년에 〈타임〉은 사우스웨스트항공에 관해 이렇게 썼습니다. "이 항공사는 작년에 20만 개의 이력서를 받았지만 고작 6,000명을 채용했다. 하버드대학보다 더 까다롭게 선발하는 셈이다." 프로그레시브는 적합한 인재를 확보하는 것이야말로 경쟁자들을 물리치고 목표를 달성하는 첫 번째 전략이라고 밝혔습니다. 이 회사는 1990년에 "우리의 요청으로 회사를 떠난 사람들 가운데 다른 보험회사 사장이 된 사람이 15명이나 됩니다"라고 자랑스레 말했습니다. 스트라이커의 존 브라운에게는 적합한 사람을 고르는 재주가 있었습니다. 그는 제 역할을 하지 못하는 사람에게 에너지를 낭비하기보다는 적합한 사람에게 많이 투자하는 게 낫다는 회사의 철학을 따라서 적합한 자리에 있지 않은 사람들을 이동시키는 규율을 세웠습니다.

암젠도 창업 초기에는 조지 라스만의 말대로 "하루 만에 자산을 정리해 문 닫을 수 있는, 고만고만한 회사들 가운데 하나"였지만, 1990년대에는 58명의 지원자 중 57명을 퇴짜놓을 정도로 깐깐하게 사람을 뽑았습니다. 인텔의 공동창업자 로버트 노이스는 어떤 제품을 생산할지 결정하기 전에 인텔의 창업 멤버들을 소집했습니다. 그는 인텔의 초기 인재들을 뽑는 데 개인적으로 책임을 졌으며, 적합한 문화 속에서 적합한 인재들을 뽑고 운영해야 위대한 결과를 지속적으로 이끌어낼 수 있을 것이라 믿었습니다.

톰 울프Tom Wolfe는 테드 호프와 그의 마이크로프로세서 발명에 대해 다음과 같이 썼습니다. "노이스는 호프의 승리를 인재들이 자발적으로 모이고 천재성을 꽃피울 수 있는 올바른 유형의 기업공동체를 만들었다는 증거로 여겼습니다." 마이크로소프트는 자사에 적합한 사람을 고르는 절대적인 기준을 사용했으며, 이에 관해 게이츠는 1992년에 다음과 같이 말했습니다. "우리 회사의 최고 인재 20명이 빠져

버린다면, 마이크로소프트는 별 볼일 없는 회사가 될 것입니다." 바이오멧은 회사 내 지위를 불문하고 스톡옵션을 제시하여 최고의 인재를 끌어들이고 보유해가기 위해 최선의 노력을 기울였습니다.[1]

모든 10X 기업들은 적합한 인재들을 발전시키는 동시에 잘못된 사람들은 빨리 방출되도록 기업문화를 광적으로 만들었습니다. 10X 기업에 대한 연구를 보면, 불확실성이 끝없이 계속되는 환경 속에서 '사람 먼저'란 원칙이 더욱 중요하다는 사실을 확인할 수 있습니다. 어떤 일이 벌어질지 예측할 수 없다면 이에 성공적으로 대처할 갈 수 있는 사람을 버스에 태울 필요가 있습니다.

**Q4** SMaC 레시피와 《좋은 기업을 넘어 위대한 기업으로》에서 말한 고슴도치 콘셉트 사이에 연관성이 있나요?

고슴도치 콘셉트는 다음의 세 가지 원이 겹치는 부분에 대한 깊은 이해에서 나온 단순 명쾌한 개념입니다.

1. 당신이 깊은 열정을 가진 일
2. 당신이 세계 최고가 될 수 있는 일
3. 당신의 경제 엔진을 움직이는 것

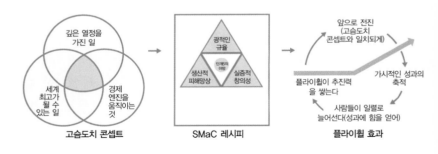

좋은 기업을 넘어 위대한 기업으로 올라섰던 회사들의 경우 고슴도 치 콘셉트가 명확합니다. 그들은 거대하고 무거운 플라이휠을 한 바퀴 한 바퀴 돌려가듯이 이 개념에 걸맞은 의사결정을 꾸준히 계속함으로써 추진력을 축적합니다. 예를 들어 사우스웨스트항공은 스스로 업계의 이단자라는 커다란 열정을 품고, 가장 활기차고 저비용인 동시에 수익률을 꾸준히 늘려간다는 고슴도치 콘셉트를 높은 수준으로 유지했습니다. 이러한 높은 수준의 콘셉트는 6장에서 논한 퍼트넘의 10가지 포인트로 바꾸어 말할 수 있습니다. 이 레시피를 꾸준히 실천함으로써 사우스웨스트는 매해 비행기와 취항 도시와 탑승구를 늘려가며 추진력을 축적해, 텍사스에서 시작한 작은 항공사에서 이제는 가장 성공적인 항공사로 발전했습니다.

**Q5** SMaC 레시피를 만드는 데 관한 어떤 지침이 있나요?

SMaC 레시피를 만드는 데 중요한 것은 현실적이고 실증적이며, 가능한 사실적이고 구체적이어야 한다는 것입니다. 막연히 '여객기 이용률 제고'라고 할 수도 있지만, 사우스웨스트항공처럼 구체적으로 '10분 내 환승' 혹은 '737 기만 운용'이라는 식으로 구체화시킬 수 있습니다. 목표를 '기술발전'이라는 식으로 막연하게 정할 수도 있지만, 인텔처럼 '2년마다 집적도를 2배로'라는 식으로 더 구체적인 과업에 초점을 맞춰 정할 수도 있습니다. '카메라 촬영을 보다 효율적으로 할 수 있게'라고 하기보다는 '렌즈를 조립하고 필름을 갈아 끼우고 삼각대 위에 올려놓고 조준해서 촬영하는 작업을 5분 내에 끝낼 수 있도록' 하는 식으로 더 구체적으로 정할 수도 있습니다.

SMaC 레시피는 작업의 내용과 이유를 명확히 담아야 합니다. 이는 무엇을 해야 하고 무엇을 하지 말아야 하는지 확실히 인식하는 데 도움이 되어야 합니다. 이는 상황이 변한다고 해서 그에 맞춰 완전히 바꾸어야 할 필요 없이 조금씩 수정만 할 정도로 내구성이 있어야 합니다. SMaC 레시피를 만들 때에는 "우리가 최선의 결과를 내는 데 필요한 지속적이고 구체적인 행동 방식이 무엇일까?"라는 질문을 해봐야 합니다. 이를 두고 기업 임원들과 논의하고 토론한 결과 다음과 같은 방법론을 도출하였습니다.

1. 당신 기업이 이룩한 성공 목록을 만든다.
2. 당신 기업이 겪었던 실망스러웠던 경험을 목록으로 만든다.
3. 성공과 관련된 구체적인 행동양식은 무엇인가?
4. 실망스런 결과와 관련된 구체적인 행동양식은 무엇인가?
5. 그러한 행동양식 가운데 10년 내지 30년간 지속될 수 있으며 광범위한 상황에서 적용될 수 있는 것은 무엇인가?
6. 왜 이런 특정 행동양식이 효과가 있을까?
7. 위의 사항들에 근거하여 볼 때, 어떤 SMaC 레시피(일관성 있는 시스템으로서 상호 보강하는 8~12개의 포인트로 구성된)가 가장 좋은 결과를 유도하는가?

**Q6** 10X 콘셉트가 보편적으로 적용될 수 있는 것이라면, 왜 《좋은 기업을 넘어 위대한 기업으로》에서 명확히 언급하지 않았나요?

1장에서 말했듯이, 우리가 행한 연구들은 겁게 칠해진 상자 안에서 작동하고 있는 위대한 기업을 만드는 원칙이 무엇인지 보기 위해, 상자에 구멍을 뚫고 빛을 비춰보는 것과 같습니다. 각 구멍들은 다른 시각을 제공했습니다. 《좋은 기업을 넘어 위대한 기업으로》에서의 연구는 평범한 수준에서 정체된 기업이 위대한 수준으로 도약하는 방법에 초점을 맞추었습니다. 그래서 좋은 기업에서 위대한 기업으로 도약한 회사들을 골랐습니다. 이러한 회사를 선택할 때는 '환경이 얼마나 가혹했는가' 하는 문제보다는 '15년간 평범하다가 전환점을 지나면서 위대한 성과를 내기 시작하고, 이를 15년간 유지한 패턴을 보이는가'의 여부로 결정했습니다.

그러나 이 책의 연구에서는 검은 상자 안을 완전히 다른 구멍으로 들여다보았습니다. 불확실하고 혼돈스런 환경에서 규모가 작거나 새로 창업한 기업 중에서 위대한 기업으로 도약한 회사들을 골랐습니다. 두 가지의 연구가 서로 모순되는 점은 없었고 그저 대상을 분석하는 아주 다른 시각과 상호 보완하는 내용만 있었을 뿐입니다.

**Q7** 만약 내가 전형적인 10X 리더라고 할 수 없다면, 그렇게 행동할 수 있는 10X 팀을 구성해 보완할 수 있을까요?

어떤 사람이 10X 리더인가에 초점을 맞추는 대신, 팀을 구성해 지금까지 이야기한 핵심 아이디어를 수행할 수 있게 하는 게 더 나을 수 있습니다. 20마일 행진의 목표를 정하고 실행하십시오. 총을 먼저 쏘고 대포를 쏘십시오. 생산적 피해망상의 요소들을 모두 실행하십시오. SMaC 레시피를 고수하고 선택적으로 수정해가십시오. 운에 적절히 대처하고, "이 운에서 높은 수익률을 얻기 위해서 무엇을 해야 하는가?"라는 질문을 하며 행운이나 불운이 동반된 사건에 대응하십시오. 당신의 팀과 기업이 이러한 모든 것에 성공한다면, 개인이 완벽한 10X 리더인지 아닌지는 덜 중요해집니다.

**Q8** 데스라인 위에서 이끌기가 BHAGs(크고 위험하고 대담한 목표)를 피하는 걸 의미하나요?

아닙니다. 남극 여정을 떠난 로알 아문센과 아이맥스 카메라를 들고 에베레스트에 오른 데이비드 브레쉐어처럼 10X 리더들은 BHAGs를 추구했습니다. BHAGs를 추구하며 데스라인 위에서 이끄는 것이 그들의 과업입니다.

**Q9** '총 먼저 쏘고 대포 쏘기'는 《성공하는 기업들의 8가지 습관》의 콘셉트 '많은 것을 시도해서 그중 잘되는 것에 집중하라'와 어떻게 다른가요?

두 아이디어는 겹치는 부분이 있습니다. 하지만 10X 연구로부터 추가적으로 얻은 통찰의 핵심이라면, 10X 리더들은 성공적인 총 쏘기에 따라 대포 쏘기를 한다는 사실입니다. 간단히 말해 총 쏘기는 많은 것을 시도한다는 뜻이긴 하지만, 효과 있는 것을 지속한다는 것과 총 쏘기로부터 알게 된 것을 최대한 활용하여 큰 투자를 한다는 것은 다릅니다. 대포 쏘기는 그렇게 해야 합니다.

**Q10** 혁신이 주도하는 경제에서 10X 기업이 비교 기업보다 항상 더 혁신적인 것은 아니었다는 발견은 어떤 의미를 담고 있습니까?

연구 결과를 보면, 혁신만을 유일한 경쟁우위의 비결이라고 믿는 것은 순진하고 어리석은 생각임을 알 수 있습니다. 우리는 10X 성공을 위해서는 혁신을 끊임없이 재단하는 능력이 필요하다는 결론에 도달했습니다. 창의성과 규율을 조합함으로써 혁신을 위대하고 지속적인 결과로 바꾸는 조직을 만들 수 있습니다. 인텔의 경우가 그러했습니다. 사우스웨스트항공, 마이크로소프트, 암젠, 스트라이커, 바이오멧, 프로그레시브가 그러했습니다. 레빈슨이 이끌었던 제넨테크의 부활이 그러했고, 심지어 애플이 잘 나가던 시절에도 그러했습니다. 어느 기업이나 국가가 창의성을 유지하고 있으나 규율을 잃어버렸다면, 그래서 혁신의 결과를 극대화하는 법을 잊어버린 채 선도적인 혁신만 한다면, 결국 위험에 처한다는 사실을 우리 연구 결과는 알려주고 있습니다.

**Q11** 책에서 '더하기의 천재성'이 언급됩니다. 이는 어떤 의미이며 어떻게 적용되나요?

우리는 《성공하는 기업들의 8가지 습관》에서 위대한 기업의 리더들이 서로 모순되고, 반대라고 생각되는 개념들을 동시에 잘 수용한다는 사실을 발견했습니다. 그들은 'A 아니면 B' 라는 식으로 양자택일하는 대신 여러 차원에서 양극단을 동시에 수용하는 능력, 소위 '더하기의 천재성'을 발휘했습니다. 스콧 피츠제럴드는 "일류 지능을 판별하려면 두 가지의 상반되는 생각을 동시에 품으면서 제대로 작동되는 기능을 유지할 수 있는가를 보면 된다"고 말했습니다. 10X 연구에서 우리는 '더하기의 천재성'에 관한 증거를 발견했습니다.

| | | |
|---|---|---|
| 규율 있는 | 더하기 | 창의적인 |
| 실증적 확인 | 더하기 | 과감한 행동 |
| 신중한 | 더하기 | BHAGs |
| 피해망상적인 | 더하기 | 용기 있는 |
| 지극히 야심적인 | 더하기 | 자기중심적이지 않은 |
| 행동기준에 엄격한 | 더하기 | 자제할 수 있는 |
| 20마일 행진하는 | 더하기 | 총 먼저 쏘고 대포 쏘는 |
| 한계 이상의 혁신 | 더하기 | 유행에서 한 발 뒤에서 |
| 미래 예측 불가능 | 더하기 | 예측하지 못하는 것에 대비 |
| 가능한 한 느리게 | 더하기 | 필요할 때는 빠르게 |

| | | |
|---|---|---|
| 규율 있는 사고 | 더하기 | 결단력 있는 행동 |
| 줌아웃 | 더하기 | 줌인 |
| SMaC 레시피 고수 | 더하기 | SMaC 레시피 수정 |
| 일관성 | 더하기 | 변화 |
| 운에 기대지 않음 | 더하기 | 행운이 왔을 때 높은 운 수익률 거둠 |

**Q12** 예전 연구에서 위대한 기업이라고 말했던 회사들의 실패를 지적하면서 이를 비난하는 사람들에게 어떻게 대응하시나요?

우리는 역사상 위대했던 스포츠 명가에 대한 연구와 마찬가지로, 기업이 위대한 성과를 올렸던 특정한 시기를 연구의 기반으로 하고 있습니다. 특정 스포츠 명문 구단이 나중에 빛을 잃었다고 해서 '어떤 요인들이 위대한 시절을 만들었는가'에 대한 분석이 아무 쓸모가 없어지는 건 아닙니다.

**Q13** 이 책이 《위대한 기업은 다 어디로 갔을까》에서 설명했던 몰락의 5단계를 피하는 데 도움이 되나요?

그렇습니다. 이 책에서 거론한 비교 기업들은 몰락의 1단계부터 4단계에 이르는 요소들을 모두 가지고 있으며, 어떤 기업은 5단계까지 모두 거쳤습니다. 이 책의 10X 콘셉트는 몰락의 단계들을 피하는 데 아주 중요한 역할을 할 수 있습니다. '데스라인 위에서 이끌기' 콘셉트는 3단계의 궁지에서 직접적으로 도움이 됩니다. SMaC 레시피의 조심스런 수정은 기업이 4단계를 피할 수 있게 해줍니다. 생산적 피해망상을 가진 사람은 언제든지 예기치 않은 불운이 코앞에 닥칠 수 있다고 생각하기에 자만심에 의한 1단계 위험을 피할 수 있습니다.

| 《위대한 기업은 다 어디로 갔을까》의 몰락의 5단계 |

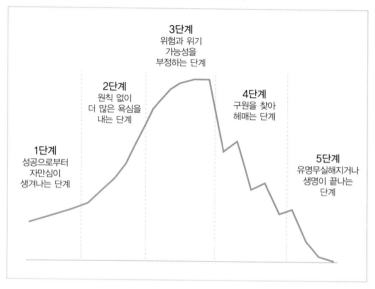

3단계
위험과 위기
가능성을
부정하는 단계

2단계
원칙 없이
더 많은 욕심을
내는 단계

4단계
구원을 찾아
헤매는 단계

1단계
성공으로부터
자만심이
생겨나는 단계

5단계
유명무실해지거나
생명이 끝나는
단계

**Q14** 두 사람(짐과 모튼)이 함께, 또 팀을 조직해 연구를 수행한 이유는 뭔가요?

우리는 1991년 스탠퍼드 경영대학원에서 처음 만났습니다. 당시 짐은 기업가 정신 및 소기업 운영에 관해 강의하고 있었고 그의 동료 교수 제리 포라스Jerry Porras는 《성공하는 기업들의 8가지 습관》 연구 프로젝트를 시작했으며, 모튼 한센은 박사과정을 밟는 중에 그 연구 팀에 합류했습니다. 나중에 하버드 경영대학원의 교수로 있던 시절, 모튼은 짐의 《좋은 기업을 넘어 위대한 기업으로》의 조사방법 및 연구 설계에 커다란 기여를 했습니다. 우리는 연구 초기 단계부터 프로젝트 협력 방안에 대해 항상 논의했습니다.

그 와중에 이 책의 근본 주제가 될 매력적인 질문을 발견했습니다.

"왜 어떤 기업은 불확실성이 높고 혼란스런 시기에도 번성하는 반면, 다른 기업들은 그렇지 못할까?"란 의문은 수년 동안 우리 마음속에 자리 잡고 있었지만, 다른 프로젝트로 인해 뒷전으로 밀려 있었습니다. 그러다 9·11 테러의 여파와 주식시장의 거품, 기존 기술의 처절한 붕괴, 글로벌 경쟁의 격화를 목격하고, 어딜 가나 "변화, 변화, 변화"를 외치는 목소리를 들으면서 그러한 의문은 다시 고개를 들게 되었습니다. 우리 두 사람은 불확실성과 혼돈, 가속되는 변화, 불안정성이야말로 남은 생의 특징이 될 것이라 생각하게 되었습니다.

**Q15** 이 책은 '새로운 정상상태New Normal'를 규정하고 그 속에서 번성하는 방법에 대한 내용으로 볼 수 있을까요?

아닙니다. 이 연구는 불안정성이 만성적이고 변화는 가속화되며 혼란이 일상인, 어떤 일들이 벌어질지 예측할 수도 지배할 수도 없다는 사실을 전제로 하고 있습니다. 우리는 '새로운 정상상태'란 없다고 생각합니다. 계속해서 '비정상적인 상태'가 지속될 뿐이라고 할 수 있습니다.

역사에 있어 지배적인 패턴은 안정이 아니라 불안정과 혼란입니다. 20세기 후반, 선진국 경제가 안정적으로 번영을 구가하던 시절에 태어난 우리 세대는 그 시기가 역사적으로 이례적이었다는 사실을 깨달아야 합니다. 역사적으로 인간이 비교적 평화로운 시기에 가장 견고한 경제적 호황기를 만끽하며 안전한 보호막 속에서 활동할 수 있었던 때가 얼마나 될까요? 그러한 환경 속에서 자란(특히 미국에서 성장한) 사람들은 인간의 역사에서 아주 희박한 시절을 경험했다고 할 수 있으며, 그러한 시절은 21세기 이후에 다시 오지 않을 것이라 생각합니다.

**Q16** 이 연구의 주제는 얼마나 광범위하게 적용 가능할까요? 보편적으로 적용됩니까?

잠시 당신이나 당신의 조직이 처한 상황을 생각해보고, 다음의 질문에 답해보기 바랍니다. 오늘의 상황을 1등급에서 10등급 중 어디에 속할지 짐작해보십시오. 1등급은 통제할 수 없는 외부의 큰 힘과 맞닥뜨릴 일이 없고 특별히 빠르게 움직이는 것도 없으며, 어떤 일이 벌어질지 대부분 짐작할 수 있고 모든 것이 안정적이고 확실하며, 외부에는 당신의 궤적을 현저히 변화시킬 수 있는 것이 없는 상황입니다. 10등급은 정반대의 상황입니다. 당신이 처한 환경을 안정적이냐 불안정적이냐, 확실하냐 불확실하냐, 예측 가능하냐 불가능하냐, 통제 범위 내에 있냐 없냐에 따라 구분한다면 어떻습니까?

이러한 질문은 당신이 소기업 경영자이든 회원제 모임 운영자이든 자선 사업가이든, 심지어 직장과 가족에 대해 염려하는 개인이든 상관없습니다. 이러한 질문을 사람들에게 해보면 언제나 거의 비슷한 결과를 얻곤 합니다. 사람들에게 잠시 생각할 시간을 준 후에, 손을 들라고 주문했습니다.

"5등급 미만으로 산정하신 분 얼마나 계십니까?"

이때 손을 드는 사람은 대부분 없습니다.

"5내지 6등급으로 산정하신 분 얼마나 계십니까?"

거의 손들지 않습니다.

"7내지 8등급으로 산정하신 분 얼마나 계십니까?"

실내에 있던 사람 중 절반 정도가 손을 듭니다.

"9내지 10등급으로 산정하신 분 얼마나 계십니까?"

나머지 사람들이 손을 듭니다.

지금까지 우리가 만났던 모든 산업과 사회 분야를 막론하고 "불확실

하고 혼돈스런 세상에서 번성하는 데 무엇이 필요한가"라는 질문에
는 큰 차이가 없었습니다.

**Q17** 혼돈과 불확실성의 원인을 주로 경제적인 것으로 보시나요?

전적으로 그렇다고 보진 않습니다. 물론 글로벌 경쟁의 증가, 변덕스
런 자본시장, 빠르게 진화하는 비즈니스 모델 등 경제적인 요인도 있
습니다. 하지만 정부의 규제(혹은 규제 완화)와 원칙 없는 재정집행, 예
측 불가능한 정치적 리스크, 해를 입히는 기술 출현, 새로운 미디어,
24시간 뉴스 사이클의 증폭효과, 자연재해, 테러리즘, 에너지 쇼크,
기후변화, 개발도상국의 정치적 혼란과 같이 경제 외적인 요인으로부
터 분명 불안정이 초래될 수 있습니다. 그리고 미래에는 지금껏 볼 수
없었던 완전히 새로운 혼란과 혼돈의 요인들이 있을 수 있습니다.

**Q18** 이 책은 과거에 관한 것인가요, 아니면 미래에 관한 것인가요?

우리는 과거를 연구했지만, 이 책은 미래를 앞서가는 것과 관련이 깊
다고 생각합니다. 우리의 전략은 가장 혼돈스럽고 불확실한 산업에
서 위대함을 달성한 기업들을 자세히 연구하여, 모든 기업들이 21세
기의 예측 불가능한 사건들에 대처하고 또 그런 환경 속에서 번성할
수 있는 일반적인 원칙을 모으는 것입니다.

**Q19** 제가 속한 산업은 지금 꽤 안정적인 듯한데, 그래도 이 원칙이 적용될까요?

5장에서 "폭풍이 닥쳤을 때 이를 잘 헤쳐갈 수 있을지는 폭풍이 오기
전에 당신이 어떻게 하느냐에 달려 있다"고 했던 교훈을 기억하십시
오. 불안정, 혼란, 혼돈을 미리 대비하고 계획을 세워두지 못한 사람
들은 환경이 바뀌었을 때 더 많은 어려움을 겪습니다.

**Q20** 《좋은 기업을 넘어 위대한 기업으로》에 소개된 개념들이 그러했듯이, 10X 콘셉트는 여러 사회 부문에도 적용되나요?

이 조사를 수행하면서 우리는 초중고 및 고등 교육, 교회, 비영리 병원, 군대, 경찰, 정부(시, 카운티, 주, 연방), 박물관, 관현악단, 사회안전망(걸인, 노숙자와 연관된) 조직, 청소년 프로그램, 기타 비영리 단체 등 다양한 사회 부문의 리더들과 함께 작업했습니다. 그들은 기업 리더들과 마찬가지로 통제 범위 밖에 있는 거대한 힘에 직면했고, 불확실성이 높은 사건들이 빠르게 전개되었습니다. 또한 위험한 위협에 시달렸고 혼란스러운 기회가 뒤섞여 있었습니다. 우리는 비록 각 분야마다 서로 다르게 지칭된다고 해도 연구에서 논한 아이디어들은 그들에게 직접적으로 연관되어 있음을 발견했습니다.

**Q21** 이 연구는 주로 기업 내 자원이 고갈되고 위기상황에 몰렸을 때와 관련된 것인가요?

아닙니다. 위기관리에 관한 책도 아니고, 경기 침체나 경제난 속에서 번성하는 방법에 관한 책도 아닙니다. 위기와 '어려운 때'의 의미는 예측 불가능한 환경이 일반화된 오늘날, 조금 더 특별한 상황일 뿐입니다. 사실 갑작스런 기회는 갑작스런 위협만큼이나 위험합니다. 폭발적인 성장의 시기는 경제 불황기에 길을 찾아가는 것만큼이나 어렵습니다.

소프트웨어, 컴퓨터, 반도체, 바이오테크놀로지, 보험, 의료기기 등 우리가 연구한 일부 산업을 주목하십시오. 이 산업은 극적인 성장과 기회뿐 아니라 불확실성과 혼돈으로 가득 차 있습니다. 컴퓨터 소프트웨어의 경우, 1983년 〈인더스트리위크Industry Week〉는 '소프트웨어 골드러시 점화'라는 제목의 기사를 실으면서 퍼스널 컴퓨터 소프트웨어 부문 상위 16개 기업을 소개했습니다. 이들 기업은 2000년대 초까지 전 세계적으로 수십 억 대 이상의 개인용 컴퓨터가 판매될 것으로 예상되는 태동기 산업에서, 발사 될 로켓의 맨 꼭대기에 탑승한 기업들이었습니다. 하지만 시간이 흐름에 따라 이들 시장 선도 기업 대부분이 다른 기업에 매각되었고, 일부는 완전히 숨을 거두었습니다. 1983년에 기사에 소개되었던 16개 기업 중 단 3개만이 이 글을 쓰고 있는 지금 독립 기업으로 남아 있습니다.

기회가 크고 변화가 컸던 만큼, 그 결과로 처참한 종말을 맞은 기업도 많습니다. 수많은 기회가 소용돌이치는 세상에서 올바른 도구와 콘셉트를 보유하고 직원들 사이에 규율이 자리 잡힌 기업은 크게 앞설 것입니다. 반면 그렇지 못한 기업은 크게 뒤처질 것입니다. 아무리 기회가 크고 풍부하더라도 많은 기업들이 게임에서 완전히 도태될 것입니다.[2]

**Q22** 2008년 금융위기는 이 연구에 대한 당신의 생각에 어떤 영향을 미쳤습니까?
지난 금융위기로 인해 본 연구의 주제로 삼은 질문에 대해 더 많이 생각하게 되었습니다. 2008년 금융위기를 예견한 사람은 거의 없었습니다. 대붕괴는 다음에도, 또 그다음에도 끝없이 이어질 것입니다. 우리는 위기가 언제 어떤 모습으로 찾아올지는 모르지만, 분명 올 것이라는 점은 확실히 알 수 있습니다.

**Q23** 이 연구를 하고 난 뒤에 더욱 긍정적이고 희망적으로 변했습니까, 아니면 예전보다 더 부정적으로 바뀌었습니까?
더욱 긍정적이고 희망적으로 변했습니다. 예전의 다른 어떤 조사보다 이번 연구는 '번성하느냐, 아니면 실패하거나 죽음을 맞이하느냐 가 주변 환경보다 우리가 어떻게 하느냐에 더 많이 달려 있음을 보여줍니다. 10X 리더들도 아주 큰 실수를 한다는 사실에 위안을 얻는 동시에, 우리가 스스로 잘못을 바로잡고 생존함으로써 위대해 질 수 있다는 사실을 더욱 잘 알게 되었습니다.

# 방법론

우리는 연구에서 대조적인 기업들을 서로 짝지어 조사하는 방식을 선택했다. 이 방법에서 중요한 것은 어떤 측면(장기적 성과)에서 차이를 보이는 두 기업을 선정해 짝을 지우는 일이었다. 짝을 구성하기 위해 우리는 매우 불확실하고 혼돈스러운 산업 속에서 오랫동안 뛰어난 성과를 보인 7개 기업들을 우선 선정했다. 그러고는 이들 10X 기업과 비슷한 출발 조건(산업, 연령, 규모)을 갖고 있지만 성과는 평균에 그치고 있는 비교 기업들을 골라 짝을 지었다. 그 결과 14개 기업이 7개의 짝을 이루게 되었다. 우리는 철저한 데이터 수집을 통해 각 기업의 연대표를 만든 뒤, 장기적 성과의 차이를 설명하는 변수들을 분석했다. 우리가 이 작업을 진행한 순서는 다음과 같다.

### 1. 연구의 핵심 질문 설정 및 분석의 통일

우리가 연구한 핵심 질문은 "왜 어떤 기업들은 혼란과 혼돈 속에서 번창하는 반면, 다른 기업들은 그렇지 못하는가"이다. 불확실성이 높고 혼돈적인 산업의 선정 기준은 다음의 다섯 가지 기준에 부합하는 사건을 경험했는가에 따라 정했다. (1) 해당 산업에 속한 기업들의 통제에서 벗어난 사건들. (2) 아주 빠르게(흔히 5년 이내) 충격을 미치는 사건들. (3) 그 충격으로 인해 해당 업계에 있는 기업들이 피해를 입게 되는 사건들. (4) 사건의 일부 측면(예를 들어 타이밍, 타입, 전개양상)이 예측 불가능한 사건들. (5) 실제로 일어난 사건들. 이렇게 선정된 산업에서는 규제철폐, 급격한 기술의 변화, 가격전쟁, 연료가격 폭등, 정부 규제 및 법의 변화, 합병, 산업 침체 등 커다란 파괴를 유발하는 격동의 사건들이 있었다.

이 연구에서 분석의 단위는 영속하는 대상으로서의 기업이 아니라 일정 기간 내의 기업이다. 우리가 관찰한 기간은 각 사의 창업 때부터 2002년 6월까지이다. 대략 1970~2002년까지의 기간을 전반적으로 다뤘다. 기간을 한정하는 것은 중요하다. 왜냐하면 연구 대상 기간 이후 그 기업에 어떤 일이 일어났는지는 논외이기 때문이다. 해당 기간에는 기업의 시작 단계, 상장사로 전환하는 단계, 성장기, 그리고 거대 공개기업으로 성숙해가는 시기가 포함된다.

## 2. 적절한 연구방법 선정: 짝짓기

우리는 산업 전반에 걸쳐 여러 기업에 일반적으로 적용 가능한 새로운 통찰을 얻고자, 조직행동 연구에 사용되는 다중 사례 연구방법을 이용했다. 이를 위해 질 좋은 데이터를 수집하고 귀납적 분석방법에 기초해 사례 비교 연구방법을 설계했다. 이 접근법은 소수의 사례를 심도 있게 연구해 새로운 발견의 기초가 되는 패턴을 규명하고자하는 것이다. 이 방법에서 연구자들은 관심 변수가 극단의 차이를 만들어내는 사례를 골랐다. 사례들(기업들) 사이의 극단적인 대비를 통해 새로운 발견을 이끌어낼 수 있다고 생각했다. 이러한 접근방법은

조직행동, 재무, 메디컬 리서치 부문에서의 전통적인 방식을 따른다.[1]

캐시 아이젠하르트Kathy Eisenhardt와 멜리사 그래브너Melissa Graebner는 자신들의 이러한 접근방법에 관해 2007년 〈경영학회보Academy of Management Journal〉에서 이렇게 말했다. "연구자가 데이터에서 대비되는 패턴을 보다 쉽게 감지하기 위해서 극단의 사례를 샘플링하는 것이 이론적으로 특히 중요합니다."[2] 예를 들어 2010년 〈경영학회보〉에 실린 어느 연구에서 제프리 마틴Jeffrey Martin과 캐시 아이젠하르트는 높은 성과를 내는 소프트웨어 팀과 낮은 성과를 내는 팀을 고른 뒤, 그 차이를 설명할 수 있는 요소들을 분석했다.[3]

짝짓기 방식을 사용함으로써 얻는 가장 중요한 혜택은 "성공만 샘플링하는 것을 피할 수 있다는 것이다. 연구자들이 성공적인 기업들만 조사한다면 그러한 성공을 설명할 수 있는 그 무엇도 발견하기 어려워진다. 실패한 기업들 역시 성공한 기업들과 똑같은 경영 원칙들을 따랐을 수 있기 때문이다. 이러한 문제를 피하기 위해서 우리는 성공적인 기업과 덜 성공적인 기업들을 선택해 그 차이를 연구했다.[4]

### 3. 연구 대상 후보 기업들 : 미국에 상장된 기업들

우리는 기업의 규모나 설립된 연수와 관계없이 불확실성과 혼돈적인 환경 변화의 충격파를 받은 기업들을 연구 대상으로 정했다. 그 대상은 구체적으로 미국에서 1971~1990년 사이에 상장된 기업들 중에 선정했다. 이들은 상장될 당시 대부분 젊고 작은 기업들이었기 때문에 환경 변화에 꽤 취약했다.

### 4. 특히 성과가 좋은 기업들의 확인

우리는 산업 전반에 걸쳐 기업들을 비교하기 위해서, 이에 동일하게 적용되는 성과 측정방법으로 주식수익률을 선택했다(부록 B 참조). 이 방법은 직원 및 지역사회 같은 다른 이해관계자 집단에게 중요한 의미를 가지는 다른 성과 측정을 배제하지만, 상장기업에 대해 흔히 사용되는 가장 중요한 측정도구이다. 이 방법은 혁신과 매출성장 같은 다른 중간 결과도 배제한다. 하지만 우리는 이러한 척도들을 주식시장에서 차후의 성과를 설명할 수 있는 입력 가능한 변수로 본다.

주식실적stock-performance 측정방법을 이용하여 우리는 체계적인 선별 과정을 거쳐 매우 불확실하고 혼란스런 7개 산업에서 아주 비범한 성과를 올린 10X 기업들을 찾아냈다.

### 5. 비교 기업 선정

7개의 10X 기업과 비교할 기업들을 고르기 위해 2개의 중요한 원칙을 적용했다. (1) 상장 당시 비교 기업은 10X 기업과 조건이 비슷할 것, (2) 비교 기업은 10X 기업과 대조하기 위해 실적에서 주식시장 평균 정도의 성과를 기록해야 한다(부록 C 참조).

### 6. 데이터 수집: 과거를 연대순으로 수집

우리는 시간을 거슬러 올라가며 체계적으로 각 기업의 역사적 자료를 수집했다. 예를 들어 인텔의 경우, 1968년도에 이 회사가 창립된 이후 매년의 역사적 자료들(기업 보고서와 언론기사)을 모았다. 기업에 대한 포괄적인 사실, 견해, 통찰을 얻기 위해 광범위한 데이터 기록을 이용했다.

- 관찰 기간 동안 〈비즈니스위크〉, 〈이코노미스트〉, 〈포브스〉, 〈포춘〉, 〈하버드비즈니스리뷰〉, 〈뉴욕타임스〉, 〈월스트리트저널〉, 〈월스트리트 트랜스크립트〉 같은 메이저 언론사의 각 기업에 관한 기사는 물론이고 해당 산업이나 주제를 다룬 모든 자료.
- 경영대학원 케이스 스터디 및 산업 분석 자료.
- 각 기업 혹은 기업 리더들에 관한 책.
- 각 기업에 대한 연차 보고서, 대리인 보고서, 기업공개용 투자설명서.
- 각 기업에 대한 주요 애널리스트 보고서.
- 《비즈니스 리더 인명사전Biographical Dictionary of American Business Leaders》, 《세계 기업 역사 사전International Directory of Company Histories》 같은 기업 및 산업 관련 참고 자료.
- 각 기업에 요청하여 직접 수집한 각종 자료(기업 역사, 경영진의 연설문, IR자료, 그 밖의 기업 관련 기사들).
- 기업 재무데이터: 컴퓨스태트Compustat(미국 기업들의 재무자료 데이터베이스-옮긴이)에서 나온 손익계산서 및 대차대조표.

양질의 리서치 방법을 일관되게 적용하며 10X 기업과 비교 기업이 결과에서 차이를 보이는 이유를 잠재적으로 설명할 수 있도록 다양한 요소들을 조사했다. 이는 새로운 설명을 가능하게 만드는 체계적인 시도로 귀납적 사례 연구를 사용하는 목적이기도 하다. 결국 우리는 시간의 흐름에 따라 여러 요소들에 대한 정보들을 수집했으며 이는 다음과 같다.

- 리더십: 핵심 경영자, CEO 재임 및 계승, 리더십 및 행동 스타일.
- 창업 뿌리: 창업자들과 당시 정황.
- 전략: 제품 및 시장 전략, 비즈니스 모델, 주요 인수합병, 전략적 변화.
- 혁신: 신제품, 서비스, 기술, 관행.
- 조직재편을 포함한 조직구조.
- 조직문화: 가치 및 규범.
- 경영관행.
- 인적자원관리: 고용, 해고, 승진, 보상 시스템과 관련된 정책 및 실행.
- IT를 포함한 기술의 사용 정도.
- 기업 매출 및 수익 트렌드, 여러 가지 재무비율.
- 산업 내 주요 사건: 침체, 호황, 충격, 기술이동, 시장이동, 규제변화, 경쟁자 움직임, 가격전쟁, 비즈니스 모델 변화, 통폐합.
- 운의 변화를 일으키는 주요 사건.
- 현저한 리스크 유발 사건.
- 속도: 위협 및 기회를 알아채는 시간, 의사결정에 걸리는 시간, 시장에 반응하는 시간.

그러고는 연구 기간 동안 매년 각 기업에 관한 모든 정보들을 그룹으로 나눔으로써 연대표를 작성했다. 연대표 작성에 필요한, 각각의 정보들을 검증하기 위해 하나 이상의 자료를 찾아보았다. 이러한 데이터의 삼각측량은 정보들이 부정확, 혹은 불충분하거나 편중될 리스크를 감소시켰다. 예를 들어 PSA에 관한 책에서는 사우스웨스트항공 경영진들이 1969년 캘리포니아에 있는 PSA를 방문해서 운영 매뉴얼을 복사해갔다고 했다. 우리는 이러한 정보를 삼각측량 했고, 그 방문에 함께했던 사우스웨스트항공 CEO 라마르 뮤즈가 쓴 또 다른 책에서 이 사실을 확인했다.[5]

정리해 말하자면, 우리는 수집한 양질의 데이터를 기반으로 연구를 진행했다. 그리고 데이터의 진실성을 확보하기 위해 엄격한 원칙을 따랐다. 최근의 성과에만 초점을 맞추지 않고 기업의 설립 시점까지 거슬러 올라가 다양한 역사적 정보를 수집하고 폭넓은 데이터를 이용하며, 여러 정보를 다중으로 체크했다.

### 7. 분석의 실행

짝짓기 분석within-pair analysis | 짝을 이룬 기업들의 연대표를 만들고 난후, 모든 자료를 읽고 각 기업에 대한 자세한 사례 보고서를 썼으며 짝을 지워 분석을 했다. 이 같은 자료는 각각의 짝마다 평균 76페이지였고, 사례 보고서는 총 1,064페이지(386,400단어)였다. 우리는 각 기업 짝에 대한 서로의 보고서를 바꿔 읽어보았다. 일련의 토론을 거친 뒤, 짝을 이룬 기업들의 성과 차이를 설명할 수 있는 주요 설명 목록을 만들었다. 이 목록은 아래의 기준에 부합해야 했다.

- 10X 기업과 비교 기업 사이에 확연한 차이가 있다는 확실한 증거가 있어야 한다.
- 인과관계가 명확해야 한다. 차이가 존재한다는 사실만으로는 충분치

않다. 어떤 변수가 어떻게 성과의 차이를 만드는지에 대한 설득력 있는 설명이 있어야 한다.

짝짓기 대조 분석cross_pair analysis | 10X 기업에는 확실히 존재하지만 비교 기업들에게는 없는 요소들을 찾아보았다.

콘셉트 도출 | 짝짓기 분석 및 대조 분석을 통해 우리는 결과의 차이를 설명하는 주요 콘셉트를 규명했다. 각각의 요소들로부터 추론을 하고 더욱 통일적인 개념으로 발전시켰다.

재무분석 | 컴퓨스태트로부터 우리는 기업 설립 때(혹은 데이터 입수가 가능한 가장 빠른 연도)부터 2002년까지의 데이터를 얻고 상세한 연례 손익계산서, 재무제표, 현금흐름표를 수집하여, 기업 역사 총 300년에 이르는 연례 보고서로 스프레드시트를 작성했다.

기업 역사에 있었던 사건 분석 | 기업의 진화를 연구하는 조직학 학자들이 사용하는 사건-역사 분석방법을 전개하여 기업의 역사에 있었던 다음의 사건들을 분석했다. 20마일 행진, 혁신, 대포 쏘기, 리스크와 관련된 사건, 시간에 민감했던 사건, SMaC 레시피를 바꾼 사건[6]등 각 기업 역사에서 해마다 발생한 사건들을 기간별로 분류했다(부록 B 참조).

## 8. 한계와 쟁점

어떤 연구방법이든지 강점과 약점이 있기 마련이다. 우리의 방법도 예외는 아니다. 이와 관련해 흔히 제기되는 질문과 그에 대한 우리의 대답은 다음과 같다.

**"조사 기업의 수가 14개라니 샘플로서 너무 적지 않나요?"**

아닙니다. 우리의 목적은 다수의 기업들을 샘플로 하여 기존의 가설을 테스트하는 게 아니라 새로운 발견을 하는 것입니다. '조사 대상이 충분한가'의 여부는 '조사 대상에게 존재하는 패턴을 알아내는 데 충분할 정도로 짝을 선정했는가'에 달려 있습니다. 만약 기업 짝을 추가하더라도 더 이상 새로운 사실을 알아내지 못한다면, 이미 조사 대상이 충분하다고 할 수 있습니다.[7] 연구방법론에서 이는 불필요한 반복, 혹은 이론적 포화라고 합니다. 질적 사례 분석을 할 때 연구자가 더 많은 사례를 추가하더라도 새로운 지식을 얻지 못하는 포화상태에 이르게 됩니다.[8] 우리는 연구의 마지막 짝에서 새로운 통찰을 얻지 못했습니다. 이처럼 포화상태에 이른 한 가지 이유는 차이점을 더 쉽게 발견할 수 있도록 극단의 성과를 낸 기업들을 신중하게 골라 짝지어 연구를 설계한 덕분입니다.

**"성공한 기업만 샘플링했나요?"**

우리는 성공적인 기업들만 고르지 않았습니다. 하나의 산업에서 대조가 되는 기업의 짝을 선별했습니다. 한 기업은 성과가 아주 좋고 다른 하나는 그렇지 않습니다.

"본 연구의 발견이 일반화될 수 있을까요?"

네. 우리의 발견이 모든 기업에 보편적인 것이라고 단정할 수는 없지만, 여러 산업 및 기업들에게 전반적으로 적용됩니다. 바로 한두 개의 산업이 아닌 7개 산업에서 얻은 다양한 데이터를 기반으로 하고 있기 때문입니다. 물론 미국 기업만 연구했기 때문에 이를 다른 나라와 문화에까지 확장해 살펴볼 때에는 조심할 필요가 있습니다.

또한 여러 시간대에도 전반적으로 적용됩니다. 1970~2002년 동안 기업들을 조사했지만, 우리의 발견은 2011년 이후에도 크게 연관을 갖고 있습니다. 그 이유는 의도적으로 매우 불확실하고 혼돈적인 산업을 선택했기 때문입니다. 세계가 계속 예측 불가능한 환경에 놓여 있는 한, 이들 산업이 경험한 혼란은 앞으로도 일상적인 일이 될 것이기 때문입니다. 그래서 이 연구에서 얻은 통찰은 미래에도 아주 큰 관련성을 지닐 것입니다.


"과거 데이터를 검토하는 데 의존한다면 편견이 잠재되어 있을 수 있지 않나요?"

우리는 이러한 문제를 완화시키는 방법을 사용했습니다. 지금 현재에 과거를 되돌아보며 역사를 해석하는 글 대신, 과거 아주 긴 시간 동안의 기록을 수집했습니다. 예를 들어 2000년에 1970년대 인텔의 중요한 시기를 회상하는 글이 있을 수 있습니다. 그런데 이러한 기사는 역사적 해석에 기반을 두고 있기 때문에 2000년 당시 인텔의 성공에 의해 채색되었을 수 있습니다. 이런 접근은 귀인오류attribution errors를 일으키기 쉽습니다.[9] 그래서 우리는 인텔과 관련된 1970년대에 일어난 사건들에 대한 정보를 역사적 기록을 거슬러 올라가 수집했습니다. 당시는 인텔이 크게 성공하기 전이어서, 아무도 그러한 귀인오류를 만들지 않았습니다.

"인과관계를 주장할 수 있을까요?"

많은 사회과학 연구에서는 결정론적인 인과관계(x에 변화를 준다면 반드시 y도 변화한다)를 주장할 수 없습니다. 대신 조직 경영 및 전략적 경영 연구의 오랜 전통에 따라서 두 기업간의 성과 차이를 설명하는 표현을 사용했습니다. 단정적인 표현 대신 'x란 요소와 기업의 성과 간에는 연관성이 있는 듯하다' 혹은 'x의 증가가 y의 증가로 이어진다고 할 수 있다' 와 같이 개연성을 의미하는 표현을 세심하게 골랐습니다.

"역의 인과관계reverse causality 문제가 존재하나요?"

애초의 가정과 역의 방향인 설명이 존재할 때 역의 인과관계가 발생합니다. 예를 들어 당신은 처음에는 혁신이 기업의 성공으로 이어진다고 생각했겠지만, 사실은 기업의 성공이 더 나은 혁신으로 이어집니다. 더 성공적인 기업은 혁신에 투자할 수 있는 돈을 더 많이 갖고 있기 때문입니다. 우리는 과거 자료에 기반을 두고 있기 때문에 이를 통해 언제 특정 행동이 시작되었는지 발견할 수 있었고, 그리하여 성공과 혁신 중 어떤 요소가 먼저인지 알았기에 그러한 잠재적 문제를 대부분 피할 수 있었습니다.

"이 책에서 주장한 원칙들을 따르고 똑같은 수준의 성공을 거두지 못한 다른 기업들이 존재하나요?"

우리가 미국 내 모든 기업들을 조사한 것은 아니라서 그러한 경우가 있는지는 확인하지 못했습니다. 하지만 7개 산업에 걸쳐 조사한 우리의 다양한 데이터세트(어떤 규칙에 따라 배열된 데이터의 집합-옮긴이)는 우리의 발견이 한두 개 기업이나 산업의 고유한 특성일 가능성을 크게 줄여줬습니다. 우리는 '이러한 원칙을 받아들이면, 비범한 성과를 얻을 수 있다'는 식으로 단정적인 인과관계 사슬을 주장하지는 않습니다. '성공 가능성을 향상시키는' 원리를 추구하는 것으로 시작합니다. 10X 기업들은 우리가 이 책에서 설명한 원칙들을 '모두' 실행합니다. 이 원칙들 중 한두 개만 실행하고 있는 기업들은 대부분 비범한 성과를 이루지 못합니다.

"각 기업의 결과는 해당 산업의 특색 때문이지 않나요?"

우리는 각 산업마다 2개의 기업을 짝 지어 조사함으로써 각 산업이 처한 환경에서 오는 영향을 통제했습니다. 이들은 각각 매우 비슷한 상황에 놓여 있지만, 취하는 행동과 성과에는 커다란 차이가 나타납니다. 각기 속한 산업으로부터 동일하게 영향을 받기 때문에 그들의 차이를 산업적 요인만으로 설명할 수는 없습니다.

"10X 기업들은 단지 운이 좋은 게 아닐까요?"

경영 연구를 비판하는 사람들은 운의 역할이 분석에서 제외되는 경우가 많다고 비난하기도 합니다. 우리는 행운의 역할을 무시하기보다는 운을 규정하고 행운과 불운이 따른 사건에 대한 데이터를 수집했습니다. 그래서 기업의 성과를 설명하는 데 있어 행운이 따른 사건이 어떤 역할을 했는지 조사했습니다.

**"연구 기간 이후에 성과가 좋지 않은 기업들이 있으면 어떡하나요?"**

그러한 일이 벌어진다고 해도 우리의 발견이 무의미한 것은 아닙니다. 우리는 영속적으로 기업의 성과를 조사한 것이 아니라, 일정 기간 동안의 성과를 조사했습니다. 어느 기업이 계속해서 같은 성과를 낼 수 없는 이유는 다음과 같습니다. 첫째, 기업이 자신을 성공으로 이끈 요인들을 계속 실행에 옮기지 않을 수 있습니다.[10] 둘째, 세월이 많이 흘렀기 때문에 방향 조정이나 새로운 관행이 필요할 수 있습니다. 셋째, 경쟁자가 따라붙어 모방했기에 애초의 성공공식이 더 이상 강력한 힘을 발휘하지 못할 수 있습니다. 넷째, 주식시장이 그 기업의 성공 요인들을 완전히 이해하여 이것이 주가에 완전히 반영됨으로써, 향후 추가적인 주식수익을 달성하기가 더욱 어려워질 수 있습니다. 이러한 설명들 가운데 어떤 것도 기업의 성과를 침식할 수 있습니다. 그러나 위대한 성과가 지속되지 않는다고 해서, 애초에 그러한 성과를 만들어내는 데 도움이 되었던 요인들이 근거가 없다고 할 수는 없습니다.

## 10X 기업의 선별

비범한 성과를 보인 기업들을 식별해내는 데 우리는 세 가지 중요
한 원칙들을 이용했다.

1. 확실한 결과를 이뤄낸 기업들이어야 한다. 우리가 관찰 대상으
   로 정한 기간 동안 이들은 주식시장과 해당 업계에서 확실한 승
   자이다.
2. 매우 불확실하고 혼돈적인 산업에 속한 기업들이어야 한다.
3. 초기(1971년 이후 상장되었을 당시)에는 취약한 기업들이어야 한다.

시카고대학 주가연구센터 데이터베이스에서 얻은 자료를 바탕으로
우리는 다음과 같은 11단계의 '필터링' 과정을 거쳤다.

**1차 선별** 1971~1995년 사이에 CRSP에 처음 나타난 기업들 | 우리는 CRSP
에 데이터가 처음 등재된 시기가 기업이 공개된 시점이라 추론했다
(4차 선별 참조).[11]

**2차 선별** 2002년 6월 이후에도 존재하는 기업들 | 관찰 시기는 2002년까지
지만, 지금까지 계속 존재하는 기업들만 포함시키고자 했다.

| | |
|---|---|
| 1차 선별 | 1971년 이후 CRSP에 처음 등장한 2만 400개 기업 중에서 1995년 이후에 처음 등장한 기업들을 걸러냄. 남은 기업은 1만 5,852개. |
| 2차 선별 | 2002년 6월까지 여전히 존재하는 기업. 남은 기업은 3,646개. |
| 3차 선별 | 2002년까지 TSR 성과가 최소 3X.* 남은 기업은 368개. |
| 4차 선별 | 1971~1990년 사이에 미국 시장에 상장된 미국 기업. 남은 기업은 187개. |
| 5차 선별 | 2001년 기준 소기업들은 제외. 남은 기업은 124개. |
| 6차 선별 | 상장 후 15년 뒤, TSR 성과가 최소 4X. 남은 기업은 50개. |
| 7차 선별 | 꾸준한 성과 패턴을 보이지 못하는 기업 제외. 남은 기업은 25개. |
| 8차 선별 | 불확실하고 혼돈적인 산업 분야의 기업들만 남김. 남은 기업은 12개. |
| 9차 선별 | '레드 플래그(위험신호)' 테스트. 남은 기업은 9개. |
| 10차 선별 | 기업공개 당시 너무 크거나 오래 된 기업 제외. 남은 기업은 8개. |
| 11차 선별 | 해당 산업 내 다른 기업의 성과를 앞지른 기업. 남은 기업은 7개. |

● 시장 대비 해당 기업의 누적 수익률(다음 표의 '핵심 개념 정의' 참조)

**3차 선별** 주식 성과가 최저 한계치를 넘어서는 기업들 | 기업이 처음 CRSP 에 올랐을 때부터 2002년 6월 28일까지의 기간 동안 시장 대비 월 간 누적 수익률이 3.0 이하인 기업들은 모두 제외했다. [12]

**4차 선별** 1971~1990년 사이에 상장된 미국 기업들 | 언제 상장되었으며 진 정한 기업인지 확인하기 위해 남은 기업들의 서류를 일일이 검토했 다. 스핀아웃, 합병, 역합병 reverse mergers, 역차입매수 reverse LBOs, 리츠 REITs, 합자회사 limited partnership와 같은 비전통적인 방법으로 상장한

## 핵심 개념 정의

- 월간 총수익Monthly Total Return: 재투자된 배당금을 포함해 특정 월에 주주에게 돌아가는 1주당 총 수익(총주주수익, TSR이라고도 부름).

- 누적 주식수익Cumulative Stock Return: t1과 t2 사이의 기간 동안 주식 1주에 투자된 Y달러의 복리가치로서 다음의 공식으로 산출. Y달러×(1+월간 총수익@m1)×(1+월간 총수익@m2)× ⋯ (1+월간 총수익@t2). 여기서 m1은 t1이후 첫 번째 달의 끝이고, m2는 t1이후 두 번째 달의 끝을 의미하는 식으로 계속 진행.

- 전체 주식시장('전체 시장general market' 혹은 그냥 '시장'이라고도 칭함): 뉴욕 증권거래소, 아메리칸 증권거래소AMEX, 나스닥의 가중치를 감안한 수익. 해당 거래소에서 거래되는 모든 기업들의 결합시장가치(재투자 배당금 포함)로 구성. 회사의 주식 시가 총액을 시장의 시가 총액으로 나눈 값에 따라 가중치 부여.

- 시장 대비 누적 주식수익률: Y달러를 그 기업과 시장에 같은 날 투자했다고 가정했을 때, 특정 기간의 마지막 날에 회사에 투자된 Y달러의 누적 수익을 전체 주식시장에 투자된 Y달러의 누적 수익으로 나누어 계산한 비율.

참고: 6차 선별에서 월간 수익 데이터를 일간 수익 데이터로 바꿔 같은 공식을 사용했다.

---

기업들을 제외했다. 외국 기업들도 제외했다.

**5차 선별** 2001년 시점에 매출 5억 달러 미만 기업은 제외 | 초기에는 젊거나

규모가 작았지만 관찰의 마지막 기간에는 대기업으로 성장해 있어야 했다.

**6차 선별** IPO 이후 15년이 경과된 시점에 주식수익률이 최저 한계선을 넘는 기업들 | 우리는 주식의 성과를 측정하는 데 보다 정확하고 엄격한 기준을 사용했다. 해당 기업이 상장한 날부터 15년이 경과한 시점까지 매일의 수익률 데이터를 기초로 했다. 그 기간 동안 시장 대비 누적 수익률이 4배를 넘지 못한 기업들은 모두 제외했다.

**7차 선별** 주식수익률이 꾸준한 패턴을 보이지 않는 기업들 제외 | 이 기준의 목적은 주식이 꾸준한 성과를 내지 못하는 기업들을 제외하기 위한 것이다.

**8차 선별** 불확실성이 높고 혼돈적인 산업에 속한 기업들을 선정 | 우리는 다음의 다섯 가지 기준에 부합하는 사건들이 특히 많이 발생했다면 그 산업은 매우 불확실하고 혼돈적인 산업이라고 간주했다. 첫째, 해당 산업에 속한 기업들이 막을 수 없었던 통제 불가능한 사건들. 둘째, 매우 빨리 충격을 줬던 사건들. 여기서 '빨리'란 5년 미만의 시간을 의미한다. 흔히 그러한 사건들은 이보다 빨리 발생한다. 셋째, 해당 산업 내의 기업들에게 해를 입힐 만한 충격을 준 사건들. 모든 기업들에게 다 해를 입히지 않았을 수 있지만, 잠재적으로 해를 입힐 가능성을 가지고 있던 사건들을 이른다. 넷째, 어떤 측면에서는 예측할 수 없었던 사건들. 타이밍, 형태, 양상, 충격 등 일부 중요한 요소들은 예측할 수 없었던 사건들을 말한다. 일례로 항공 산업의 규제 완화는 예측 가능했지만 그 정확한 형태와 그것이 산업 재편성에 어떤 영향을 미칠지는 예측이 불가능했다. 다섯째, 그저 예측

만 되었던 사건이 아니라 실제 발생한 사건들.

우리는 이들 산업에 대한 정보를 체계적으로 수집한 뒤 각 산업에 맞춰 자료를 분류했다. 이러한 분석 작업을 통해 우리는 여러 산업을 각기 '안정적임', '다소 불확실함', '매우 불확실하고 혼돈스러움'으로 구분했다. 우리는 맨 마지막 부류에 속하는 기업들을 선정했다.

**9차 선별** '레드 플래그' 테스트 | 우리는 기업이 관찰 기간 동안 재무제표상의 이익을 크게 수정해 발표한 적이 있는지 판별하기 위해 '레드 플래그' 분석을 시행했다. 그리고 마지막 선별 과정에서 기업이 재무적으로 취약한지 살펴보았다. 우려스러운 기업들은 제외했다.

**10차 선별** 상장 시점에서 젊고 작았던 기업들 | 그 당시에 연차가 어느 정도 있고 규모가 컸던 기업은 제외했다.

**11차 선별** 해당 산업 내 다른 기업의 성과를 얼마나 앞질렀는지 살펴보는 지수 | 이 테스트의 목적은 단순히 해당 산업의 경기가 좋았기 때문에 기업도 높은 성과를 올릴 수 있었던 것은 아닌지 확인하기 위해서이다. 우리는 업계의 주식 성과지수를 만들어 어느 기업의 누적 주식 수익이 IPO 이후 15년 동안 해당 산업의 평균 실적보다 3배 이상 높지 않을 경우 제외시켰다.

## 비교 기업의 선정

과거 자료를 이용해서 우리는 각 기업에 맞는 또래 기업을 찾는 작업을 체계적으로 수행하여 최상의 짝을 찾아냈다. 다음의 6가지 기준에 맞추어 비교 기업 후보들을 평가했다. 기준 1에서 기준 4는 비교 기업들이 10X 기업들과 출발 시기가 비슷함을 보여준다. 기준 5는 실적의 차이를, 그리고 기준 6은 표면적인 타당성을 확인한다. 최종적으로 비교 기업으로 선정된 기업들은 단 하나의 예외만 제외하고, 우리 기준에 아주 훌륭하게 혹은 매우 잘 맞았다. 커쉬너의 경우에는 수용 가능한 수준이었다.

1 사업 유사 | 10X 기업들과 비교 기업 후보들은 10X 기업이 상장할 당시 비슷한 사업을 하고 있었다. 실제로 우리는 처음으로 CRSP에 첫 번째 주식수익률이 기록된 해를 사용했으며, 이를 '매치이어match year'로 불렀다.[13]

2 기업 연령 유사성 | 비교 기업 후보들은 10X 기업들과 비슷한 시기에 설립되었다.

3 규모 유사성 | 10X 기업이 상장할 당시 짝이 되는 두 기업들은 비슷한 규모였다.

4 보수적 테스트 | 10X 기업이 상장될 당시 비교 기업 후보는 10X 기업보다 더 성공적이었다(초기에는 더 강했던 기업을 엄격하게 선정).

5 성과의 차이 | 비교 기업 후보들의 전체 시장 대비 누적 수익률(이하 '비율'로 칭함)은 우리가 선정한 기간 동안 1.0에 가깝거나 그 이하였다.[14]

6 표면적 타당성 | 우리의 관찰 마지막 시기인 2002년에도 비교 기업 후보들은 선정될 '타당한' 이유를 갖고 있었다. 이들은 비슷한 사업을 계속 유지하고 있었다.

**짝으로 맺어진 기업들에 대한 간단한 요약**

**암젠** 12개의 바이오테크 기업이 고려됨. 최고의 짝은 제넨테크로 결정. 매치이어는 1983년. 보수적 테스트, 표면적 타당성, 사업 유사성, 성과의 차이(1983~2002년 비율=0.92) 면에서는 훌륭한 조합. 기업 연령 및 규모의 유사성 면에서는 다소 약한 조합.

• 논평 | 제넨테크는 바이오테크 산업에서 초기 리더(1976년 설립)였던 반면, 암젠은 1980년대에 설립된 신생 바이오테크 기업이었다.

• 차순위 후보기업들 | 케이론Chiron, 젠자임Genzyme.

**바이오멧** 10개의 정형외과 의료기기 제조업체들이 고려됨. 최고의 짝은 커쉬너로 결정. 매치이어는 1986년. 사업 유사성, 규모 유사성, 성과의 차이(1968~1994년 비율=0.76) 면에서 아주 좋은 조합. 보수적 테스트, 표면적 타당성, 기업 연령 유사성 면에서는 약한 조합.

- 논평 | 커쉬너와 바이오멧은 정형외과 인공보정물 및 재건기구 시장에 주력하고 있음.
- 차순위 후보기업들 | 인터메딕스Intermedics, 어드벤스드 뉴로모듈레이션 시스템스Neuromodu-lation Systems.

**인텔** 16개의 집적회로 기업들이 고려됨. 최고의 짝은 AMD로 결정. 매치이어는 1973년. 사업 유사성, 기업 연령 유사성, 표면적 타당성, 성과의 차이(1973~2002년 비율=1.05) 면에서 훌륭한 조합. 보수적 테스트, 규모 유사성 면에서는 약한 조합.

- 논평 | 인텔과 AMD는 1960년대 말 페어차일드세미컨덕 Fairchild Semiconductor 출신이 시작한 회사이며 메모리칩에 초점을 맞춤.
- 차순위 후보기업들 | 텍사스인스트루먼츠, 내셔널세미컨덕터.

**마이크로소프트** 10개의 컴퓨터 기업들이 고려됨. 최고의 짝은 애플로 결정. 매치이어는 1986년. 기업 연령 유사성, 표면적 타당성, 성과의 차이(1986~2002년 비율=0.51) 면에서 훌륭한 조합. 보수적 테스트, 규모의 유사성 면에서는 약한 조합.

- 논평 | 우리의 중점 관찰 기간(1970년대 말부터 1990년대 중반까지) 동안 마이크로소프트와 애플은 2개의 개인용 컴퓨터 플랫폼 대체재를 만들었으며 경쟁자였다.
- 차순위 후보기업들 | 로터스Lotus, 노벨Novell.

**프로그레시브** 16개의 보험사들이 고려됨. 최고의 짝은 세이프코. 매치이어는 1973년. 사업 유사성, 보수적 테스트, 성과의 차이(1973~2002년 비율=0.95) 면에서 훌륭한 조합. 표면적 타당성, 규모 유사성, 기업 연령 유사성에서 약한 조합.

- 논평 | 프로그레시브처럼 세이프코는 자동차 보험에서 오랫동안 수위를 달렸다.
- 차순위 후보기업들 | 임플로이어스 캐주얼티 Employers Casualty. 제이코 GEICO.


**사우스웨스트항공** 25개의 항공사가 고려됨. 최고의 짝은 PSA. 사업 유사성, 보수적 테스트, 표면적 타당성, 성과의 차이(1973~1987년 비율=0.99) 면에서 훌륭한 조합. 규모 유사성, 기업 연령 유사성에서 약한 조합.

- 논평 | 사우스웨스트항공은 PSA의 비즈니스 모델을 직접적으로 모방함.
- 차순위 후보기업들 | 브래니프 Braniff, 콘티넨탈/텍사스 Continental/Texas.


**스트라이커** 15개의 외과용 기구 기업들이 고려됨. 최고의 짝은 USSC. 매치이어는 1979년. 사업 유사성, 보수적 테스트, 표면적 타당성, 성과의 차이(1979~1998년 비율=1.16) 면에서 훌륭한 조합. 기업 연령 유사성, 규모 유사성 면에서 약한 조합.

- 논평 | 1970년대부터 USSC와 스트라이커는 외과용 기구와 장비에 주력함.

- 차순위 후보기업들 | 버처 Birtcher, 아메리칸 호스피털 서플라이 American Hospital Supply.

## 20마일 행진 분석

우리는 앞에서 기업들의 '20마일 행진'을 해독하고 분석했다. 어떤 기업들이 그러한 행동을 뚜렷이 표방하고 달성했는지 체크했으며, 산업을 침체시킨 52개 사건들이 발생한 와중에 이들 기업은 어떤 성과를 냈는지 살핌으로써 20마일 행진의 효과도 분석했다.

**발견 1** 10X 기업들은 비교 기업들보다 20마일 행진 원칙을 훨씬 더 실천에 옮겼다(강력한 증거).

7개 짝 중에서 6개의 짝에서 이를 뒷받침하는 강력한 증거를, 그리고 다른 1개 짝(암젠과 제넨테크)에서는 이를 뒷받침하는 타당한 증거를 찾을 수 있었다. 2개의 비교 기업들(PSA, 세이프코)은 20마일 행진 방식을 실천했으나 시간이 흐름에 따라 이를 무시했다. 제넨테크와 애플 두 비교 기업은 20마일 행진 방식을 나중에 채택했다. 다른 비교 기업들(USSC, 커쉬너, AMD)은 20마일 행진 방식을 받아들인 증거가 거의 보이지 않았다.

**발견 2** 관찰 기간에 20마일 행진 원칙을 실행한 기업들은 그렇지 않은 기업보다 산업 침체기에 더 나은 실적을 올렸다(강력한 증거).

이 발견을 강력히 뒷받침하는 증거를 7개 짝 모두에서 찾을 수 있었다. 20마일 행진 방식을 지키지 않은 몇몇 비교 기업들은 산업 침체기에 성과가 좋지 못했다.

다음 표에서 볼 수 있듯이 20마일 행진의 실천은 이후에 다가온 침체기에 부진한 결과(0건)보다는 좋은 결과(29건)를 냈다. 그러나 20마일 행진 방식을 채택하지 않은 경우에는 좋은 결과(3건)보다 부진한 결과(20건)를 낸 경우가 훨씬 더 많았다.

물론 비교 기업들도 20마일 행진을 몇 번 했던 경우(4번)에 혜택을 보기도 했다. 또한 10X 기업들도 20마일 행진에 실패했던 일부 경우(2번)에 부진한 결과를 보였다. 10X 기업들은 20마일 행진을 잘 지켰던 덕분에 해당 산업이 어려웠던 시기에 훨씬 나은 결과를 얻었던 반면, 비교 기업들은 대부분 그 원칙을 잘 준수하지 않았기 때문에 어려운 시기에 부진한 결과로 어려움을 겪었다.

| 20마일 행진 실천과 산업 침체기의 실적 |

| 조합의 양상<br>(20마일 행진+결과) | 사건의 수(%) | | |
|---|---|---|---|
| | 10X 기업 | 비교 기업 | 합계 |
| 산업 침체와 관련된 사건들 | 27 | 25 | 52 |
| 20마일 행진 실천 | 25(100%) | 4(100%) | 29(100%) |
| 20마일 행진+좋은 결과 | 25(100%) | 4(100%) | 29(100%) |
| 20마일 행진+부진한 결과 | 0(0%) | 0(0%) | 0(0%) |
| 20마일 행진 실천 안함 | 2(100%) | 21(100%) | 23(100%) |
| 20마일 행진 실천 안 함+좋은 결과 | 0(0%) | 3(15%) | 3(13%) |
| 20마일 행진 실천 안 함+부진한 결과 | 2(100%) | 18(85%) | 20(87%) |

- N=52 산업 침체
- 참고: 10X 기업과 비교 기업의 비교 가능한 기간을 설정함.

## 혁신 분석

우리는 4장에서 10X 기업과 비교 기업들이 행한 혁신의 유형과 정도를 확인하기 위해 90개의 혁신 건을 분석했다. '혁신'이란 용어는 다음과 같이 생각해볼 수 있다.

첫째, 혁신은 제품의 혁신, 운영상의 혁신, 비즈니스 모델의 혁신 등 여러 가지 차원이 있다. 무엇이 결정적으로 중요한 혁신인가는 각 산업에 따라 다르다.

둘째, 혁신의 정도에 따라 몇 가지로 나누었다.[15] 급진적이거나 혁명적인 혁신은 기존에 비해 기능이나 특성에 아주 큰 개선이 있는 것인 반면, 점진적이거나 진화적 혁신은 작업상 혹은 기능상에 작은 개선이 있는 것이다. 우리는 혁신이 점진적인 것인지, 중대한 것인지, 아니면 중간정도의 것인지에 따라 분류했다. 여러 개의 중대한 혁신, 혹은 중간정도의 혁신을 한 기업을 혁신적인 기업으로 보았다.

셋째, 몇 개의 참고 기준이 적용될 수 있다. 무엇에 비해 혁신인가? 그 가운데 하나는 그 기업이 전에 제공했던 것과 관련해 살펴보는 참고 기준(내부 참고 기준)이다. 또 다른 참고 기준은 당시 시장에 존재하고 있던 것과 비교하는 것(외부 참고 기준)이다. 우리는 후자의 관점을 선택했다.

넷째, 상업적으로 성공하지 못한 아주 혁신적인 상품을 내놓았을 수 있다. 혁신과 시장에서의 금전적 결과를 혼동하지 않는 것이 중요하다.

각 산업에서 혁신의 가장 중요한 영역을 확인하는 것부터 시작했다. 또한 어느 정도 혁신을 해야 그 업계에서 경쟁을 해나갈 수 있는지 혁신의 최저 한계점을 판단했다. 어떤 산업(바이오테크)은 한계점이 높은 반면, 어떤 산업(항공)은 한계점이 낮다.

우리는 혁신과 관련된 발표를 찾기 위해 과거 기업 및 언론 자료를 분석하여 혁신적인 사건을 분류했다.[16] 혁신의 정도를 구분하기 위해 다음의 범주를 만들었다.

- 중대한 혁신: 기존 제품 및 서비스와 비교하여 기능이나 특성에 확실히 큰 개선을 이뤄낸 혁신. 흔히 '선구적인', '혁명적인', 혹은 '한계를 극복한' 이란 수식어가 붙는다.
- 중간급 혁신: 기능이나 특성을 확고히 개선해낸 혁신.
- 점진적 혁신: 기능이나 특성을 어느 정도 제고했지만, 확실히 중대한 발전이라고는 볼 수 없는 혁신.

**발견 1** 우리가 조사한 기업들은 관찰 기간 동안 여러 혁신을 해냈다(타당한 증거).
이들 기업에서 총 290개의 혁신적인 사건들을 집계했다. 그중 31개는 중대한 혁신, 45개는 중간급 혁신, 214개는 점진적 혁신으로 분류했다. 12개 기업들은 조사 기간 동안 크고 작은 혁신을 확실히 전개했다. 그러나 세이프코와 커쉬너는 그렇지 못했다.

**발견 2** 혁신의 최저 한계점 효과가 존재하는 듯하다. 그 아래에서는 혁신을 얼마나 더 하느냐의 여부가 아주 중요한 역할을 한다(타당한 증거).

최저 한계점이 높은 산업(바이오테크, 반도체, PC)에 속한 기업들은 관찰 기간에 중대한 혁신과 중간급 혁신 지수가 평균 7.5였지만, 최저 한계점이 중간정도가 되는 산업(의료기기)은 5.0, 그리고 최저 한계점이 낮은 산업(항공, 자동차 보험)은 2.8이었다.

**발견 3** 10X 기업들은 비교 기업들에 비해 더 혁신적이지 않았다(강력한 증거).

다음 표에서 볼 수 있듯이 뚜렷한 패턴은 찾을 수 없었다. 10X 기업 중 중대한 혁신과 중간급 혁신을 많이 한 3개 기업은 확실히 더 혁신적이었다(인텔은 AMD보다, 프로그레시브는 세이프코보다, 바이오멧은 커쉬너보다 혁신을 더 많이 했다). 다른 4개 짝에서는 그 반대의 모습을 보였다(PSA는 사우스웨스트항공보다, 제넨테크는 암젠보다, USSC는 스트라이커보다, 애플은 마이크로소프트보다 혁신을 더 많이 했다).

바이오테크의 경우 특허가 혁신의 정도를 가늠하는 데 사용될 수 있다. 미국특허국USPO 자료에 따르면, 제넨테크는 창립 이후 2002년까지 772개의 특허를 출원함으로써 323개의 암젠을 능가했다.[17] 게다가 인시아드 경영대학원 교수 겸 특허 데이터 전문가 제시 싱의 자료에 따르면 제넨테크의 특허는 다른 특허에도 많이 인용되었는데, 이는 혁신의 정도를 측정하는 또 다른 척도가 될 수 있다. 특허 건당 인용횟수는 제넨테크가 7.09회임에 비해 암젠은 4.23회였다.[18] 따라서 특허를 기반으로 평가할 때도 제넨테크가 더 혁신적이었음을 확인할 수 있었다.

| 짝 | 혁신의 최저 한계점 | 10X 기업 | | | 비교 기업 | | | 10X가 더 혁신적?* | 10X가 더 점진적? |
|---|---|---|---|---|---|---|---|---|---|
| | | 중대한 혁신의 수 | 중간급 혁신의 수 | 점진적 혁신의 수 | 중대한 혁신의 수 | 중간급 혁신의 수 | 점진적 혁신의 수 | 10X vs. 비교 기업 | 10X vs. 비교 기업 |
| 인텔과 AMD | 높음 | 4 | 6 | 15 | 1 | 4 | 11 | 예: 10 vs. 5 | 예 15 vs. 11 |
| 암젠과 제넨테크 | 높음 | 2 | 2 | 8 | 6 | 2 | 4 | 아니오 4 vs. 8 = | 예 8 vs.4 |
| 마이크로소프트와 애플 | 높음 | 2 | 6 | 23 | 6 | 4 | 14 | 아니오 8 vs. 10 | 예 23 vs. 14 |
| 바이오멧과 커쉬너** | 중간 | 2 | 3 | 4 | 0 | 0 | 2 | 예 5 vs. 0 | 예 4 vs. 2 |
| 스트라이커와 USSC*** | 중간 | 1 | 6 | 77 | 3 | 5 | 41 | 아니오 7 vs. 8 | 예 77 vs. 41 |
| 사우스웨스트항공과 PSA | 낮음 | 1 | 2 | 3 | 2 | 3 | 7 | 아니오 3 vs. 5 | 아니오 3 vs. 7 |
| 프로그레시브와 세이프코 | 낮음 | 1 | 2 | 2 | 0 | 0 | 3 | 예 3 vs. 0 | 아니오 2 vs. 3 |
| 중간값 | | 2 | 3 | 8 | 2 | 3 | 7 | | |
| 합계 | | 13 | 27 | 132 | 18 | 18 | 82 | 예 3, 아니오 4 | 예 5, 아니오 2 |

● 혁신의 수 N=290
*더 혁신적 = 커다란 혁신(중대한 혁신 및 중간급 혁신의 수를 합함)의 수가 많은 경우.
**불완전한 정보.
***1997년까지만 양사 비교.

**발견 4** 10X 기업들은 비교 기업들에 비해 점진적인 혁신을 더 추구했다(일부 증거).

7개 짝 중 5개 짝에서 10X 기업들이 비교 기업보다 점진적인 혁신을 한 횟수가 더 많았다. 이러한 경향은 20마일 행진의 개념과 일맥상통한다. '매일 조금씩 전진한다'는 방식을 꾸준히 지켜온 기업들은 작은 혁신을 지속하는 경향이 있다.

## 총 먼저 쏘고 대포 쏘기 분석

4장에서는 '총 먼저 쏘고 대포 쏘기 방식' 그리고 10X 기업 및 비교 기업이 쏘았던 62건의 대포에 대한 분석을 기반으로 하고 있다. 우리 는 총알 및 대포알을 찾아내고 집계하여, 역사적 사건들을 분석했다.[19]

**발견 1**  10X 기업들은 비교 기업들보다 총알을 더 많이 쏴보는 편을 택했다(타당한 증거).

7개 짝 중에서 5개 짝에서, 10X 기업들은 비교 기업들에 비해 소총 을 먼저 쏘는 방식을 택했다. 나머지 2개(사우스웨스트항공과 PSA, 암 젠과 제넨테크) 짝은 그 수가 동일했다.

**발견 2**  10X 기업들은 비교 기업에 비해 대포를 더 많이 쏘지 않았다(강력한 증거).

다음 표에서 볼 수 있듯이 5개 짝에서 비교 기업들은 대포를 더 많 이 쏘았던 반면, 나머지 2개의 짝(인텔은 AMD보다, 프로그레시브는 세이 프코보다)에서는 그 반대였다.

**발견 3**  10X 기업들이 보정된 대포 쏘기의 비율이 더 높았다(강력한 증거).

10X 기업들은 대포를 쏘는 경우 69퍼센트가 보정된 대포 쏘기였던

| 대포 쏘기 집계 |

| 기 업 | 1<br>대포 쏘기의<br>수 | 2<br>보정된 대포<br>쏘기의 수 | 3<br>무보정 대포<br>쏘기의 수 | 4<br>보정된 대포<br>쏘기의 비율* |
|---|---|---|---|---|
| 사우스웨스트항공 | 5 | 4 | 1 | 80% |
| PSA | 8 | 0 | 8 | 0% |
| 인텔 | 7 | 5 | 2 | 71% |
| AMD | 6 | 3 | 3 | 50% |
| 바이오멧 | 1 | 0 | 1 | 0% |
| 커쉬너 | 3 | 0 | 3 | 0% |
| 프로그레시브 | 4 | 3 | 1 | 75% |
| 세이프코 | 3 | 0 | 3 | 0% |
| 암젠 | 3 | 2 | 1 | 67% |
| 제넨테크 | 4 | 2 | 2 | 50% |
| 스트라이커 | 2 | 1 | 1 | 50% |
| USSC | 5 | 1 | 4 | 20% |
| 마이크로소프트 | 4 | 3 | 1 | 75% |
| 애플 | 7 | 2 | 5 | 29% |
| 10X 기업 평균 | 3.7(총26) | 2.6(총18) | 1.1(총8) | 69% |
| 비교 기업 평균 | 5.1(총36) | 1.1(총8) | 4.0(총28) | 22% |

• 대포 쏘기 사건 N=62
*(줄 번호 2의 숫자)/(줄 번호 1의 숫자)x100

반면, 비교 기업들은 22퍼센트에 그쳤다.

**발견 4** 보정된 대포 쏘기는 그렇지 않은 경우보다 더 긍정적인 결과를 내었다(강력한 증거).

다음 표를 보면 보정된 대포 쏘기 중 88퍼센트가 좋은 결과였다. 이와는 극히 대조적으로 무보정 대포 쏘기에서는 고작 23퍼센트만이 좋은 결과를 냈다.

| 보정된 대포 쏘기와 그 결과(모든 기업) |

| 결과의 유형 | 보정된 대포 쏘기의 수 | 무보정 대포 쏘기의 수 | 대포 쏘기 합계 |
|---|---|---|---|
| 긍정적인 결과의 수 | 23(88%) | 7(23%) | 30 |
| 부정적인 결과의 수 | 3(12%) | 23(77%) | 26 |
| 합    계 | 26(100%) | 30(100%) | 56 |

● N=56(불확실한 결과를 보인 6개의 대포 쏘기는 제외)

**발견 5** 10X 기업들은 비교 기업들보다 대포 쏘기로 더 많이 성공했는데, 이는 주로 보정된 대포 쏘기를 더 많이 했기 때문이다(강력한 증거).

다음 표는 10X 기업들이 발사한 26개의 대포알 가운데 18개가 보정된 것이고, 그중 17개가 성공적이었음을 보여주고 있다. 반대로 비교 기업들이 쏜 36발의 대포 중에 8개만이 보정된 대포 쏘기였고, 그중 6개가 성공적이었다. 비교 기업들은 대부분 무보정 대포 쏘기를 했기 때문에 이를 통해 성공을 거둘 기회가 적었다.

| 보정된 대포 쏘기와 그 결과 |

| 대포의 유형 | 결과 | 10X 기업 | 비교 기업 | 결과 합계 |
|---|---|---|---|---|
| 보정 | 좋은 결과의 수 | 17(94%) | 6(75%) | 23(88%) |
| | 부진한 결과의 수 | 1(6%) | 2(25%) | 3(12%) |
| | 보정된 수 | 18(100%) | 8(100%) | 26(100%) |
| 무보정 | 좋은 결과의 수 | 3(37%) | 4(18%) | 7(23%) |
| | 부진한 결과의 수 | 5(63%) | 18(82%) | 23(77%) |
| | 무보정 수 | 8(100%) | 22(100%) | 30(100%) |

● N=56(불확실한 결과를 낸 6개의 관찰치는 제외)

## 현금과 대차대조표 리스크 분석

우리는 5장에서 살펴본 바와 같이 10X 기업들과 비교 기업들이 어느 정도까지 현금을 보유했고 또 채무를 사용했는지 알아보기 위해 총 300년에 달하는 기업의 과거 재무현황을 분석했다. 컴퓨스태트 데이터를 사용하여 각기 짝을 이룬 기업들의 매년 아래와 같은 재무비율을 분석하여 10X 기업들이 각 비교 기업보다 나은 비율을 나타냈는지 알아보았다. 현금은 비율이 높고, 부채는 비율이 낮으면 나은 것으로 간주했다.

- 유동비율 = 유동자산/유동부채
- 총자산 대비 현금 = 현금 및 현금 등가물/총 자산
- 유동부채 대비 현금 = 현금 및 현금 등가물/유동부채
- 자본 대비 총부채 = (장기부채+유동부채)/자기자본
- 자본 대비 장기부채 = 장기부채/자기자본
- 자본 대비 단기부채 = 유동부채/자기자본

**발견 1** 10X 기업들은 관찰 대상 기간 중 비교 기업들보다 전반적으로 더 보수적인 재무제표를 보였다(강력한 증거).

| 재무비율 비교 |

| 분야 | 비 율 | 10X 기업들이 비교 기업들보다<br>나은 재무비율을 보인 시간 비율 | | | | 어느 편이<br>더 나았나? |
|------|-------|----------|--------|---------|----------|------|
| | | 기간 전체* | 5년** | 10년*** | 상장한 해**** | |
| 현금 | 유동비율 | 72% | 83% | 72% | 83% | 10X |
| | 총자산 대비 현금 | 80% | 83% | 80% | 67% | 10X |
| | 유동부채 대비 현금 | 80% | 90% | 80% | 83% | 10X |
| 부채 | 자본 대비 총부채 | 64% | 80% | 80% | 67% | 10X |
| | 자본 대비 장기부채 | 61% | 61% | 67% | 50% | 혼재 |
| | 자본 대비 단기부채 | 64% | 87% | 78% | 100% | 10X |

* 기간 전체=10X 기업과 비교 기업이 상장되어 재무데이터가 공표된 때로부터 2002년까지.
**5년=상장한 뒤 5년간의 기간.
***10년=상장한 뒤 10년간의 기간.
****상장한 해=기업공개한 뒤 첫 번째 회계연도.

10X 기업들은 비교 기업들보다 전반적으로 현금 및 부채비율이 더 좋았다. 이런 기준으로 봤을 때 그들은 리스크를 적게 부담했다.

**발견 2** 10X 기업들은 상장 후 5년간 비교 기업들보다 전반적으로 더 보수적인 재무제표를 보였다(강력한 증거).

발견1은 단순히 10X 기업들의 실적이 좋았기 때문에 재무제표가 더욱 좋을 수 있다. 하지만 10X 기업들은 상장 후 첫 5년 동안(10년 동안에도 마찬가지)에 비교 기업들보다 전반적으로 재무비율이 양호했다. 이러한 기준으로 봤을 때 그들은 리스크를 덜 부담했다.

**발견 3** 10X 기업들은 상장한 첫해에 비교 기업들보다 전반적으로 더 보수적인 재무제표를 보였다(비교적 타당한 증거).

상장 첫해에 장기부채비율은 각 그룹이 비슷했지만(비교 기업 3곳, 즉

PSA, 제넨테크, 애플은 각기 상장한 해에 자신의 짝인 10X 기업들보다 부채비율이 낮았다), 그해에도 10X 기업들은 비교 기업들보다 나은 현금비율을 보였고, 두 가지 부채비율도 더욱 건전했다.

## 리스크 범주 분석

5장에서 살펴본 리스크 범주는 다음과 같은 114개 의사결정에 대한 분석을 기반으로 했다.

우리는 다음의 리스크 유형을 분석했다.

- 데스라인 리스크: 기업을 죽이거나 심각한 피해를 입힐 수 있는 위험.
- 비대칭 리스크: 잠재적으로 불리해질 수 있는 정도가 유리해질 수 있는 정도보다 훨씬 큰 위험.
- 통제 불가능 리스크: 처리하거나 통제할 수 있는 능력이 거의 없는 힘과 사건에 기업을 노출시키는 위험.

**발견 1** 10X 기업들은 전반적으로 데스라인 리스크가 수반된 의사결정을 비교 기업들보다 덜 했다(강력한 증거).

비교 기업들은 데스라인 리스크가 수반된 의사결정을 평균 2.9번(총 의사결정의 36퍼센트, 혹은 10건 중 거의 4건) 했지만, 10X 기업은 0.9번 (10퍼센트, 혹은 10번 중 1건)에 불과했다.

| 리스크가 포함된 의사결정의 유형과 정도 |

| 의사결정 유형 | 10X<br>기업 | 비교<br>기업 | 10X와 비교 기업 중 더<br>많은 위험을 안은 기업은? |
|---|---|---|---|
| 기업당 분석한 의사결정의 수 평균 | 8.4 | 7.9 | |
| 데스라인 리스크가 포함된 의사결정(평균) | 10%(0.9) | 36%(2.9) | 비교 기업 |
| 비대칭 리스크가 포함된 의사결정(평균) | 15%(1.3) | 36%(2.9) | 비교 기업 |
| 통제 불가능 리스크가 포함된 의사결정(평균) | 42%(3.6) | 73%(5.7) | 비교 기업 |
| 저위험으로 분류된 의사결정* | 56% | 22% | |
| 중간위험으로 분류된 의사결정** | 22% | 35% | 비교 기업 |
| 고위험으로 분류된 의사결정*** | 22% | 43% | |
| | 100% | 100% | |

- 의사결정의 수 N=114
- 참고: 10X 기업과 비교 기업의 비교 가능한 횟수. 데스라인 리스크, 비대칭 리스크, 통제 불가능 리스크는 상호 배타적 범주에 있지 않음(퍼센트는 분석한 모든 의사결정에 대한 비율을 의미함). 저위험, 중간위험, 고위험은 상호 배타적 범주에 있음.
- *저위험 리스크=데스라인 리스크, 비대칭 리스크, 통제 불가능 리스크 모두 없음.
- **중간위험 리스크=데스라인 리스크는 없고, 비대칭 리스크나 통제 불가능 리스크 중 하나만 있음.
- ***고위험 리스크=데스라인 리스크가 있거나 비대칭 리스크와 통제 불가능 리스크 모두 존재.

**발견 2**  10X 기업들은 전반적으로 비대칭 리스크가 수반된 의사결정을 비교 기업들보다 덜 했다(강력한 증거).

비교 기업 가운데 36퍼센트가 비대칭 리스크가 수반된 의사결정을 했지만, 10X 기업은 15퍼센트에 불과했다.

**발견 3**  10X 기업들은 전반적으로 통제 불가능 리스크가 수반된 의사결정을 비교 기업들보다 덜 했다(강력한 증거).

10X 기업이 통제 불가능 리스크가 수반된 의사결정을 한 비율(42퍼센트)은 비교 기업보다 현저히 낮았다(73퍼센트).

**발견 4**  10X 기업들은 비교 기업들보다 전반적으로 덜 위험한 의사결정을 했다(강력한 증거).

10X 기업들의 의사결정 가운데 위험이 낮았던 경우는 56퍼센트에
달했던 반면, 비교 기업들은 22퍼센트에 그쳤다.

**발견 5** 10X 기업들은 모든 리스크 영역에서 보다 높은 성공률을 보였다(강력한
증거).

다음 2개의 표에서 볼 수 있듯이 저위험 의사결정에서 10X 기업들
은 85퍼센트의 성공률(비교 기업들은 64퍼센트)을 보였다. 중간위험
의사결정에서 10X 기업들은 70퍼센트의 성공률(비교 기업들은 50퍼센
트)을 보였다. 고위험 의사결정에서 10X 기업들은 45퍼센트의 성공

| 의사결정 위험과 그 결과(10X 기업) |

| 결과 | 위험의 정도 | | |
|------|--------|--------|--------|
| | 저위험 | 중간위험 | 고위험 |
| 저조 | 0% | 15% | 55% |
| 양호 | 15% | 15% | 0% |
| 성공 | 85% | 70% | 45% |
| | 100% | 100% | 100% |

● 의사결정의 수 N=59

| 의사결정 위험과 그 결과(비교 기업) |

| 결과 | 위험의 정도 | | |
|------|--------|--------|--------|
| | 저위험 | 중간위험 | 고위험 |
| 저조 | 18% | 28% | 75% |
| 양호 | 18% | 22% | 20% |
| 성공 | 64% | 50% | 5% |
| | 100% | 100% | 100% |

● 의사결정의 수 N=55

률(비교 기업들은 5퍼센트)을 보였다. 고위험 의사결정의 경우 차이가 컸다. 주된 이유는 고위험 의사결정이 커다란 투자(대포 쏘기)를 수반하기 때문이다. '총 먼저 쏘고 대포 쏘기' 분석에서 살펴보았듯이, 10X 기업들은 대규모 투자를 진행하기 전에 이를 실증적으로 확인(총 쏘기)하기 위해 더 많은 시간을 쓰기 때문에 성공 가능성이 높아진다.

## 스피드 분석

우리는 10X 기업과 비교 기업들이 상황을 인지 · 숙고 · 판단 · 실행
하는 속도를 알아보기 위해 115번의 신중을 요했던 순간을 분석했다.
그리고 그러한 중요 순간들이 언제인지 규정했는데, 어떤 사건이 벌
어지면서 상황이 변하여 리스크의 성격이 시간에 따라 변화하는 조짐
을 보이는 시점이다.

**발견 1** 중요 순간을 빨리 인지하면 좋은 결과를 내는 경향이 있다(강력한 증거).

결과가 좋을 때는 그러한 순간이 빨리 인지되었던 경우가 71퍼센트
로 많았다(반대로 빨리 인지되었으면서 결과가 좋지 않았던 경우는 28퍼센트

| 중요 순간의 분류 |

| 양상 | 특징 | |
|---|---|---|
| 사건의 속도 | 느리게 진행* 30% | 빠르게 진행 70% |
| 순간의 성격** | 위협 79% | 기회 21% |
| 반응의 명료성*** | 확실 42% | 불확실 58% |
| 결과**** | 좋음 68% | 나쁨 32% |

● 순간의 수 N=115
* '느리게 진행' 이란 장기간에 걸쳐 전개됨을 의미(보통 1~3년).
**14개의 순간은 분류에서 제외됨.
*** '명료성' 이란 기업이 어떻게 대응해야 하는지가 매우 명확함을 의미.
****13번의 '불확실/양호' 한 결과를 낸 순간이 있었음.

| 중요 순간을 인지한 때와 그 결과 |

| 인지한 시점 | 좋은 결과 | 부진한 결과 |
|---|---|---|
| 빠름* | 71% | 28% |
| 늦음 | 13% | 66% |

- 순간의 수 N=101(정보가 불충분한 관찰치는 제외)
- 참고: 인지한 시점이 중간 범주에 든 경우는 버림(100%=빠름+중간+늦음).
* '빠름'은 첫 신호에서 중요한 순간임을 기업이 인지한 경우를 의미함.

에 그쳤다).

**발견 2** 빠른 의사결정의 이득은 사건의 속도에 좌우된다(꽤 타당한 증거).

전반적으로 의사결정이 빠르면 좋은 결과를 내는 경향이 있다. 이는 빠르게 전개되는 사건의 경우에 특히 더 그러하다. 하지만 사건이 느리게 전개되는 경우에도 61퍼센트의 경우에 느림/중간정도 의사결정 속도와 좋은 결과가 연관되어 있다. 달리 말하자면 결과가 좋은 경우에 의사결정이 항상 빨리 이루어진 것은 아니며, 꽤 많은 경우에 사건이 허락하는 한 느린 속도로 의사결정이 이루어졌다는

| 의사결정 속도와 그 결과 |

| 사건의 전개 속도 | 의사결정 속도 | 좋은 결과 |
|---|---|---|
| 관찰된 사건 모두(N=98) | 느림/중간 | 35% |
| | 빠름* | 65% |
| 빨리 전개되는 사건들(N=69) | 느림/중간 | 25% |
| | 빠름* | 75% |
| 느리게 전개되는 사건들(N=29) | 느림/중간 | 61% |
| | 빠름* | 39% |

- 순간의 수 N=98(정보가 불충분한 관찰치는 제외)
* '빠름'은 일단 중요한 순간이 인지되고 난 뒤, 빨리 의사결정을 한 경우를 의미함.

뜻이다. 그래서 '빠르게 해야 할 때는 빠르게, 느리게 해도 될 때는 느리게'라는 방식이 추천된다.

**발견 3** 숙고해서 의사결정을 한 경우 좋은 결과를 내는 경향이 있다(강력한 증거).

숙고했다는 것은 리더가 한 걸음 물러나서, 크게 보고 왜 그러한 일이 벌어졌는지 더욱 깊이 생각했다는 의미이다. 반대로 '반응형 reac-tive' 의사결정이란 리더들이 관례를 그대로 따르거나 충동적으로 판단하는 상황 속에서 철저하게 고려하지 않고 내린 의사결정을 뜻한다. 다음 표에서 볼 수 있듯이, 좋은 결과를 낸 사례의 63퍼센트는 심사숙고한 결정이었던 반면 결과가 나빴던 사례의 97퍼센트는 반응형 의사결정과 관계가 있었다.

| 심사숙고한 의사결정 vs. 반응형 의사결정 |

| 의사결정의 유형 | 좋은 결과 | 부진한 결과 |
|---|---|---|
| 숙고형 | 63% | 3% |
| 반응형 | 37% | 97% |

● 순간의 수 N=100(정보가 불충분한 관찰치는 제외)

**발견 4** 빠른 실행의 이득은 사건의 전개 속도에 달려 있다(타당한 증거).

전반적으로 빠른 실행은 좋은 결과를 내는 경향이 있다. 빨리 전개되는 사건의 경우 특히 그러하다. 좋은 결과를 보인 사례의 81퍼센트는 빠른 실행과 연관되어 있다. 느리게 전개되는 사건의 경우에는 그 결과가 혼재되어 있다. 빠른 전개와 느림/중간 속도의 전개 모두 좋은 결과와 관련되어 있다.

| 사건의 전개 속도 | 의사결정 속도 | 좋은 결과 |
|---|---|---|
| 관찰된 사건 모두(N=98) | 느림/중간 | 27% |
| | 빠름* | 73% |
| 빨리 전개되는 사건들(N=69) | 느림/중간 | 19% |
| | 빠름* | 81% |
| 느리게 전개되는 사건들(N=29) | 느림/중간 | 50% |
| | 빠름* | 50% |

● 순간의 수 N=65(기업이 아무것도 변화시키지 않아 실행이 뒤따르지 않은 경우가 많았기 때문에 관찰치가 더 적어졌음)
* '빠름'은 일단 의사결정이 되고 난 뒤, 리더가 빨리 실행에 옮긴 경우를 의미함.


**발견 5** 10X 기업들은 비교 기업들보다 '발견 1'부터 '발견 4'까지의 내용을 더 많이 지켰다(강력한 증거).


- 인지시간: 10X 기업들이 중요한 순간의 시작을 빨리 인지한 사례 (68퍼센트)가 비교 기업들(42퍼센트)보다 많았다.
- 의사결정 속도: 전반적으로 10X 기업들이 의사결정을 빨리한 사 례(57퍼센트)가 비교 기업들(45퍼센트)보다 많았다. 하지만 적정한 속도로 의사결정을 했을 때 더 나은 결과를 내었다. 사건의 전개 가 빠를 경우 빨리 의사결정을 해 성공한 비율은 71퍼센트(비교 기 업의 경우 52퍼센트)까지 높아졌다. 반대로 사건의 전개가 느린 경 우에는 성공 비율이 25퍼센트(비교 기업의 경우 31퍼센트)까지 낮아 졌다.
- 심사숙고형 vs. 반응형: 10X 기업들이 심사숙고해 의사결정을 한 사례(68퍼센트)가 비교 기업들(14퍼센트)보다 더 많았다.
- 실행 속도: 상당히 많은 사례(66퍼센트)에 있어서 10X 기업들은

| 중요 순간 양상 | | 10X 기업 (N=57) | 비교 기업 (N=45) |
|---|---|---|---|
| 인지시간 | 일찍 인지한 비율 | 68% | 42% |
| 의사결정 속도 | 빠른 의사결정 | 57% | 45% |
| | 전개가 빠른 사건을 맞아 빠른 의사결정 | 71% | 52% |
| | 전개가 빠른 사건을 맞아 느린 의사결정 | 25% | 31% |
| 심사숙고형 vs. 반응형 | 심사숙고한 의사결정 | 68% | 14% |
| 실행 속도 | 빠른 실행 | 66% | 63% |
| | 전개가 빠른 사건을 맞아 빠른 실행 | 76% | 62% |
| | 전개가 빠른 사건을 맞아 느린 실행 | 40% | 67% |

ㅣ 중요 순간을 맞아 10X 기업과 비교 기업이 내린 의사결정 관련 행동 ㅣ

● 순간의 수 N=102(정보가 불충분한 관찰치는 제외)
● 참고: 10X 기업과 비교 기업의 비교 가능한 기간을 설정함. 100%=10X(비교) 기업들이 그러한 범주에 있는 모든 관찰치.

비교 기업들보다 빠르게 실행에 옮기지 않았다(63퍼센트). 하지만 그들은 적정한 속도로 실행했고 더 나은 결과를 내었다. 사건의 전개가 빠를 경우 빠른 실행으로 성공한 비율은 76퍼센트(비교 기업의 경우 62퍼센트)까지 높아졌다. 반대로 사건의 전개가 느린 경우에는 성공 비율이 40퍼센트(비교 기업의 경우 67퍼센트)까지 낮아졌다.

그 결과 10X 기업들은 중요 순간을 맞아 좋은 결과를 낸 비율(89퍼센트)이 비교 기업(40퍼센트)에 비해 높았다.

## SMaC 레시피 분석

우리는 각 기업들이 SMaC 레시피를 따랐는지, 만약 그랬다면 그 요소들은 무엇이었는지 규명했다. 관찰 대상으로 삼았던 기업 모두의 117개 SMaC 레시피를 살펴보고 이것이 언제 시작되었는지, 중간에 다르게 바뀌었는지, 만약 그렇다면 언제 바뀌었는지 기록했다.

**발견 1** 10X 기업들은 SMaC 레시피를 확실히 이해했다(강력한 증거).
7개의 10X 기업 모두 초창기나 규모가 작았을 때부터 자신들의 SMaC 레시피를 만들었다.

**발견 2** 비교 기업들은 SMaC 레시피를 확실히 이해했다(꽤 타당한 증거).
5개 비교 기업(PSA, 세이프코, 애플, 제넨테크, USSC)은 초창기나 규모가 작았을 때 SMaC 레시피를 명확하게 정립했던 반면, AMD는 막연하게 커쉬너는 아예 만들지 못했다.

**발견 3** 10X 기업들은 자신들의 SMaC 레시피 요소들을 거의 바꾸지 않았다(강력한 증거).
다음 표에서 보듯이 10X 기업들은 자신들의 SMaC 레시피를 평균

| 기 업 | 요소의 수 | 변경된 요소의 수* | 요소를 변경한 해의 수 | 요소를 변경한 해의 평균 수 | 처음으로 변경한 해의 수 |
|---|---|---|---|---|---|
| 암젠 | 10 | 1(10%) | 10 | 10 | 10 |
| 바이오멧 | 12 | 1(10%) | 8 | 8 | 8 |
| 인텔 | 11 | 2(20%) | 23, 30 | 26 | 23 |
| 마이크로소프트 | 13 | 2(15%) | 21, 24 | 22 | 21 |
| 프로그레시브 | 9 | 2(20%) | 35, 40 | 37 | 35 |
| 사우스웨스트항공 | 10 | 2(20%) | 23, 26 | 24 | 23 |
| 스트라이커 | 9 | 1(10%) | 19 | 19 | 19 |
| 평균 | 10 | 15% | 24 | | 20 |

*SMaC 레시피 요소들이 근사치이므로 퍼센트는 반올림하여 표기함.

15퍼센트만 바꾸었다.

**발견 4** 비교 기업들은 10X 기업들보다 자신들의 SMaC 레시피 요소들을 더 많이 바꾸었다(강력한 증거).

다음 표에서 볼 수 있듯이, 비교 기업들은 SMaC 레시피 요소들을

| SMaC 레시피 요소들의 변경(비교 기업) |

| 기업 | 요소의 수 | 변경된 요소의 수* | 요소를 변경한 해의 수 | 요소를 변경한 해의 평균 수 | 처음으로 변경한 해의 수 |
|---|---|---|---|---|---|
| 제넨테크 | 8 | 5(60%) | 14, 19, 19, 19, 19 | 18 | 14 |
| 커쉬너 | SMaC 레시피 없음 | | | | |
| AMD | 6 | 4(65%) | 15, 15, 15, 29 | 18 | 15 |
| 애플 | 8 | 5(60%) | 7, 8, 10, 15, 15 | 11 | 7 |
| 세이프코 | 7 | 5(70%) | 정보 없음 | | |
| PSA | 7 | 5(70%) | 16, 20, 26, 26 (1개는 정보 없음) | 22 | 16 |
| USSC | 7 | 4(55%) | 23, 29, 29, 31 | 28 | 23 |
| 평균 | 7 | 60% | 19 | | 15 |

평균 60퍼센트 바꾸었다. 이는 10X 기업들의 15퍼센트보다 훨씬 높은 수치이다.

**발견 5** 10X 및 비교 기업들은 평균적으로 자신들의 SMaC 레시피 요소들을 바꾸는 데 오랜 시간을 들였다(강력한 증거).

10X 기업들이 요소들을 바꾸는 데 평균 24년(비교 기업들은 19년)이 걸렸다. 10X 기업들이 처음으로 SMaC 레시피를 바꾼 것은 평균 20년 후이다(비교 기업은 15년).

## 운 분석

우리가 7장에서 살펴본 내용은 운이 영향을 미친 사건 230개에 대한 분석을 기반으로 한다. 10X 기업 및 비교 기업들이 겪은 운이 가미된 사건들을 분석하여 운이 어떠한 규모, 유형, 시간 분포로 영향을 미쳤는지 살펴보았다.[20]

우리는 운이 크게 영향을 미친 사건을 다음과 같이 정의했다. (1) 사건의 어떤 중요한 측면이 기업 내 주요 행위자들의 행동과 대부분, 혹은 완전히 독립적으로 일어난 사건. (2) 기업에 중요한 결과를 초래할 수 있는 사건. (3) 예측 불가능한 요소를 포함하고 있는 사건. 운에는 다음의 두 가지 등급이 있다.

1. '순전한' 운이란 기업 내 주요 행위자들의 행동과 완전히 독립적으로 사건이 발생하는 경우를 말한다.
2. '부분적' 운이란 기업 내 주요 행위자들의 행동과 완전히 독립적으로 발생하지는 않는 경우를 말한다. 부분적 운이 작용하는 사건이라면 주요 행위자들이 기술을 적용하더라도 그 사건의 어떤 중요한 측면을 바꿀 수 없을 것이다.

운이 작용하는 사건을 분류하기 위해서는 사건의 정확히 어떤 부분에 운이 작용했는지 짚어내는 것이 중요하다. 예를 들어 1977년 제넨테크의 상황을 살펴보자. 그해 제넨테크는 사상 최초로 유전자 접합을 이루어냈다. 그러한 위업은 기술 덕분이지 운이 아니었다. 하지만 그들보다 앞서서 이를 해낸 곳이 없다는 건 운이다. 다른 기업의 경우 영향을 미칠 수 없었기 때문에 통제 범위 바깥의 사건이다. 우리는 이 '최초의 유전자 접합'이란 사건을 '부분적' 운, 즉 기술과 운의 결합이 작용한 사건으로 분류했다.

어떤 사건이 '행운'인지 '불운'인지 구분하기 위해서는 이성적인 사람이 그 사건을 발생 시점에서 어떻게 보았는지를 주로 고려해야 한다. 우리는 나중의 결과를 토대로 판단하지 않고, 이 원칙에 근거해 행운 혹은 불운을 분류했다. 또한 이러한 정의와 함께 아래의 구분을 적용하여 체계적으로 수집한 기업 자료들을 검토하여 좋게 혹은 나쁘게 운이 작용한 사건들을 구분했다.

- 순전한 운, '순전한'
- 부분적 운, '부분적인'
- 중요도 중간정도, '중간의'. 기업의 성공에 일부 영향을 준 사건.
- 중요도 높음, '높은'. 기업의 성공에 커다란 영향을 미친 사건.

우리는 각자 독립적으로 기업의 짝을 조사하여 그 결과를 비교하고 서로 다르게 분류한 사건들에 관해 논의를 거듭하며 차이를 좁혀갔다. 이러한 진행 과정을 거쳐 우리가 수집한 자료에서 운이 작용한

| 행운이 따른 사건 |

| 기업 짝 | 집계한 햇수 | | 행운이 따른 사건의 수* | | 10년당 행운이 따른 사건의 수** | | 10X 기업의 행운 경험 정도 |
|---|---|---|---|---|---|---|---|
| | 10X 기업 | 비교 기업 | 10X 기업 | 비교 기업 | 10X 기업 | 비교 기업 | |
| 암젠과 제넨테크 | 23 | 27 | 10 | 18 | 4.3 | 6.7 | 더 적음 |
| 바이오멧과 커쉬너 | 26 | 9 | 4 | 4 | 1.5 | 4.4 | 더 적음 |
| 인텔과 AMD | 35 | 34 | 7 | 8 | 2.0 | 2.4 | 비슷함 |
| 마이크로소프트와 애플 | 28 | 27 | 15 | 14 | 5.4 | 5.2 | 비슷함 |
| 프로그레시브와 세이프코 | 32 | 32 | 3 | 1 | 0.9 | 0.3 | 더 많음 |
| 사우스웨스트항공과 PSA | 36 | 43 | 8 | 6 | 2.2 | 1.4 | 더 많음 |
| 스트라이커와 USSC | 26 | 31 | 2 | 5 | 0.8 | 1.6 | 더 적음 |
| 평균 | 29.4 | 29.0 | 7.0 | 8.0 | 2.4 | 3.1 | 비슷함/더 적음 |
| 합계 | 206 | 203 | 49 | 56 | | | |

● 행운이 따른 사건의 수 N=105
*창업한 해부터 2002년까지의 햇수. 프로그레시브와 세이프코는 1971년부터, 스트라이커는 불완전 정보로 인해 1977년부터 계산함.
**짝 지워진 기업들이 서로 관찰 대상 햇수에 차이가 있으므로 이를 보정해서 비교가능하게 계산(예를 들어 암젠의 경우 행운의 사건 개수 10을 10년 단위 기간의 수 2.3으로 나눔).

230개 사건들을 뽑아냈다.

**발견 1** 10X 및 비교 기업들은 모두 우리의 관찰 대상 기간 동안 행운을 경험했다(강력한 증거).

10X 및 비교 기업들은 행운이 따른 사건을 각각 평균 7회, 8회 겪었다.

**발견 2** 10X 기업들이 비교 기업들보다 행운이 따른 사건을 확실히 더 많이 겪었던 것은 아니다(강력한 증거).

위 표의 합계를 보면 알 수 있듯이, 뚜렷한 패턴은 발견할 수 없다.

10X 기업이 비교 기업보다 행운이 따른 사건을 더 많이 겪었던 짝은 둘, 더 적게 겪었던 짝은 셋, 비슷했던 짝은 둘이었다.

**발견 3** 10X 기업들이 비교 기업들보다 중요도가 높고 순전히 운에 좌우된 사건을 확실히 더 많이 겪었던 것은 아니다(강력한 증거).

다음 표를 보면 행운이 따른 매우 중요한 사건이 기업군간에 큰 차이를 보이지 않았다는 것을 알 수 있다. 10X 기업들과 비교 기업들이 겪은 행운이 따른 사건은 합해서 각각 36건, 40건이었다.

| 유형별 행운이 따른 사건 |

| 행운이 따른 사건의 유형 | 10X 기업 | 비교 기업 | 10X 및 비교 기업 비율 | 10X 기업의 행운 경험 정도 |
|---|---|---|---|---|
| 행운이 따른 사건의 수 | 49 | 56 | 0.9 | |
| 행운이 따른 매우 중요한 사건의 수 | 22 | 28 | 0.8 | 더 적음 |
| 행운이 따른 중간정도 중요한 사건의 수 | 27 | 28 | 1.0 | |
| 순전히 운이 좋은 사건의 수 | 14 | 12 | 1.2 | 약간 많음 |
| 부분적으로 운이 좋은 사건의 수 | 35 | 44 | 0.8 | |
| 합계: 중요하거나 순전히 운이 좋은 사건의 수 | 36 | 40 | 0.9 | 약간 적음 |

● 행운이 따른 사건의 수 N=105

**발견 4** 10X 기업들이 비교 기업들보다 사업 초기에 행운이 따른 사건을 확실히 더 많이 경험했던 것은 아니다(강력한 증거).

우리는 10X 기업과 비교 기업들 가운데 누가 사업 초기에 더 행운이 따랐는지 분석 작업을 실시했다. 하지만 뚜렷한 차이는 확인할 수 없었다.

| 창업 후 유형별 행운이 따른 사건 |

| | 10X 기업 | 비교 기업 | 10X 기업의 행운 경험 정도 |
|---|---|---|---|
| 5년간 행운이 따른 사건의 평균 | 2.8 | 2.8 | 같음 |
| 10년간 행운이 따른 사건의 평균 | 5.0 | 4.5 | 약간 많음 |
| 5년간 행운이 따른 매우 중요한 사건의 평균 | 1.4 | 1.5 | 약간 적음 |
| 10년간 행운이 따른 매우 중요한 사건의 평균 | 2.8 | 2.3 | 약간 많음 |

● 참고: 창업 후 초기 시절의 데이터 부족으로 인해 10X 기업 2곳(스트라이커와 프로그레시브)과 비교 기업 1곳(세이프코)은 이 분석에서 제외되었다.

**발견 5** 비교 기업들이 10X 기업들보다 불운이 따른 사건을 확실히 더 많이 겪었던 것은 아니다.

물론 비교 기업의 상대적 부진을 불운이 따른 사건 때문이라고 일부 해석할 수는 있다. 하지만 10X 기업들이나 비교 기업들 모두 불운이 따른 사건을 거의 비슷하게(각각 평균 9.3개와 8.6개) 경험했다.

| 불운이 따른 사건 |

| 기업 짝 | 집계한 햇수 | | 불운이 따른 사건의 수 | | 10년당 행운이 따른 사건의 수 | | 10X 기업의 불운 경험 정도 |
|---|---|---|---|---|---|---|---|
| | 10X 기업 | 비교 기업 | 10X 기업 | 비교 기업 | 10X 기업 | 비교 기업 | |
| 암젠과 제넨테크 | 23 | 27 | 9 | 9 | 3.9 | 3.3 | 더 적음 |
| 바이오멧과 커쉬너 | 26 | 9 | 7 | 4 | 2.7 | 4.4 | 더 많음 |
| 인텔과 AMD | 35 | 34 | 14 | 11 | 4.0 | 3.2 | 더 적음 |
| 마이크로소프트와 애플 | 28 | 27 | 9 | 7 | 3.2 | 2.6 | 더 적음 |
| 프로그레시브와 세이프코 | 32 | 32 | 8 | 10 | 2.5 | 3.1 | 더 많음 |
| 사우스웨스트항공과 PSA | 36 | 43 | 13 | 13 | 3.6 | 3.0 | 더 적음 |
| 스트라이커와 USSC | 26 | 31 | 5 | 6 | 1.9 | 1.9 | 같음 |
| 평균 | 29.4 | 29.0 | 9.3 | 8.6 | 3.2 | 3.1 | 비슷함 |
| 합계 | 206 | 203 | 65 | 60 | | | |

● 불운이 따른 사건의 수 N=125

| 창업 후 유형별 불운이 따른 사건 |

|  | 10X 기업 | 비교 기업 | 10X 기업의 불운 경험 정도 |
|---|---|---|---|
| 5년간 불운이 따른 사건의 평균 | 1.2 | 0.8 | 약간 더 적음 |
| 10년간 불운이 따른 사건의 평균 | 3.0 | 1.7 | 더 적음 |
| 5년간 불운이 따른 매우 중요한 사건의 평균 | 0.2 | 0 | 비슷함 |
| 10년간 불운이 따른 매우 중요한 사건의 평균 | 0.6 | 0.2 | 약간 더 적음 |

**발견 6**  비교 기업들이 10X 기업들보다 사업 초기에 불운이 따른 사건을 확실히 더 많이 겪었던 것은 아니다(강력한 증거).

비교 기업이 상대적으로 부진한 이유를 초기에 불운을 더 많이 겪었기 때문이라고 해석할지도 모르지만, 위의 표를 보면 그렇지 않다는 것을 알 수 있다.

## 명예의 전당 분석

우리는 7장에서 일반적인 캐나다 국민들과 캐나다 출신의 위대한 하키 선수들(아이스하키 명예의 전당에 오른)의 태어난 달의 분포를 비교했다.

먼저 명예의 전당에 이름을 올린 선수들 가운데 1950~1966년 사이에 캐나다 태생으로 북미아이스하키리그에서 최소한 한 시즌 이상 활약한 사람들의 생월 자료를 수집했다.[21] 우리는 데이터의 신뢰성을 높이는 한편 가장 최근의 자료를 분석하기 위해 1950년 이후에 태어난 선수들에 초점을 맞추었다. 추후 분석에서는 더 많은 표본을 얻기 위해서 1873년까지 거슬러 올라갔지만 결론은 같았다.[22] 그리고 1951~1966년 사이에 태어난 캐나다 일반 국민들의 생월 데이터를 수집하여 이를 월별, 분기별, 반기별로 표를 만들었다.[23]

**발견 1** 캐나다에서 1~3월에 태어나 명예의 전당에 오른 사람들의 불균형한 숫자는 없었다(강력한 증거).

생월간에는 의미 있는 차이가 없었다. 이 외에 다른 결론을 유추한다면 10~12월 사이에 태어난 사람들(일반 국민들보다 1.9퍼센트 많음)이 약간 불균형적인 수치를 보였다고 할 수 있는 정도였다.

| 출생월 | 캐나다에서 태어나 명예의 전당에 오른 사람들* | 캐나다 일반 국민들 | 명예의 전당에 오른 캐나다 일반 국민들 비율 |
|---|---|---|---|
| 1~3월 | 22.9% | 24.4% | -1.5% |
| 4~6월 | 25.7% | 26.1% | -0.4% |
| 7~9월 | 25.7% | 25.7% | 0% |
| 10~12원 | 25.7% | 23.8% | 1.9% |
| 1~6월 | 48.6% | 50.5% | -1.9% |
| 7~12월 | 51.4% | 49.5% | 1.9% |

| NHL에서 활약하고 하키 명예의 전당에 오른 선수들의 출생월 분포 |

*N=35 데이터는 2009년까지 취합.

참고문헌

## 1장 불확실한 환경에서 번성한 기업들

**01** Jason Zweig, "Risk-Management Pioneer and Best-Selling Author Never Stopped Insisting Future is Unknowable," *Wall Street Journal*, June 13, 2009, A14.

**02** 시카고대학 부스 경영대학원 주가연구센터 ⓒ200601 CRSP®, (CRSP: Center for Research in Security Prices), 허가 후 전제함.

**03** "Southwest Airlines Co.: Presentation by Howard D. Putnam, President and Chief Executive Officer, Before the Dallas Association of Investment Analysts," *Wall Street Transcript*, May 28, 1979; Jon Birger, "30-Year Super Stocks: Money Magazine Finds the Best Stocks of the Past 30 Years," *Money Magazine*, October 9, 2002; 사우스웨스트항공 연례 재무보고서 1976년 (Dallas: Southwest Airlines Co., 1976).

**04** 1972년 12월 31일에 각 회사당 1만 달러를 투자하여 2002년 12월 31일까지 보유했다고 봄. 만약 1972년 12월 31일에 회사가 상장되어 있지 않았다면, 그 기업의 데이터가 처음으로 주가연구센터에 기록된 달이 될 때까지 시장 수익률만큼 투자액이 늘어난 것으로 간주. 같은 금액의 돈을 1972년 12월 31일에 전체 시장에 투자한 뒤, 2002년 12월 31일까지 보유했다고 가정. 2002년 12월 31일자 기업의 누적가치를 같은 날 전체 시장의 누적가치로 나눔.

**05** 산업지수 관련: 우리는 산업지수를 산정함에 있어 표준산업분류Standard Industrial Classification, SIC 코드를 이용했다. 한 기업의 SIC 코드는 시간이 지나면 바뀔 수

도 있다. 만약 상장된 날에 어느 기업의 SIC 코드가 1개뿐이었다면, 우리는 지수 산정에 있어 그 코드를 사용했다. 조사 기간 동안 1개 이상의 SIC 코드가 있을 경우 관련된 SIC 코드를 모두 사용했다. 도표상의 데이터는 각 10X 기업들에 투자된 돈이 동종 업계와 비교해서 어느 정도 성과를 올렸는지 보여준다. CRSP에 각 10X 기업의 데이터가 처음 나타난 달의 마지막 날에 투자한 뒤 2002년 12월 31일까지 보유했을 경우 얻을 수 있는 누적가치를 같은 기간 동안 해당 산업지수에 같은 금액을 투자했을 경우 얻게 되는 가치로 나누어 계산. 명확한 비교를 위해 10X 기업들과 비교 기업들은 이 표에 있는 지수 계산에 포함하지 않음.

**06** "John Wooden: A Coaching Legend October 14, 1910–June 4, 2010," *UCLA Official Athletic Site*, http://www.uclabruins.com/sports/ m-baskbl/spec-rel/ucla-wooden-page.html.

**07** 이 도표는 다음의 계산방법으로 만들어졌다. 1972년 12월 31일에 10X 기업 7곳에 각기 1달러씩 균등하게 나누어 투자(10X 포트폴리오)한다. 전체 시장에도 1달러를 투자한다. 1972년 12월 31일부터 2002년 12월 31일까지 10X 포트폴리오와 전체 시장의 누적가치를 계산한다. 각 달마다 전체 시장의 누적가치 대비 10X 포트폴리오의 누적가치 비율을 계산한다. 어느 기업의 CRSP 데이터를 얻을 수 없는 달(주로 해당 기업이 아직 공개 거래되지 않거나 합병·인수된 경우)에는 회사 수익 대신 시장 수익을 쓴다. 전체 시장의 누적가치 대비 7개 비교 기업들의 포트폴리오에도 같은 과정을 반복한다.

**08** Jim Carlton, "Apple Computer is for Sale, But Buyers Prove Elusive," *Wall Street Journal*, January 19, 1996, B2.

**09** 이들 연구에서 조사한 기업들은 다음과 같다. 3M, A&P, 애보트 랩스Abbot Labs, 어드레소그래프Addressograph, 아메리칸익스프레스American Express, 에임스Ames, 뱅크오브아메리카Bank of America, 베들레헴스틸Bethlehem Steel, 보잉Boeing, 브리스톨마이어스 스퀴브Bristol-Myers Squibb, 버로우Burroughs, 체이스맨해튼Chase Manhattan, 크라이슬러Chrysler, 서킷시티Circuit City, 씨티코프Citicorp, 콜게이트Colgate, 컬럼비아픽처스Columbia Pictures, 에커드Eckerd, 패니메이Fannie Mae, 포드Ford, GE, 질레트Gillette, GM, 그레이트웨스턴Great Western, 해리스Harris, 하스브로Hasbro, 휴렛패커드Hewlett-Packard, 하워드존슨Howard Johnson, IBM, 존슨앤드존

슨Johnson & Johnson, 켄우드Kenwood, 킴벌리클락Kimberly-Clark, 크로거Kroger, 메리어트Marriott, 맥도널더글라스McDonnell Douglas, 멜빌Melville, 머크Merck, 모토로라Motorola, 노드스트롬Nordstrom, 노튼Norton, 뉴코Nucor, 화이자Pfizer, 필립모리스Philip Morris, 피트니보우스Pitney Bowes, 프록터앤드갬블Procter & Gamble, 알제이레이놀즈R. J. Reynolds, 러버메이드Rubbermaid, 스콧페이퍼Scott Paper, 사일Silo, 소니Sony, 텔레다인Teledyne, 텍사스인스트루먼츠, 업존Upjohn, 월그린Walgreens, 월마트Wal-Mart, 월트디즈니Walt Disney, 워너램버트Warner Lambert, 웰스파고Wells Fargo, 웨스팅하우스Westinghouse, 제니스Zenith.

**10** "Quotes from the Past," *Create the Future*, http://www.createthefuture.com /past_quotes.htm.

## 2장 10X 리더

**01** Roald Amundsen, *The South Pole* (McLean, VA: IndyPublish.com, 2009), 192.

**02** Roald Amundsen, *The South Pole* (McLean, VA: IndyPublish.com, 2009), "First Account," 204, 205, 209; Roland Huntford, *The Last Place on Earth* (New York: Modern Library, 1999), 3, 11, 49, 109, 143, 167, 187, 204, 291, 371, 378, 400, 402, 403, 433, 445, 468, 477, 490, 497, 506, 507, 509, 516, 525, 526.

**03** Roald Amundsen, *The South Pole* (McLean, VA: IndyPublish.com, 2009), 31, 264~269; Roland Huntford, *The Last Place on Earth* (New York: Modern Library, 1999), 67, 91~94, 97, 98, 100, 101, 124, 250, 256, 332, 334, 337, 340, 341, 351, 400, 407, 416, 422, 443~446, 468~476, 488, 497~499, 516, 523~525, 537, 538.

**04** Roland Huntford, *The Last Place on Earth* (New York: Modern Library, 1999), 444.

**05** Robert McGough, "Executive Critical of 'Managed' Earnings Doesn't Mind if the Street Criticizes Him," *Wall Street Journal*, April 16, 1999, CI; Christopher Oster, "After Reg FD, Progressive Sets Bold Move," *Wall Street Journal*, May 11, 2001, CI; *Yahoo! Finance*, http://www.finance.yahoo.com.

**06** Robert McGough, "Executive Critical of 'Managed' Earnings Doesn't Mind if the Street Criticizes Him," *Wall Street Journal*, April 16, 1999, CI.

**07** "Progressive Debuts Monthly Financial Information," A. M. *Best Newswire*, May 18, 2001; Amy Hutton and James Weber, "Progressive Insurance: Disclosure Strategy" *Harvard Business School*, case study #9-102-012 (Boston: Harvard Business School Publishing, 2001), 7, 10.

**08** Katrina Brooker, Herb Kelleher, and Reporter Associate Alynda Wheat, "The Chairman of the Board Looks Back," *Fortune*, May 21, 2008, 4; Charles O'Reilly and Jeffrey Pfeffer, "Southwest Airlines: Using Human Resources for Competitive Advantage (A)," *Graduate School of Business, Stanford University* case study #HR-1A (Palo Alto, CA:Graduate School of Business, Stanford University, 2003), 6.

**09** "Herb and his Airline," *60 Minutes*, CBS, May 27, 1990, Television; Jane Gibson, "Work Hard, Play Hard," *Smart Business*, November 2005.

**10** Jan Jarboe Russell, "A Boy and His Airline," *Texas Monthly*, April 1989.

**11** Tonda Montague (Ed.), Employee Communications, *Southwest Airlines: 30 Years. One Mission. Low Fares.* 사우스웨스트항공 연례 재무보고서 2001년 (Dallas: Southwest Airlines Co., 2001), 35.

**12** "Southwest Airlines Co. (LUV)," *Wall Street Transcript*, June 8, 1987.

**13** John Kirkpatrick, "Clownish in Public, Southwest Airlines Executive can be Ruthless to Rivals," *Knight Ridder/Tribune Business News*, March 20, 2001.

**14** Andy Grove with Bethany McLean, "Taking on Prostate Cancer," *Fortune*, May 13, 1996.

**15** 이 장의 14번과 출처 같음.

**16** Robert B. Cialdini and Noah J. Goldstein, "Social Influence: Compliance and Conformity" *Annual Review of Psychology*, February 2004, 591~621.

**17** Roald Amundsen, *The South Pole* (McLean, VA: IndyPublish.com, 2009), 29; Roland Huntford, *The Last Place on Earth* (New York: Modern Library, 1999), 241~243.

**18** Bro Uttal, "Inside the Deal that Made Bill Gates $350,000,000," *Fortune*, July 21, 1986, 27.

**19** Walter Isaacson, "In Search of the Real Bill Gates" *Time*, January 13, 1997. (이 기사는 〈타임〉의 2005년 10월 20일에도 나온다.)

**20** "For Bill Gates, Micros are Personal," *Information Week*, August 14, 1989; "The Bill Gates Interview," *Playboy*, 1994; Brent Schlender, "What Bill Gates Really Wants," *Fortune*, January 16, 1995, 34.

**21** James Wallace and Jim Erickson, *Hard Drive* (New York: Harper Business, 1992), 402, 403; Lee Gomes, "Microsoft's Gates Eyes Challenges," *San Jose Mercury News*, June 18, 1991, 1C; Lee Gomes, "Candid Memo Costs Microsoft's Gates a Fortune," *San Jose Mercury News*, June 20, 1991, IF; Rich Karlgaard, "ASAP Interview: Bill Gates," *Forbes*, December 7, 1992; *Yahoo! Finance*, http://www.finance.yahoo.com.

**22** Kathy Rebello and John Hillkirk, "Sculley to Take a Break; Sabbaticals at Core of Apple Perks," *USA Today*, June 10, 1988, 01B.

**23** 이 장의 22번과 출처 같음.

**24** John Markoff, "Visionary Apple Chairman Moves On," *New York Times*, October 16, 1993; Chris Higson and Tom Albrighton, "Apple Computers, Financial Performance," *London Business School*, case study #CS 08-012 (London: London Business School Publishing, 2008), 8, 11; Apple Inc., *Fiscal 1994 and 1996 10-Ks* (Cupertino, CA: Apple Inc., 1994 and 1996).

**25** Johanna M. Hurstak and David B. Yoffie, "Reshaping Apple Computers, Destiny 1992," *Harvard Business School*, case study #9-393-011 (Boston: Harvard Business School Publishing, 1992), 9.

**26** Mead Jennings, "Staying the Course," *Airline Business*, February 1992, 52; Elizabeth Corcoran, "Intel's Blunt Edge," *Washington Post*, September 8,

1996, H01; Arlene Weintraub and Amy Barrett, "Amgen: Up from Biotech," *Business Week*, March 18, 2002, 70; Lee Gomes, "Microsoft's Gates Eyes Challenges," *San Jose Mercury News*, June 18, 1991, 1C.

**27** Geoffrey Smith and James Ellis, "Pay That was Justified–And Pay that Just Mystified," *Business Week*, May 6, 1991; James Ellis, "You Don't Necessarily Get What You Pay For," *Business Week*, May 4, 1992, 144; "CEO/Company Interview: Dr. Dane A. Miller, Biomet, Inc.," *Wall Street Transcript*, December 2000; Steve Kaelble, "Moneys Worth: Which CEOs Deliver the Best Return?" *Indiana Business Magazine*, July 1, 1999, 15; Matthew Herper, "Dane Miller: CEO Value to the Bone" *Forbes*, May 8, 2001; Tom Schuman, "Biomet and CEO Dane Miller," *CEO Magazine*, November/December 2002, 44.

**28** James Ellis, "You Don't Necessarily Get What You Pay For," *Business Week*, May 4, 1992; "CEO/Company Interview: Dr. Dane A. Miller, Biomet, Inc.," *Wall Street Transcript*, December 2000.

**29** Stephen Phillips, "Driven to Succeed: Peter Lewis, Progressive's Artful Chief Exec, Aims to Overtake Auto Insurance Industry's Leaders," *Plain Dealer*, September 1, 1996, 1. I; Gregory David, "Chastened?" *Financial World*, January 4, 1994, 39; Carol J. Loomis, "Sex, Reefer? And Auto Insurance!" *Fortune*, August 7, 1995, 76; 저자와의 개인적 대화.

**30** Mike Casey, "Insurer Favors Low–Risk Route; Progressive Corp.'s Personnel Help Write a Policy for Success," *Crain's Cleveland Business*, February 23, 1987, 2; Mike Casey, "Insurer Favors Low–Risk Route; Progressive Corp.'s Personnel Help Write a Policy for Success," *Crain's Cleveland Business*, February 23, 1987, 2; 프로그레시브 연례 재무보고서 1991년 (Mayfield Heights, OH: The Progressive Corporation, 1991), 14; 프로그레시브 연례 재무보고서 1996년 (Mayfield Village, OH: The Progressive Corporation, 1996), 30.

**31** Carol J. Loomis, "Sex, Reefer? And Auto Insurance!" *Fortune*, August 7,

1995, 76.

**32** Andrew Bary, "No. 4 Progressive Closes In On Auto Insurance Leaders," *Wall Street Journal*, November 8, 2009.

**33** "Intel Executive Biography: Gordon Moore," *Intel Corporation*, http://www.intel.com/; Gene Bylinsky, "How Intel Won Its Bet on Memory Chips," *Fortune*, November 1973; Leslie Berlin, *The Man Behind the Microchip* (New York: Oxford University Press, 2005), 244.

**34** Bro Uttal, "Inside The Deal That Made Bill Gates $350,000,000," *Fortune*, July 21, 1986.

**35** Bill Gates, "Microsoft's Bill Gates: Harvard Commencement Speech Transcript," *Network World*, June 8, 2007; Ruthie Ackerman, "Gates Fights To Eradicate Malaria," *Forbes*, October 19, 2007; "The Meaning of Bill Gates," *Economist*, June 26, 2008; "Microsoft's Tradition of Innovation," *Microsoft Corporation*, October 25, 2002, http://www.microsoft.com/about/companyinformation/ourbusinesses/profile.mspx.

**36** Michael A. Verespej, "Recession? What Recession? Southern Gentleman John Brown Achieves 20 Percent Earnings Growth Annually–No Matter What," *Chief Executive*, June 2002, 45; "John W. Brown," *Michigan Economic Development Corporation*, http://www.themedc.org/Executive-Committee/John-Brown/.

**37** Michael Hiestand, "Flying the Wacky Skies with Southwest's CEO" *Adweek's Marketing Week*, July 10, 1989, 31; Charles O'Reilly and Jeffrey Pfeffer, "Southwest Airlines: Using Human Resources for Competitive Advantage (A)," *Graduate School of Business, Stanford University*, case study #HR–1A (Palo Alto, CA: Graduate School of Business, Stanford University, 2003), 6; "Southwest Airlines Company (LUV), *Wall Street Transcript*," June 5, 1989; "Officer Biographies: Herbert D. Kelleher," *Southwest Airlines*, http://www.southwest.com/swamedia/bios/herb_kelleher.html.

**38** Steven Litt, "This Lone Ranger has Nothing to Hide," *Plain Dealer*, September 29, 2002, A1; April Dougal Gasbarre (updated by David Bianco), "The Progressive Corporation," *International Directory of Company Histories* (New York: St. James Press, 1999), 396.

**39** Geoffrey Smith, "The Guts to Say 'I Was Wrong,'" *Forbes*, May 28, 1979.

**40** "Jerry Sanders's Act is Cleaning Up," *Fortune*, October 15, 1984; Jeffrey L. Rodengen, *The Spirit of AMD: Advanced Micro Devices* (Fort Lauderdale, FL: Write Stuff Enterprises Inc., 1998), 22~24.

**41** Tonda Montague (Ed.), Employee Communications, *Southwest Airlines: 30 Years, One Mission, Low Fares*. 사우스웨스트항공 연례 재무보고서 부록 2001년 (Dallas: Southwest Airlines Co., 2001), 35; Seanna Browder, "How George Rathmann Mastered the Science of the Deal," *Business Week*, November 30, 1998; Arthur Kornberg, *The Golden Helix* (Sausalito, CA: University Science Books, 1995), 205.

## 3장 20마일 행진

**01** From the poem "A Blessing" by Mekeel McBride, reproduced in Ted Kooser, *The Poetry Home Repair Manual* (Lincoln, NE: University of Nebraska Press, 2005), 141.

**02** 스트라이커 연례 재무보고서 1980, 1982, 1984, 1986, 1988, 1990, 1992, 1994, 1996, 1997년도 (Kalamazoo, MI: Stryker Corporation, 1980, 1982, 1984, 1986, 1988, 1990, 1992, 1994, 1996, and 1997); USSC 연례 재무보고서 1979~2002 (Norwalk, CT: United States Surgical Corporation, 1979~2002). 연수익을 계산할 때 수익이 마이너스일 경우 다음의 공식을 사용했다. (연도2-연도1)/절대가치 (연도1). 스트라이커는 1990년에 올린 이례적인 수익에 관해 주석을 달았는데, 연도별 순수익 비교에서는 이를 포함하지 않았다. 이 이례적 수익을 집계에서 제외한다면 표준편차는 7퍼센트 포인트로 낮아진다.

순손실이 공고된 적이 없었기에 스트라이커는 이 기간 동안 수익이 마이너스로 전환된 적이 없는 것을 알 수 있다.

**03** Laura M. Holson, "Tyco to Pay $3.3 Billion in Stock for U.S. Surgical," *New York Times*, May 26, 1998.

**04** 스트라이커 연례 재무보고서 1979년 (Kalamazoo, MI: Stryker Corporation, 1979); Zina Sawaya, "Focus through Decentralization," *Forbes*, November 11, 1991, 242: Michael A. Verespej, "Recession? What Recession? Southern Gentleman John Brown Achieves 20 Percent Earnings Growth Annually–No Matter What," *Chief Executive*, June 2002, 45: "John W. Brown Profile," *Forbes*, http://people.forbes.com/profile/john-w-brown/35968; Eric Whisenhunt, "Stryker Force: Divide, Conquer, and Be First with the New," *Michigan Business Magazine*, November 1985, 36.

**05** Geoffrey Brewer, "20 Percent-Or Else!" *Sales and Marketing Manage ment*, November 1994, 66; Matt Walsh, "Avoiding the Snorkel Award," *Forbes*, January 2, 1995, 180.

**06** Geoffrey Brewer, "20 Percent-Or Else!" *Sales and Marketing Management*, November 1994, 66.

**07** Michael A. Verespej, "Recession? What Recession? Southern Gentleman John Brown Achieves 20 Percent Earnings Growth Annually–No Matter What," *Chief Executive*, June 2002, 45.

**08** Geoffrey Brewer, "20 Percent-Or Else!" *Sales and Marketing Management*, November 1994, 66; Steve Watkins, "Stryker Corp./Kalamazoo Michigan: Failure Not An Option For This Manufacturer," *Investor's Business Daily*, September 25, 2001, A10.

**09** 스트라이커 연례 재무보고서 1979~2002년 (Kalamazoo, MI: Stryker Corporation, 1979~2002) (1997년 연례 재무보고서 2페이지에 이렇게 언급되어 있다. "스트라이커는 1997년에 순수익 목표를 달성함으로써, 21년 연속 20퍼센트 이상의 성장을 기록했다" 스트라이커가 20마일 행진을 얼마나 자주 달성했는지 집계하기 위해서 우리는 2002년 재무보고서 2페이지에 있는 순수익 도표

를 사용했다.); "Corporate Critic's Confidential," *Wall Street Transcript*, February 27, 1989.

**10** Edward A. Wyatt, "Just What the Doctor Ordered," *Barron's*, June 4, 1990; Ron Winslow, "Heard on the Street: U.S. Surgical Shares Plunge: Is Fall Over?" *Wall Street Journal*, April 9,1993, CI; Christopher Tucher, "Now, Lee Hirsch Wants to Sew Up Sutures," *Business Week*, August 7, 1989, 74, 75; "FDA Will Let Stand Its Decision to Speed Approval of Sutures," *Wall Street Journal*, August 25, 1989, 1; USSC 연례 재무보고서 1988년 (Norwalk, CT: United States Surgical Corporation, 1988).

**11** Ron Winslow, "Heard on the Street: U.S. Surgical Shares Plunge: Is Fall Over?" *Wall Street Journal*, April 9, 1993, CI; Felicia Paik, "Unhealthy Sales Afflict Many Suppliers of Medical Goods as Hospitals Cut Costs," *Wall Street Journal*, January 14, 1994, B4B; Ron Winslow, "As Marketplace Shifts, U.S. Surgical Needs Patching Up," *Wall Street Journal*, February 18, 1994, B4; "Recent Suture Prices Sliding Downward, as Hospital Buyers Cast Votes for Ethicon," *Hospital Materials Management*, August 1996, 1; Howard Rudnitsky, "On the Mend," *Forbes*, December 2, 1996, 58; "Shareholders Approve Tyco's Acquisition of U.S. Surgical Corporation," *PR Newswire*, October 1, 1998; Laura M. Holson, "Tyco to Pay $3.3 Billion in Stock for U.S. Surgical," *New York Times*, May 26, 1998; USSC 연례 재무보고서 1989, 1991, 1992, 1995, 1997년 (Norwalk, CT: United States Surgical Corporation, 1989, 1991, 1992, 1995, and 1997).

**12** Richard M. McCabe, "Airline Industry Key Success Factors," *Graziadio Business Report* (Malibu, CA: Pepperdine University, 2006); Howard D. Putnam with Gene Busnar, *The Winds of Turbulence* (Reno, NV: Howard D. Putnam Enterprises Inc., 1991), 83; Southwest Airlines Co., *Fiscal 2001 Proxy Statement* (Dallas: Southwest Airlines Co., 2001); 사우스웨스트항공 연례 재무보고서 2002년 (Dallas: Southwest Airlines Co., 2002).

**13** "Southwest Airlines Co.," *Wall Street Transcript*, May 28, 1979; "Texas Gets

Bigger," *Forbes*, November 12, 1979, 88, 89; Charles O'Reilly and Jeffrey Pfeffer, "Southwest Airlines: Using Human Resources for Competitive Advantage (A)," *Graduate School of Business, Stanford University*, case study #HR-1A (Palo Alto, CA: Graduate School of Business, Stanford University, 1995), 8; Tonda Montague (Ed.), Employee Communications, *Southwest Airlines: 30 Years, Mission, Low Fares*, (사우스웨스트항공 연례 재무보고서 부록, 2001년), 2001; 사우스웨스트항공 연례 재무보고서 1996년 및 2001년 (Dallas: Southwest Airlines Co., 1996 and 2001).

**14** Southwest Airlines Co., *Fiscal 2001 Proxy Statement* (Dallas: Southwest Airlines Co., 2001); 사우스웨스트항공 연례 재무보고서 2002년 (Dallas: Southwest Airlines Co., 2002); 그림에 사용된 데이터의 출처는 이번 주석 그리고 위의 2개 주석.

**15** "The Progressive Corporation," *Wall Street Transcript*, February 28, 1972; Thomas A. King, "The Progressive Corporation (PGR)," *Wall Street Transcript*, January 14, 2002; 프로그레시브 연례 재무보고서 1971년 (Cleveland, OH: The Progressive Corporation, 1971); 프로그레시브 연례 재무보고서 1976년 (Mayfield Village, OH: The Progressive Corporation, 1976).

**16** Peter B. Lewis, "The Progressive Corporation: Address to the New York Society of Security Analysts," *Wall Street Transcript*, February 28, 1972; Elisabeth Boone, "Recipe for Success," *Rough Notes*, April 2002, 42; 프로그레시브 연례 재무보고서 1971년 (Cleveland, OH: The Progressive Corporation, 1971); 프로그레시브 연례 재무보고서 1976, 1986, 1996, 2001, 2003년 (Mayfield Village, OH: The Progressive Corporation, 1976, 1986, 1996, 2001, and 2003).

**17** Eric Whisenhunt, "Stryker Force: Divide, Conquer, and Be First with the New," *Michigan Business Magazine*, November 1985, 36; Mike Casey, "Insurer Favors Low-Risk Route; Progressive Corp.'s Personnel Help Write a Policy for Success," *Crain's Cleveland Business*, February 23, 1987, 2;

Noreen Seebacher, "Stryker Products: Just What the Doctor Ordered," *Detroit News*, May 6, 1991, 3F; Nicolaj Siggelkow and Michael E. Porter, "Progressive Corporation," *Harvard Business School*, case study #9-797-109 (Boston: Harvard Business School Publishing, 1998); Elisabeth Boone, "Recipe for Success," *Rough Notes*, April 2002, 42; 프로그레시브 연례 재무보고서 1981년 (Mayfield Village, OH: The Progressive Corporation, 1981), 11.

**18** W. L. Campbell, "General of America Earnings Increase to New High Level," *National Underwriter*, February 7, 1964, 1; "Safeco Corporation," *Commercial and Financial Chronicle*, October 3, 1968; "Safeco Corporation," *Wall Street Transcript*, June 9, 1969; "Safeco Corporation," *Wall Street Transcript*, July 12, 1976; Art Garcia, "Spotlight on Safeco Corp.," *Journal of Commerce*, January 24, 1977, 2; "Safeco: 'Redlining' Two States to Bolster Insurance Profits," *Business Week*, July 17, 1979, 88; William Mehlman, "Safeco Continues to Stand Out in Depressed Casualty Group," *Insiders' Chronicle*, October 26, 1979, 7; "Safeco Corporation," *Wall Street Transcript*, August 8, 1983; "Safeco Reports Loss of $41 m During the First Quarter of '85," *National Underwriter*, May 3, 1985, 6; John Davies, "Safeco Profit Weakness Blamed on Junk Bonds," *Journal of Commerce*, April 30, 1990; Greg Heberlein, "Safeco Plea Seeks a Change of Shirt," *Seattle Times*, May 3, 1990, E2; "Safeco Corporation," *Wall Street Transcript*, July 12, 1976; Peter Neurath, "Safeco Loses Millions on Commercial, Auto Lines," *Puget Sound Business Journal*, March 19, 1990, 3.

**19** Leslie Seism, "Safeco Plans $2.82 Billion Acquisition," *Wall Street Journal*, June 9, 1997, A3; Judy Greenwald, "SAFECO Bids $2.8 Billion for American States," *Business Insurance*, June 16, 1997, 1; Thomas A. McCoy, "Safeco's Huge Bet on the Independent Agency System" *Rough Notes*, December 1997, 34; Peter Neurath, "Safeco's Stodgy Image Changes with Latest

Move." *Business Journal-Portland*, October 10, 1997, 29; Beth Neurath, "Fun is the Best Policy." *Puget Sound Business Journal*, December 25, 1998, 6; Boh A. Dickey, "CEO Interview with Boh A. Dickey-Safeco Corporation (SAFC)." *Wall Street Transcript*, April 27, 1999; Paula L. Stepankowsky, "After Revamp, Safeco's CEO is Focusing Energies on Most Profitable Operations." *Wall Street Journal*, March 27, 2002, BSC; 세이프코 연례 재무보고서 1996, 1997년 (Seattle, WA: Safeco Insurance Company of America, 1996 and 1997). 참고: "전체 시장 대비 60퍼센트 이상 하락" 했다는 뜻은 인수가격 28억 달러를 이 기업의 1996년도 대차대조표상의 자본총액으로 나눈 계산을 기반으로 하였음.

**20** Carol Tice, "Acquisition Put Safeco in a Long Slump." *Puget Sound Business Journal*, October 8, 1999; Khanh T. L. Tran, "Eigsti and Stoddard Are Leaving Safeco as Insurer Struggles to Regain Footing." *Wall Street Journal*, August 4, 2000, B5; Ruth Levine, "Safeco Rewrites Growth Policy." *Puget Sound Business Journal*, August 11, 2000, 1; "UPDATE: Safeco's Newly Named CEO Believes He's Prepared for Job." *A. M. Best Newswire*, February 2, 2001; Susanne Sclafane, "SAFECO Chooses Former CNA Exec for Chief Executive Spot." *National Underwriter*, February 5, 2001, 2; 세이프코 연례 재무보고서 1986, 1991, 1996~2003년 (Seattle, WA: Safeco Insurance Company of America, 1986, 1991, and 1996~2003). 프로그레시브 결합비율은 자동차 보험만 포함된 반면, 세이프코의 결합비율은 자동차 보험에 다른 대물, 대인 보험업까지 포함한 수치이다. 이러한 차이에도 불구하고, 우리의 분석은 각 기업이 보험사업 수익에서 자신이 설정한 기준을 충족하였는지를 보기 때문에 여전히 유효하다.

**21** "Innovative Intel." *Economist*, June 16, 1979, 94; Michael Annibale, "Intel: The Microprocessor Champ Gambles on Another Leap Forward." *Business Week*, April 14, 1980, 98; Mimi Real and Robert Warren, *A Revolution in Progress... A History of Intel to Date* (Santa Clara, CA: Intel Corporation, 1984), 4; Gordon E. Moore, "Cramming More Components onto Integrated

Circuits," *Proceedings of the IEEE*, January 1998, 82, 83; Leslie Berlin, *The Man Behind the Microchip* (New York: Oxford University Press, 2005), 160; "Moore's Law," Intel Corporation, http://www.intel.com/technology/mooreslaw/.

22  이 장의 앞에서 살펴본 스트라이커 관련 내용 참조.

23  이 장의 앞에서 살펴본 USSC 관련 내용 참조.

24  이 장의 앞에서 살펴본 사우스웨스트 관련 내용 참조.

25  "US Air Completes Takeover of Pacific Southwest," *Washington Post*, May 30, 1987.

26  이 장의 앞에서 살펴본 프로그레시브 관련 내용 참조.

27  이 장의 앞에서 살펴본 세이프코 관련 내용 참조.

28  "Moore's Law," *Intel Corporation*.

29  이 장의 뒤에 나오는 AMD 관련 내용 참조.

30  Stratford P. Sherman, "Microsoft's Drive to Dominate Software," *Fortune*, January 23, 1984, 82; Greg Heberlein, "Microsoft Stock Filing Unveils Secrets," *Seattle Times*, February 4, 1986, B1; James Wallace and Jim Erickson, *Hard Drive* (New York: Harper Business, 1992), 314; Brent Schlender, "What Bill Gates Really Wants," *Fortune*, January 16, 1995; Jim Carlton, *Apple* (New York: Random House, 1997), 132; Steve Hamm, "Gates on Bullies, Browsers-and the Future," *Business Week*, January 19, 1998; David Bank, "Paneful Struggle: How Microsoft's Ranks Wound up in Civil War over Windows' Future," *Wall Street Journal*, February 1, 1999, A1; Carl Johnston, Michael Rukstad, and David Yoffie, "Microsoft, 2000," *Harvard Business School*, case study #9-700-071 (Boston: Harvard Business School Publishing, 2000), 20, 21.

31  Morgan Stanley & Co. and Hambrecht & Quist, "Prospectus: Apple Computer, Inc., Common Stock," *Apple Inc.*, December 12, 1980; John Eckhouse, "It's Final-Apple Chairman Resigns," *San Francisco Chronicle*, September 20, 1985; G. Pascal Zachary, "Apple Plans Cutbacks as its Profits

Sour," *Wall Street Journal*, January 19, 1990, B1; Don Clark, "Apple's Gassee Confirms Resignation," *San Francisco Chronicle*, March 3, 1990, B2; Richard Brandt, "Information Processing: The Toughest Job in the Computer Business–Michael Spindler Tripled Apple Sales in Europe. Will his Magic Work in America?" *Business Week*, March 19, 1990, 118; Barbara Buell, "Apple: New Team, New Strategy," *Business Week*, October 15, 1990, 86; Bill Richards, Michael Gibbs, and Michael Beer, "Apple Computer (D): Epilogue," *Harvard Business School*, case study #9-492-013 (Boston: Harvard Business School Publishing, 1991), 3; "Apple Finance Chief Quits After Pushing for a Merger," *Wall Street Journal*, October 5, 1995, B1; Peter Burrows, "Almost Down to the Core? Apple is Facing a Disturbing Management Exodus," *Business Week*, November 20, 1995; Kathy Rebello, "The Fall of an American Icon," *Business Week*, February 5, 1996; Jim Carlton and Lee Gomes, "Apple Computer Chief Amelio is Ousted," *Wall Street Journal*, July 10, 1997, A3; Jim Carlton, "Apple Names Steve Jobs Interim CEO," *Wall Street Journal*, September 17, 1997, A3; Apple Inc., *Fiscal 2002 10-K* (Cupertino, CA: Apple Inc., 2002).

**32** James D. Berkley and Nitin Nohria, "Amgen Inc.: Planning the Unplannable," *Harvard Business School*, case study #9-492-052 (Boston: Harvard Business School Publishing, 1992), 11; Amy Tsao, "Amgen: Will Bigger be Better?" *Business Week*, January 2, 2002: David Stipp, "Biotech's New Colossus: Move Over, Big Pharma. Amgen Boasts Better Growth," *Fortune*, April 15, 2002; Frank DiLorenzo, "For Amgen, a Very Healthy Prognosis," *Business Week*, August 10, 2004; 암젠 연례 재무보고서 1985, 1990, 1995, 2000~2002년 (Thousand Oaks, CA: Amgen Inc, 1985, 1990, 1995, and 2000~2002).

**33** 이 장의 후반부 제넨테크에 관한 토론과 관련된 주석 참조.

**34** Geoffrey Smith, "Pay that was Justified–And Pay that Just Mystified," *Business Week*, May 6, 1991, 92; Michael Brush, "Millions in the Bank, if

They Don't Stumble," *New York Times*, March 3, 1997, 3.6; "Dane Miller–Biomet Inc (BMET): CEO Interview," *Wall Street Transcript*, July 15, 2002; 바이오멧 연례 재무보고서 1982, 1987, 1992, 1997, 2002년 (Warsaw, IN: Biomet Inc., 1982, 1987, 1992, 1997, and 2002).

**35** M. L. Mead: Scott & Stringfellow Inc., "Kirschner Medical Corporation–Company Report," *The Investext Group*, February 17, 1989; J. H. Berg: J. C. Bradford & Co., "Kirschner Medical Corporation–Company Report," *The Investext Group*, May 19, 1989, 1; Stan Hinden, "Kirschner Medical to Sell Surgical Lighting Division," *Washington Post*, April 3, 1990, D01; Jason Zweig, "The Bone Doctors Plan," *Forbes*, January 20, 1992, 92; Jessica Hall, "Torn between Two Bidders: Kirschner's Enviable Dilemma," *Warfield's Business Record*, July 1, 1994, 3; Jessica Hall, "Kirschner Accepts Deal with Orthopedics Giant to End Seven–Week Bidding War," *Warfield's Business Record*, July 22, 1994, 11.

**36** Mary Jo Waits, et al., *Beat the Odds* (Tempe and Phoenix, AZ: Morrison Institute for Public Policy and Center for the Future of Arizona, 2006); *Beat the Odds Institute*, http://www.beattheoddsinstitute.org/overview/index.php.

**37** Mary Jo Waits, et al., *Beat the Odds* (Tempe and Phoenix, AZ: Morrison Institute for Public Policy and Center for the Future of Arizona, 2006), 16, 25, 29, 36, 43; *Arizona Indicators: A Program Managed by Morrison Institute for Public Policy*, http://arizonaindicators.org/education.

**38** Louise Kehoe, "How Immodesty Becomes a Silicon Valley Resident," *Financial Times*, January 30, 1984, 10; "Advanced–Micro: Goal is to be No. 1 U.S. Integrated Circuit Producer by 1990," *Business Wire*, September 11, 1984; Peter Dworkin, "Silicon Valley's Vale of Tears," *U.S. News & World Report*, March 2, 1987, 47; Jeffrey L. Rodengen, *The Spirit of AMD: Advanced Micro Devices* (Ft. Lauderdale, FL: Write Stuff Enterprises Inc., 1998), 82, 83; Moody's Investors Service and Mergent FIS Inc., *1973~1986*

*Moody's OTC Industrial Manual* (New York: Moody's Investors Service, 1973~1986).

**39** Advanced Micro Devices (AMD), 연례 재무보고서 1987년 (Sunnyvale, CA: Advanced Micro Devices, 1987).

**40** Peter Dworkin, "Silicon Valley's Vale of Tears," *U.S. News & World Report*, March 2, 1987, 47; Dale Wettlaufer, "Interview with Vladi Catto," *Motley Fool*, June 21, 1996; Douglas A. Irwin, "Trade Policies and the Semiconductor Industry," *National Bureau of Economic Research*, January 1996, 27; Moody's Investors Service and Mergent FIS Inc., *1973~1986 Moody's OTC Industrial Manual* (New York: Moody's Investors Service, 1973~1986). Advanced Micro Devices, 연례 재무보고서 1987년, 1997~2002년 (Sunnyvale, CA: Advanced Micro Devices, 1987 and 1997~2002).

**41** Roald Amundsen, *The South Pole* (McLean, VA: IndyPublish.com, 2009), "The First Account," 213, 263; Roland Huntford, *The Last Place on Earth* (New York: Random House, 1999), 412, 413, 419, 441~443, 466, 467, 483, 484.

**42** "Hot Reception Seen Today for Genentech As First Gene-Splicing Firm to Go Public," *Wall Street Journal*, October 14, 1980, 6; Nell Henderson, "Biotech Breakthrough Focuses on Heart Attacks," *Washington Post*, October 12, 1986, HI; Charles McCoy, "Genentech's New CEO Seeks Clean Slate-Levinson Takes Charge At Biotech Firm After Raab's Ouster," *Wall Street Journal*, 1uly 12, 1995, B6; Bernadette Tansey, "Genentech Proves the Skeptics Wrong," *San Francisco Chronicle*, December 21, 2003; 제넨테크 연례 재무보고서 1985, 1991년 (San Francisco: Genentech Inc., 1985 and 1991); Genentech Inc., http://www.gene.com.

**43** David R. Olmos, "Genentech Ousts CEO over Conflict Question," *Los Angeles Times*, July 11, 1985, Dl; Charles McCoy, "Genentech's New CEO Seeks Clean Slate-Levinson Takes Charge At Biotech Firm After Raab's Ouster," *Wall Street Journal*, July 12, 1995, B6; Wayne Koberstein, "Youthful Maturity," *Pharmaceutical Executive*, March 1999, 47; "Arthur D. Levenson-Genentech Inc. (GNE) CEO Interview," *Wall Street Transcript*, January 26, 1998 (참고: 기사 제목을 레빈슨의 이름이 잘못 표기되어 있는 오리지널로 표기함); 도표의 순이익 데이터의 출처는 다음과 같음. 제넨테크 연례 재무보고서 1980~2008년 (San Francisco: Genentech Inc., 1980~2008). *Business Week Online*, http://investing.businessweek.com/busi nessweek/research/stocks/people/person.asp?personId=234085&ticker= DNA:CN.

**44** "Arthur D. Levenson-Genentech Inc. (GNE) CEO Interview," *Wall Street Transcript*, January 26, 1998. (참고: Article title appears as original, with misspelling of Levinson's name.)

## 4장 총 먼저 쏘고 대포 쏘기

**01** Mimi Real and Robert Warren, *A Revolution in Progress... A History of Intel to Date* (Santa Clara, CA: Intel Corporate Communications Department, 1984), 17.

**02** Gary Kissel, *Poor Sailors' Airline* (McLean, VA: Paladwr Press, 2002), viii, 21, 23, 69, 80, 116, 117, 145, 171, 172.

**03** Gary Kissel, *Poor Sailors, Airline* (McLean, VA: Paladwr Press, 2002), 118, 119; Richard Curry, "The Skies of Texas," *New York Times*, July 18, 1971; PSA Inc., 연례 재무보고서 1967년 (San Diego: PSA Inc., 1967).

**04** "Love is Ammunition for a Texas Airline," *Business Week*, June 26, 1971; Gary Kissel, *Poor Sailors' Airline* (McLean, VA: Paladwr Press, 2002), 171.

**05** Gary Kissel, *Poor Sailors, Airline* (McLean, VA: Paladwr Press, 2002), 171, 172; Lamar Muse, *Southwest Passage: The Inside Story of Southwest Airlines Formative Years* (Austin, TX: Eakin Press, 2002), 84; Christopher H. Lovelock, "Southwest Airlines (A)," *Harvard Business School*, case study

#9-575-060 (Boston: Harvard Business School Publishing, 1985).

**06** "US Air Completes Takeover of Pacific Southwest," *Washington Post*, May 30, 1987.

**07** 특허 비교 분석의 세 가지 원천은 다음과 같다. (1) 미국특허청 공식 데이터베이스, (2) 다이얼로그 리서치 서비스Dialog Research Services, (3) 인시아드 경영대학원 제시 싱 교수의 특허 인용 분석 데이터베이스; "USPTO Patent Full-Text and Image Database," *United States Patent and Trademark Office*, http://www.uspto.gov/; "New Biotechnology Companies," *Science*, February 11, 1983; "Corporate Chronology," *Genentech Inc.*, www.gene.com/gene/about/corporate/history/timeline.html.

**08** Noreen Seebacher, "Stryker Products: Just What the Doctor Ordered," *Detroit News*, May 6, 1991, 3F; Barry Stavro, "The Hipbone's Connected to the Bottom Line," *Forbes*, December 3, 1984; Ron Winslow, "As Marketplace Shifts, U.S. Surgical Needs Patching Up," *Wall Street Journal*, February 18, 1994: USSC 연례 재무보고서 1987년 (Norwalk, CT: United States Surgical Corporation, 1987); Christine Shenot, "U.S. Surgical Innovations Are Cut Above Rest," *Investor's Daily*, March 5, 1991, 36; "Corporate Critics Confidential: Medical Technology," *Wall Street Transcript*, February 11, 1991.

**09** "Stakes are Large in Battle for Microprocessor Market," *Globe and Mail*, November 24, 1980, B5; "Section Three: The Great Dark Cloud Falls: IBM's Choice," *CPU Shack*, http://www.cpushack.com/CPU/cpu3.html; George W. Cogan and Robert A. Burgelman, "Intel Corporation (A): The DRAM Decision," *Graduate School of Business, Stanford University*, case study #S-BP-256 (Palo Alto, CA: Graduate School of Business, Stanford University, 1989), 9, 10; Ashish Nanda and Christopher A. Bartlett, "Intel Corporation-Leveraging Capabilities for Strategic Renewal," *Harvard Business School*, case study #9-394-141 (Boston: Harvard Business School Publishing, 1994), 3; Aditya P. Mathur, *Introduction to Microprocessor*, 3rd ed. (Noida, India:

Tata McGraw–Hill, 1989), 111; "History: 50 Years of Industry Leadership,"
*National Semiconductor*, www.national.com/analog/company/history;
"Intel 8086," *Webster's Online*, www.websters-online-dictionarv.org/defini-
tions/Intel+8086?cx=partner-pub-0939450753529744%3Av0qd01-
tdlq&cof=FORID%3A9&ie=UTF-8&q=Intel+8086&sa=Search#922; Andrew
Pollack, "Intel Offers a 32–Bit Microprocessor," *New York Times*, October
17, 1985; Brenton R. Schlender, "Fast Game: Intel Introduces a Chip
Packing Huge Power and Wide Ambitions," *Wall Street Journal*, February
28, 1989.

**10**  Gerard J. Tellis and Peter N. Golder, *Will and Vision* (New York: McGraw–
Hill, 2002), xiii–xv, 43, 46, 290~292.

**11**  Gene Bylinsky, "How Intel Won Its Bet on Memory Chips," *Fortune*,
November 1973, 147, 184, 189; 인텔 연례 재무보고서 1971년 (Santa Clara,
CA: Intel Corporation, 1971).

**12**  Gene Bylinsky, "How Intel Won Its Bet on Memory Chips," *Fortune*,
November 1973, 147.

**13**  Gene Bylinsky, "How Intel Won Its Bet on Memory Chips," *Fortune*,
November 1973, 184.

**14**  "New Leaders in Semiconductors," *Business Week*, March 1, 1976.

**15**  이 장의 14번과 출처 같음.

**16**  Gene Bylinsky, "How Intel Won Its Bet on Memory Chips," *Fortune*,
November 1973, 184; Gordon E. Moore, "Cramming More Components
onto Integrated Circuits," *Proceedings of the IEEE*, January 1998 (이는 재판
이며 초판은 Gordon E. Moore, "Cramming More Components onto
Integrated Circuits," *Electronics*, April 19, 1965.); Leslie Berlin, *The Man
Behind the Microchip* (New York: Oxford University Press, 2005), 227;
Victor K. McElheny, "High-Technology Jelly Bean Ace," *New York Times*,
June 5, 1977; Robert A. Burgelman, Modesto A. Maidique, and Steven C.
Wheelwright, *Strategic Management of Technology and Innovation*, 3rd ed.

(New York: McGraw-Hill/Irwin, 2001), 931.

**17** 저자와의 개인적인 대화.

**18** David Ewing Duncan, *The Amgen Story: 25 Years of Visionary Science and Powerful Medicine* (San Diego: Tehabi Books, 2005), 16, 22~24, 29, 31; James D. Berkley and Nitin Nohria, "Amgen Inc.: Planning the Unplannable," *Harvard Business School*, case study #9-492-052 (Boston: Harvard Business School Publishing, 1992), 2.

**19** David Ewing Duncan, *The Amgen Story: 25 Years of Visionary Science and Powerful Medicine* (San Diego: Tehabi Books, 2005), 14, 16, 24, 29, 31, 35, 52, 53; Seanna Browder, "How George Rathmann Mastered the Science of the Deal," *Business Week*, November 30, 1998.

**20** David Ewing Duncan, *The Amgen Story: 25 Years of Visionary Science and Powerful Medicine* (San Diego: Tehabi Books, 2005), 35.

**21** Smith Barney, Harris Upham & Co.; Dean Witter Reynolds Inc.; and Montgomery Securities, "Prospectus: Amgen Common Stock," *Amgen Inc.*, June 17, 1983, 13~17.

**22** David Ewing Duncan, *The Amgen Story: 25 Years of Visionary Science and Powerful Medicine* (San Diego: Tehabi Books, 2005), 72, 77~82; Felix Oberholzer-Gee and Dennis Yao, "Amgen Inc's Epogen: Commercializing the First Biotech Blockbuster Drug," *Harvard Business School*, case study #7-064-54 (Boston: Harvard Business School Publishing, 2005).

**23** Craig E. Aronoff and John L. Ward, *Contemporary Entrepreneurs* (Detroit: Omnigraphics Inc., 1992), 356; Matthew Herper, "Dane Miller: CEO Value to the Bone," *Forbes*, May 8, 2001; Fred R. David, *Strategic Management* (Upper Saddle River, NJ: Prentice Hall, 2003), 376; "Biomet, Inc," *Wall Street Transcript*, January 31, 1994; Richard F. Hubbard and Jeffrey L. Rodengen, *Biomet Inc.: From Warsaw to the World* (Ft. Lauderdale, FL: Write Stuff Enterprises Inc., 2002), 49, 72, 83, 108, 114; "Biomet History," http://www.biomet.com/corporate/biomet Timeline.cfm.

**24** 1987년 말 자기자본에 근거함.

**25** M. L. Mead: Scott & Stringfellow Inc., "Kirschner Medical Corporation- Company Report," *The Investext Groupy*, February 17, 1989, 6; "Kirschner Medical Purchase," *Wall Street Journal*, May 4, 1988; Susan J. Stocker, "After a Dark Year, Kirschner Restores Its New Subsidiary," *Washington Business Journal*, June 19, 1989; Jessica Hall, "Torn Between Two Bidders: Kirschners Enviable Dilemma," *War field's Business Record*, July 1, 1994; L. C. Marsh: Wheat First Butcher & Singer Inc., "Kirschner Medical Corporation-Company Report,", *The Investext Groupt*, October 8, 1990; L. C. Marsh: Wheat First Butcher & Singer Inc., "Kirschner Medical Corporation-Company Report," *The Investext Group*, September 18, 1991; 아래 그림에 있는 데이터는 이 주석 및 앞의 2개 주석에 소개된 출처들에서 나옴.

**26** Gary Kissel, *Poor Sailors' Airline* (McLean, VA: Paladwr Press, 2002), 148, 159, 172, 173, 186, 193; "Pacific Southwest Airlines," *Wall Street Transcript*, October 20, 1969.

**27** "Big Jets Trip Up a Go-Go Airline," *Business Week*, April 14, 1975; Robert Lindsey, "A Fallen Model For Deregulation," *New York Times*, July 13, 1975; PSA Inc., 연례 보고서 1970, 1973년 (San Diego: PSA Inc., 1970 and 1973); Gary Kissel, *Poor Sailors' Airline* (McLean, VA: Paladwr Press, 2002), 173, 179, 193, 196.

**28** Gary Kissel, *Poor Sailors' Airline* (McLean, VA: Paladwr Press, 2002), 186, 187, 193, 196, 197; Robert Lindsey, "A Fallen Model For Deregulation," *New York Times*, July 13, 1975.

**29** Richard B. Schmitt and Roy J. Harris Jr., "Braniff-PSA Joint Venture Is Succeeded By Plan to Lease 30 of Grounded Line's Jets," *Wall Street Journal*, n.d.; John S. DeMott, Mark Seal, and Michael Weiss, "Bankruptcy at Braniff," *Time*, May 24, 1982; Gary Kissel, *Poor Sailors' Airline* (McLean, VA: Paladwr Press, 2002), 196, 261, 265, 273, 274, 280, 287; Jeffrey M. Lenorovitz, "PSA, Lockheed Sue in L-1011 Dispute," *Aviation Week & Space*

*Technology*, January 8, 1979; Joan M. Feldman, "PSA Switch to DC-9-80 Beginning to Pay Dividends," *Air Transport World*, December 1981; "Death Over San Diego," *Time*, October 9, 1978.

**30** Agis Salpukas, "US Air to Buy P.S.A. for $400 Million," *New York Times*, December 9, 1986; Gary Kissel, *Poor Sailors' Airline* (McLean, VA: Paladwr Press, 2002), 301.

**31** Katrina Brooker, Herb Kelleher, and Reporter Associate Alynda Wheat, "The Chairman of the Board Looks Back," *Fortune*, May 21, 2001; Tom Krazit, "Intel to Discontinue Rambus Chip Sets," *IDG News*, May 21, 2003; Jeff Chappell, "The Costly Rambus Bandwagon," *Electronic News*, November 6, 2000.

**32** 프로그레시브 연례 재무보고서 1986년 (Mayfield Village, OH: The Progressive Corporation, 1986), 17, 24; "Like to Drink and Drive?" *Financial World*, November 27, 1990; Nicolaj Siggelkow and Michael E. Porter, "Progressive Corporation," *Harvard Business School*, case study #9-797-109 (Boston: Harvard Business School Publishing, 1998), 15; Gregory E. David, "Chastened?," *Financial World*, January 4, 1994; Jay Greene, "Progressive Corp. High-Risk Insurer Flying High Again," *Plain Dealer*, June 7, 1993.

**33** Jay Greene, "Progressive Corp. High-Risk Insurer Flying High Again," *Plain Dealer*, June 7, 1993; Robert G. Knowles, "Progressive Launches Marketing Experiment," *National Underwriter Property & Casualty-Risk & Benefits Management*, July 22, 1991.

**34** Robert G. Knowles, "Progressive Launches Marketing Experiment," *National Underwriter Property & Casualty-Risk & Benefits Management*, July 22, 1991; Jay Greene, "Progressive Corp. Takes Chance on Standard Coverage," *Plain Dealer*, September 7, 1991; Colleen Mulcahy, "Agents Uneasy with Progressive Auto Contract," *National Underwriter Property & Casualty-Risk & Benefits Management*, September 27, 1993; James King,

"Risk Has Its Rewards," *Plain Dealer*, June 20, 1994, 28; Frances X. Frei and Hanna Rodriguez-Farrar, "Innovation at Progressive (A): Pay-As-You-Go Insurance," *Harvard Business School*, case study #9-602-175 (Boston: Harvard Business School Publishing, 2004), 4; "Total Auto, Total Premiums Written-2002," *Best's Review*, October 2003; 프로그레시브 연례 보고서 1996년 (Mayfield Village, OH: The Progressive Corporation, 1996).

**35** Frances X. Frei and Hanna Rodriguez-Farrar, "Innovation at Progressive (B): Homeowners Insurance," *Harvard Business School*, case study #9-601-138 (Boston: Harvard Business School Publishing, 2004), 2; Elisabeth Boone, "Recipe for Success," *Rough Notes*, April 2002.

**36** "Love is Ammunition for a Texas Airline," *Business Week*, June 26, 1971; Roland Huntford, *The Last Place on Earth* (New York: Modern Library, 1999), 91, 94, 256.

**37** James Wallace and Jim Erickson, *Hard Drive* (New York: Harper Business, 1992), 172~176.

**38** Richard Brandt and Katherine M. Hafner, "The Waiting Game that Microsoft Can't Lose," *Business Week*, September 12, 1988; James Wallace and Jim Erickson, *Hard Drive* (New York: Harper Business, 1992), 346~351.

**39** James Wallace and Jim Erickson, *Hard Drive* (New York: Harper Business, 1992), 349; Richard Brandt and Katherine M. Hafner, "The Waiting Game that Microsoft Can't Lose," *Business Week*, September 12, 1988.

**40** Richard Brandt and Katherine M. Hafner, "The Waiting Game that Microsoft Can't Lose" *Business Week*, September 12, 1988; "Gates Reaffirms Faith in OS2," *Computer Weekly*, March 16, 1989; "Windows Keeps Rolling Toward a Career Year," *PC Week*, July 17, 1989.

**41** Richard Brandt and Evan I. Schwartz, "IBM and Microsoft: They're Still Talking, But..." *Business Week*, October 1, 1990; Philip M. Rosenzweig, "Bill Gates and the Management of Microsoft," *Harvard Business School*, case study #9-392-019 (Boston: Harvard Business School Publishing, 1993); "Microsoft Shipments of Windows Exceed One Million a Month" *Wall Street Journal*, August 12, 1992; Carl Johnston, Michael Rukstad, and David Yoffie, "Microsoft, 2000," *Harvard Business School*, case study #9-700-071 (Boston: Harvard Business School Publishing, 2000), 3; "Microsoft Company," *Operating System*, http://www.operating-system.org/betriebssystem/_english/fa-microsoft.htm; "A History of Windows," Microsoft Corporation, http://windows.microsoft.com/en-US/windows/history.

**42** Jerry Useem, "Simply Irresistible," *Fortune*, March 19, 2007; "Apple Stores," *ifoAppleStore*, www.ifoapplestore.com/stores/chronology_2001-2003.html.

**43** John Markoff, "An 'Unknown' Co-Founder Leaves After 20 Years of Glory and Turmoil," *New York Times*, September 1, 1997; "The Television Program Transcripts: Part III-Triumph of the Nerds," *PBS*, www.pbs.org/nerds/part3.html; Gregory C. Rogers and Michael Beer, "Apple Computer (A) (Abridged): Corporate Strategy and Culture," *Harvard Business School*, case study #9-495-044 (Boston: Harvard Business School Publishing, 1997), 4; Mary Kwak and David B. Yoffie, "Apple Computer 1999," Harvard Business School, case study #9-799-108 (Boston: Harvard Business School Publishing, 1999), 6. Jai Singh, "Dell: Apple Should Close Shop," *CNET News*, October 6, 1997.

**44** Mary Kwak and David B. Yoffie, "Apple Computer 1999," *Harvard Business School*, case study #9-799-108 (Boston: Harvard Business School Publishing, 1999), 12, 13; Gabriel Madway, "Apple CEO-in-Waiting Tim Cook Haunted by Vision Quest," *Reuters*, February 23, 2011; Jim Carlton, *Apple* (New York: Random House, 1997), 15; Apple Inc., *Fiscal 1997 10K* (Cupertino, CA:Apple Inc., 1997);Yusi Wang and David B. Yoffie, "Apple Computer 2002," *Harvard Business School*, case study #9-702-469 (Boston: Harvard Business School Publishing, 2003): 매출 대비 간접비(이 경우 판매비 및 일반 관리비)의 비중이 줄어듦.

**45** Julie Hennessy and Andrei Najjar, "Apple Computer, Inc.: Think Different, Think Online Music," *Kellogg School of Management*, case study #KEL065 (Evanston, IL: Northwestern University, 2004), 2, 3, 6; Brent Schlender, "How Big Can Apple Get?" *Fortune*, February 21, 2005; Rob Walker, "The Guts of a New Machine," *New York Times*, November 30, 2003.

**46** Julie Hennessy and Andrei Najjar, "Apple Computer, Inc.: Think Different, Think Online Music," *Kellogg School of Management*, case study #KEL065 (Evanston, IL: Northwestern University, 2004), 6; David B. Yoffie and Michael Slind, "Apple Computer, 2006," *Harvard Business School*, case study #9-706-496 (Boston: Harvard Business School Publishing, 2007), 13; Morten T. Hansen, *Collaboration* (Boston:Harvard Business School Publishing, 2009), 7.

**47** Apple Inc., *Fiscal 2001~2002 10Ks* (Cupertino, CA: Apple Inc., 2001~2002).

**48** Rob Walker, "The Guts of a New Machine," *New York Times*, November 30, 2003; David B. Yoffie and Michael Slind, "Apple Computer, 2006," *Harvard Business School*, case study #9-706-496 (Boston: Harvard Business School Publishing, 2007), 17; Julie Hennessy and Andrei Najjar, "Apple Computer, Inc.: Think Different, Think Online Music," *Kellogg School of Management*, case study #KEL065 (Evanston, IL: Northwestern University, 2004), 6~9; Olga Kharif, "iPod: A Seed for Growth," *Business Week*, August 27, 2002.

**49** 2001년도에 5퍼센트 미만이었던 애플의 시장점유율에 근거함.

**50** Yusi Wang and David B. Yoffie, "Apple Computer 2002," *Harvard Business School*, case study #9-702-469 (Boston: Harvard Business School Publishing, 2003); Peter Burrows, "Steve Jobs: 'I'm an Optimist.'" *Business Week Online*, August 13, 2003; "iPod+iTunes Timeline," *Apple Inc.*, www.apple.com/pr/products/ipodhistory/; Julie Hennessy and Andrei Najjar, "Apple Computer, Inc.: Think Different, Think Online Music,"

*Kellogg School of Management*, case study #KEL065 (Evanston, IL: Northwestern University, 2004), 11; David B. Yoffie and Michael Slind, "Apple Computer, 2006," *Harvard Business School*, case study #9-706-496 (Boston: Harvard Business School Publishing, 2007), 17.

**51** Jim Carlton, *Apple: The Inside Story of Intrigue, Egomania, and Business Blunders* (New York: Harper Business, 1997), 394~428; Miguel Helft and Ashlee Vance, "Apple Passes Microsoft as No. 1 in Tech," *New York Times*, May 26, 2010.

## 5장 데스라인 위에서 이끌기

**01** Quotable Emerson, http://www.quotableemerson.com/allquotes.php.

**02** David Breashears, *High Exposure* (New York: Simon & Schuster Paperbacks, 1999), 149, 214, 231, 242, 250, 251; "Ed Viesturs on IMAX Everest: The Exclusive Mountain Zone Interview," *Mountain Zone*, http://classic.mountainzone.com/ climbing/everest/imax/.

**03** David Breashears, *High Exposure* (New York: Simon & Schuster Paperbacks, 1999), 149, 250~252.

**04** David Breashears, *High Exposure* (New York: Simon & Schuster Paperbacks, 1999), 251~253, 255, 256, 261.

**05** David Breashears, *High Exposure* (New York: Simon & Schuster Paperbacks, 1999), 224, 232~234, 252, 253.

**06** David Breashears, *High Exposure* (New York: Simon & Schuster Paperbacks, 1999), 237, 240, 254, 255; Jon Krakauer, *Into Thin Air* (New York: Anchor Books, 1997), 68.

**07** David Breashears, *High Exposure* (New York: Simon & Schuster Paperbacks, 1999), 284, 289, 291; Jon Krakauer, *Into Thin Air* (New York: Anchor Books, 1997), xv; *National Geographic Adventure*, http://www .nationalgeographic.com/adventure/everest/index.html; "Everest Fatalities," *Adventure Stats, http://www.adventurestats.com/tables/everestfatilities.shtml.*

**08** David Breashears, *High Exposure* (New York: Simon & Schuster Paperbacks, 1999), 217, 298; Jon Krakauer, *Into Thin Air* (New York: Anchor Books, 1997), 27, 34~36, 65, 68, 69.

**09** David Breashears, *High Exposure* (New York: Simon & Schuster Paperbacks, 1999), 224; Jon Krakauer, *Into Thin Air* (New York: Anchor Books, 1997), 153, 207~210; *Storm Over Everest* (Washington, DC: PBS Frontline, 2008), DVD.

**10** Jon Krakauer, *Into Thin Air* (New York: Anchor Books, 1997), 171.

**11** David Breashears, *High Exposure* (New York: Simon & Schuster Paperbacks, 1999), 217, 232, 261, 265, 281, 284, 289, 296; Jon Krakauer, *Into Thin Air* (New York: Anchor Books, 1997), 208, 214, 258; *Storm Over Everest* (Washington, DC: PBS Frontline, 2008), DVD.

**12** 인텔 연례 재무보고서 1997, 1999년 (Santa Clara, CA: Intel Corporation, 1997 and 1999); Advanced Micro Devices, 연례 재무보고서 1999년 (Sunnyvale, CA: Advanced Micro Devices, 1999). Calculations are based on cash and short-term investments.

**13** "Intel: The Microprocessor Champ Gambles on Another Leap Forward," *Business Week*, April 14, 1980, 94; Mimi Real and Robert Warren, *A Revolution in Progress... A History of Intel to Date* (Santa Clara, CA: Intel Corporate Communications Department, 1984), 7, 46; Leslie Berlin, *The Man Behind the Microchip* (New York: Oxford University Press, 2005), 172.

**14** Steven Rosenbush, Robert D. Hof, and Ben Elgin, "Too Much Cash, Too Little Innovation," *Business Week,* July 18, 2005; Jeremy Quittner, "Entrepreneurs Hoard Cash," *Business Week.* April 16. 2008; Ben McClure, "Cash: Can a Company Have Too Much? *Investopedia,* http://boards.investopedia.com/articles/fundamental /03/062503.asp.

**15** Tim Olper, Lee Pinkowitz, Rene Stulz, and Rohan Williamson, "The Determinants and Implications of Corporate Cash Holdings," *Journal of Financial Economics*, 1999, 17. 참고: 이 연구에서 재무 상태를 검토할 때 보험회사들은 유동성을 다른 산업의 기업들과 다르게 계산했다. 그래서 프로그레시브의 자산 대비 현금비율은 이 통계에서 제외되었다.

**16** Nassim Nicholas Taleb, *The Black Swan* (New York: Random House, 2007); *Nassim N. Taleb Home & Professional Page*, http:/www.fooledbyrandomness.com.

**17** 사우스웨스트항공 연례 재무보고서 1991년 (Dallas: Southwest Airlines Co., 1991), 3.

**18** Terry Maxon, "Southwest Airlines' Chances for Survival Good in Industry Crisis," *Knight Ridder/Tribune Business News*, October 4, 2001; "It Must Be the Peanuts," *CFO*, December 2001, 48; Kim Clark, "Nothing But the Plane Truth," *U.S. News World Report*, December 31, 2001, 58; "Southwest Airlines Soars with Morningstar's CEO of the Year Award," *PR Newswire*, January 4, 2002; 사우스웨스트항공 연례 재무보고서 2001년 (Dallas: Southwest Airlines Co., 2001), 5: 연례 재무보고서 2002년 (Dallas: Southwest Airlines Co., 2002), 2.

**19** "It Must Be the Peanuts," *CFO*, December 2001, 48; Marc L. Songini, "Southwest Expands Business Tools' Role: Will Manage Operational Data with Tools that Helped Stabilize Finances after Attacks," *Computerworld*, July 15, 2002, 6; 사우스웨스트항공 연례 재무보고서 2001년 (Dallas: Southwest Airlines Co., 2001), 4.

**20** *Good to Great*, produced by Sam Tyler (Boston: Northern Light Productions, 2006), DVD.

**21** David Breashears, *High Exposure* (New York: Simon & Schuster Paperbacks, 1999), 251~256, 265, 285.

**22** Andy Grove with Bethany McClean, "Taking on Prostate Cancer," *Fortune*, May 13, 1996.

**23** Data for this paragraph and the adjacent chart: 연례 재무보고서 1989, 1990, 1992, 1994, 1996, 1997, 1998년 (Kalamazoo, MI: Stryker Corporation, 1989, 1990, 1992, 1994, 1996, 1997, 1998).

**24** Brenda Rios, "Kalamazoo, Mich., Medical Products Firm to Buy Pfizer Orthopedics Unit," *Knight Ridder/Tribune Business News*, August 14, 1998; James P. Miller, "Conservative Stryker Joins the Merger Game in a Big Way," *Wall Street Journal*, August 21, 1998, 1; 연례 재무보고서 1998년 (Kalamazoo, MI: Stryker Corporation, 1998), 6.

**25** Brenda Rios, "Kalamazoo, Mich., Medical Products Firm to Buy Pfizer Orthopedics Unit," *Knight Ridder/Tribune Business News*, August 14, 1998; James P. Miller, "Conservative Stryker Joins the Merger Game in a Big Way," *Wall Street Journal*, August 21, 1998, 1; 스트라이커 연례 재무보고서 1989, 1996, 1998, 2000년 (Kalamazoo, MI: Stryker Corporation, 1989, 1996, 1998, 2000).

**26** 저자와의 개인적인 대화.

**27** Daniel J. Simons and Christopher F. Chabris, "Gorillas in Our Midst: Sustained Inattentional Blindness for Dynamic Events," *Perception*, 1999, 1059~1070.

**28** 우리는 버카우트Buckhout의 이름이 서로 다른 세 가지 철자로 쓰인 걸 발견했다. 우리는 그중 다음 책에 쓰인 이름을 선택했다. 'Intel's official 15-year history, Mimi Real and Robert Warren, *A Revolution in Progress...A History of Intel to Date* (Santa Clara, CA: Intel Corporate Communications Department, 1984), 15.

**29** William H. Davidow, *Marketing High Technology* (New York: The Free Press, 1986), 1~11; Mimi Real and Robert Warren, *A Revolution in Progress... A History of Intel to Date* (Santa Clara, CA: Intel Corporate Communications Department, 1984), 15.

**30** Mimi Real and Robert Warren, *A Revolution in Progress...A History of Intel to Date* (Santa Clara, CA: Intel Corporate Communications Department,

1984), 15; William H. Davidow, *Marketing High Technology* (New York: The Free Press, 1986), 4~6.

31 William H. Davidow, *Marketing High Technology* (New York: The Free Press, 1986), 7, 8, 10; Katie Woodruff, *Defining Intel: 25 Years/25 Events* (Santa Clara, CA: Intel Corporation, 1993), 16; Tim Jackson, *Inside Intel: Andy Grove and the Rise of the World's Most Powerful Chip Company* (New York: Plume, 1997), 194.

32 Gordon M. Binder, *Amgen* (n.p. The Newcomen Society of the United States, 1998), 12; David Ewing Duncan, *The Amgen Story: 25 Years of Visionary Science and Powerful Medicine* (San Diego: Tehabi Books, 2005), 84, 85.

33 Ellen Benoit, "Breakfast at the Ritz," *Financial World*, March 10, 1987, 18; Marilyn Chase, "FDA Panel Rejection of Anti-Clot Drug Sets Genentech Back Months, Perils Stock," *Wall Street Journal*, June 1, 1987, 26; Jesus Sanchez, "Rejection of Genentech's Heart Drug Surprises Biotechnology Investors," *Los Angeles Times*, June 2, 1987, 1; Stuart Gannes and Gene Bylinsky, "The Big Boys are Joining the Biotech Party: Corporate Giants are about to Crowd the Start-Ups," *Fortune*, July 6, 1987, 58; Andrew Pollack, "Taking the Crucial Next Step at Genentech," *New York Times*, January 28, 1990.

34 Jesus Sanchez, "Rejection of Genentech's Heart Drug Surprises Biotechnology Investors," *Los Angeles Times*, June 2, 1987, 1; Brenton R. Schlender, "Genentech's Missteps and FDA Policy Shift Led to TPA Setback," *Wall Street Journal*, June 16, 1987, 1.

35 Marilyn Chase, "FDA Panel Rejection of Anti-Clot Drug Sets Genentech Back Months, Perils Stock," *Wall Street Journal*, June 1, 1987, 26; Jesus Sanchez, "Rejection of Genentech's Heart Drug Surprises Biotechnology Investors," *Los Angeles Times*, June 2, 1987, 1; "Paradise Postponed," *Economist*, June 6, 1987; "Genentech, Biotechnology Stocks Tumble After

Ruling on TPA Drug for Blood Clots," *Wall Street Journal*, June 2, 1987, 3.

**36** Reginald Rhein Jr., "FDA Pulls Out the Stops to Approve Genentech's TPA," *Chemical Week*, November 25, 1987, 9.

**37** Joan O'C. Hamilton and Reginald Rhein Jr., "A Nasty Shock for Genentech," *Business Week*, June 15, 1987, 37; Reginald Rhein Jr., "FDA Pulls Out the Stops to Approve Genentech's TPA," *Chemical Week*, November 25, 1987, 10.

**38** Helen Wheeler, "The Race After Genentech," *High Technology Business*, September 1987, 38, 42; Joan O'C. Hamilton, "Rivals Horn In On Genentech's Heart Drug," *Business Week*, October 26, 1987, 112L.

**39** Don Clark, "Genentech May Set Trend: Deal Gives Biotech Firm R&rD Money," *San Francisco Chronicle*, February 3, 1990, Bl; Jane Fitz Simon, "Swiss Firm to Buy US Biotech Giant," *Boston Globe*, February 3, 1990, 1; Karol Neilsen, "Roche Floats Genentech Shares," *Chemical Week*, November 17, 1999, 33; Andrew Pollack, "Roche Offers $43.7 Billion for Shares in Genentech It Does Not Already Own," *New York Times*, July 22, 2008, 6; "Swiss Drug Giant Roche Buys Up Genentech," *CBS News*, March 12, 2009, http://www.cbsnews.com/stories/2009/03/12/business/main4861008.shtml?source=RSSattr=Health_4861008.

**40** Roland Huntford, *The Last Place on Earth* (New York: Random House, 1999), 197, 202, 204~206; Roald Amundsen, *The South Pole* (McLean, VA: IndyPublish.com, 2009), 25, 26.

**41** Roland Huntford, *The Last Place on Earth* (New York: Random House, 1999), 284, 285, 288; Roald Amundsen, *The South Pole* (McLean, VA: IndyPublish.com, 2009), 70~72, 205~207, 346.

## 6장 SMaC

**01** *Le Malade Imaginaire*, Act III scene iii.

**02** Howard D. Putnam with Gene Busnar, *The Winds of Turbulence* (Reno, NV: Howard D. Putnam Enterprises Inc., 1991), 8, 12~14, 302.

**03** Howard D. Putnam, "Southwest Airlines Co.: Presentation by Howard D. Putnam, President and Chief Executive Officer, Before the Dallas Association of Investment Analysts," *Wall Street Transcript*, May 28, 1979; "Texas Gets Bigger," *Forbes*, November 12, 1979.

**04** "Icelandair," *Funding Universe*, "http://www.fundinguniverse.com/ company-histories/Icelandair-Company-History.html.

**05** "Fact Sheet: Fleet," *Southwest Airlines Co.*, http://www.southwest.com/ html/about-southwest/history/fact-sheet.html.

**06** James Wallace and Jim Erickson, *Hard Drive* (New York: Harper Business, 1992), 54, 491, 492; Noreen Seebacher, "Stryker Products: Just What the Doctor Ordered," *Detroit News*, May 6, 1991, 3F; Michael Tubbs, "Recession is a Chance to Increase R&D Expenditure," *Financial Times*, December 2, 2008; Barry Stavro, "Amgen Plays It Cool Despite Clamor Over EPO," *Los Angeles Times*, June 7, 1989; James Ellis, "You Don't Necessarily Get What You Pay For," *Business Week*, May 4, 1992.

**07** David Breashears, *High Exposure* (New York: Simon & Schuster, 1999), 217, 218, 225, 294~296; David Breashears, "David Breashears Speech Preview," *YouTube*, http://video.google.com/videoplay?docid=5383977 496159243481#; Personal conversation with author.

**08** David Breashears, *High Exposure* (New York: Simon & Schuster, 1999), 23, 217, 219, 224, 232, 239, 245, 249, 265, 281, 285, 295; David Breashears, "David Breashears Speech Preview," *YouTube*, http://video.google.com/ videoplay?docid= 5383977496159243481#.

**09** Robert G. Knowles, "Progressive Launches Marketing 'Experiment.'"

*National Underwriter Property & Casualty–Risk & Benefits Management*, July 22, 1991; "Thomas A. King: The Progressive Corporation (PGR)," *Wall Street Transcript*, January 14, 2002; Peter Lewis, "The Progressive Corporation: Address by Peter B. Lewis, President to the New York Society of Security Analysis," *Wall Street Transcript*, January 24, 1972; Amy Hutton and James Weber, "Progressive Insurance: Disclosure Strategy," *Harvard Business School*, case study #9-102-012 (Boston: Harvard Business School Publishing, 2002), 3, 4; Gregory David, "Chastened?" *Financial World*, January 4, 1994, 40; Frances X. Frei and Hanna Rodriguez–Farrar, "Innovation at Progressive (A): Pay–As–You–Go Insurance," *Harvard Business School*, case study #9-602-175 (Boston: Harvard Business School Publishing, 2002), 5; 연례 재무보고서 1986년 (Mayfield Heights, OH: The Progressive Corporation, 1986), 17, 18; 프로그레시브 연례 재무보고서 2001년 (Mayfield Village, OH: The Progressive Corporation, 2001), 20; Nicolaj Siggelkow and Michael E. Porter, "Progressive Corporation," *Harvard Business School*, case study #9-797-109 (Boston: Harvard Business School Publishing, 1998), 8; 프로그레시브 연례 재무보고서 1971년 (Cleveland, OH: The Progressive Corporation, 1971); Robert McGough, "Like to Drink and Drive?" *Financial Worldy*, November 27, 1990, 27.

10  Gary Kissel, *Poor Sailors' Airline* (McLean, VA: Paladwr Press, 2002), 221, 231, 295; Jerry Brown, "PSA President: Sale of AirCal Sparked Merger," *Travel Weekly*, December 18, 1986.

11  사우스웨스트항공 연례 재무보고서 1987년 (Dallas: Southwest Airlines Co., 1987); James E. Ellis, "These Two Airlines Are Doing It Their Way," *Business Week*, September 21, 1987; "Southwest Airlines Company (LUV)," *Wall Street Transcript*, June 13, 1988.

12  Julie Pitta, "Apples Mr. Pragmatist," *Forbes*, March 28, 1994.

13  Jim Carlton, *Apple: The Inside Story of Intrigue, Egomania, and Business Blunders* (New York: Random House, 1997), 13, 14, 20, 21; Michael

Gartenberg, "Now Apple's Really 'For the Rest of Us,'" *Macworld.com*, June 23, 2010; Mary Kwak and David B. Yoffie, "Apple Computer 1999," *Harvard Business School*, case study #9-799-108 (Boston: Harvard Business School Publishing, 1999), 2~5; Johanna M. Hurstak and David B. Yoffie, "Reshaping Apple Computer's Destiny 1992," *Harvard Business School*, case study #9-393-011 (Boston: Harvard Business School Publishing, 1992), 5; Julie Pitta, "Apple's Mr. Pragmatist," *Forbes*, March 28, 1994; John Markoff, "An 'Unknown' Co-Founder Leaves After 20 Years of Glory and Turmoil," *New York Times*, September 1, 1997"; Chris Preimesberger, "How Apple Dodged a Sun Buyout," *eWeek*, http://www.eweek.com/c/a/IT-Infrastructure/How-Apple-Dodged-a-Sun-Buyout-Former-CEOs-McNealy-Zander-Tell-All-251679/.

**14** Brent Schlender, "How Big Can Apple Get?" *Fortune*, February 21, 2005.

**15** Brent Schlender, "How Big Can Apple Get?" *Fortune*, February 21, 2005; James Pomfret and Kelvin Soh, "For Apple Suppliers, Loose Lips Can Sink Contracts," *Reuters*, February 17, 2010; Devin Leonard, "Songs in the Key of Steve," *Fortune*, May 12, 2003; Julie Hennessy and Andrei Najjar, "Apple Computer, Inc.: Think Different, Think Online Music," *Kellogg School of Management*, case study #KEL065 (Evanston, IL: Northwestern University, 2004), 16; Nick Wingfield, "Core Value: At Apple, Secrecy Complicates Life But Maintains Buzz," *Wall Street Journal*, June 28, 2006; David Kirkpatrick and Tyler Maroney, "The Second Coming of Apple," *Fortune*, November 9, 1998; Thomas E. Weber, "Why I Fired Steve Jobs," *Daily Beast*, June 6, 2010.

**16** Rick Bernstein and Ross Greenburg, *The UCLA Dynasty* (New York: Home Box Office Inc, 2008), DVD.

**17** 이 장의 16번과 출처 같음.

**18** "Abraham Lincoln," *Quotations Book*, http://quotationsbook.com/quote/44576/#axzzlJL6NjMqm.

**19** Kathleen K. Wiegner, "Why A Chip Is Not A Chip," *Forbes*, June 17, 1985; Mary Bellis, "Inventors of the Modern Computer: Intel 4004 – The Worlds First Single Chip Microprocessor," *About.com*, http:// inventors.about.com/od/ mstartinventions/a/microprocessor.htm; Dan Steere and Robert A. Burgelman, "Intel Corporation (D): Microprocessors at the Crossroads'" *Graduate School of Business, Stanford University*, case study #BP–256D (Palo Alto, CA: Graduate School of Business, Stanford University, 1994).

**20** Bruce Graham and Robert A. Burgelman, "Intel Corporation (B): Implementing the DRAM Decision," *Graduate School of Business, Stanford University*, case study #S–BP–256B (Palo Alto, CA: Graduate School of Business, Stanford University, 1991), 1.

**21** Gordon E. Moore, "Cramming More Components onto Integrated Circuits'" *Proceedings of the IEEE*, January 1998 (This is a reprint from the original publication: Gordon E. Moore, "Cramming More Components onto Integrated Circuits'" *Electronics*, April 19, 1965.); "Intel: Supplier Rising as a Big Competitor'" *New York Times*, February 14, 1990, DI; Robert N. Noyce, "Large–Scale Integration: What is Yet to Come?" *Science*, March 1977; Ramon Casadesus–Masanell and David B. Yoffie, "Intel Corporation: 1968~2003 (Teaching Note)," *Harvard Business School*, case study #5–704– 465 (Boston: Harvard Business School Publishing, 2004), 2; "Craig Barrett is Leading the Chip Giant Into Riskier Terrain," *Business Week*, March 13, 2000, 110; Leslie Berlin, *The Man Behind the Microchip* (New York: Oxford University Press, 2005), 227; Gene Bylinsky, "How Intel Won Its Bet on Memory Chips," *Fortune*, November 1973, 184; Don Clark, "Intel Lawyer Commands Chip War," *San Francisco Chronicle*, June 28, 1993; Andrew S. Grove, "How to Make Confrontation Work For You," *Fortune*, July 13, 1984; "Creativity by the Numbers: An Interview with Robert N. Noyce," *Harvard Business Review*, May–June 1980; "IBM and Intel Link Up to Fend Off Japan," *Business Week*, January 10, 1983; Tim jackson, Inside Intel

(New York: Penguin Putnam Inc., 1997), 9, 313~316; Don Clark, "Inside Intel, It's All Copying," *Wall Street Journal*, October 28, 2002.

22 Jeffrey L. Rodengen, *The Spirit of AMD: Advanced Micro Devices* (Fort Lauderdale, FL: Write Stuff Enterprises Inc., 1998), 55, 67, 68, 90~92; Advanced Micro Devices, 연례 재무보고서 1998, 2002년 (Sunnyvale, CA: Advanced Micro Devices, 1998 and 2002).

23 Mary Bellis, "Inventors of the Modern Computer: Intel 4004-The World's First Single Chip Microprocessor," *About.com*, http://inventors .about.com/od/mstartinventions/a/microprocessor.htm.

24 J. Allard, "Windows: The Next Killer Application on the Internet," interoffice memo, *Microsoft*, January 25, 1994. www.microsoft.com/about/... /docs/di_killerapp_InternetMemo.rtf; Kathy Rebello, Amy Cortese, and Rob Hof, "Inside Microsoft: The Untold Story of How the Internet Forced Bill Gates to Reverse Course," *Business Week*, July 15, 1996, 35~40; Bill Gates, "How I Work: Bill Gates," *Fortune*, April 7, 2006.

25 Bill Gates, "The Internet Tidal Wave," May 26, 1995. http://www.justice .gov/atr/cases/exhibits/20.pdf; Kathy Rebello, Amy Cortese, and Rob Hof, "Inside Microsoft: The Untold Story of How the Internet Forced Bill Gates to Reverse Course," *Business Week*, July 15, 1996, 38; Brent Schlender and Sheree R. Curry, "Software Hardball Microsoft is Spending Billions to Crush Netscape and Control the Internet," *Fortune*, September 30, 1996.

26 Lester B. Orfield, "Federal Amending Power: Genesis and Justiciability," *Minnesota Law Review*, 1930, 369~384; "The United States Constitution: Amendments," *U.S. Constitution Online*, http://www.usconstitution.net/; "Bill of Rights and Later Amendments," *Independence Hall Association*, www.ushistory.org/.

27 "Centuries of Citizenship: A Constitutional Timeline," *National Constitution Center*, http://constitiitioncenter.org/timeline/html/cw02.html; Declaration of Independence, *USHistory.org*, http://www.ushistory.org/declaration/

document/.

# 7장 운 수익률

**01** Marshall Bruce Mathers III (Eminem), "Lose Yourself," 8 Mile (soundtrack), Universal Import, 2002, compact disc.

**02** Sources for the Malcolm Daly story told throughout this chapter are as follows: Malcolm Daly, "Malcolm Daly's Accident on Thunder Mountain in the Alaska Range on 5/19/99," *Trartgo*, http://www.trango.com/stories/mal_accident.pdf; Dave Krupa, "Jim Donini (Interview)," *Denali National Park Jukebox Series*, June 30, 2000; personal conversations with author, February 2010–April 2011; "Non-Profit Helps Disabled Enjoy Outdoors," *Sierra Blogging Post*, http://blog.sierratradingpost.com/in-outdoors-camping-gear-forest-trails/non-profit-helps-disabled-enjoy-the-outdoors/.

**03** "Donini Bags Three Patagonian First Ascents," *The American Alpine Club*, January 12, 2009, http://www.americanalpineclub.org/news/donini-bagsthree; "Jim Donini," *Wikipedia*, http://en.wikipedia.org/wiki/Jim_Donini; "Jack Tackle: Professional Biography," *Dirty Sox Club*, http://dirtysoxclub.wordpress.com/members/jack-tackle/.

**04** Cordon M. Binder, *Amgen* (n.p.: The Newcomen Society of the United States, 1998), 10.

**05** James Bates, "Biotech Detective Scores Coup: Amgen Scientist Spent Years Searching for the Key to Producing EPO," *Los Angeles Times*, June 2, 1989, 1.

**06** Peter Behr, "Boom or Bust in the Biotech Industry," *Environment*, July/August 1982, 6; Steve Curwood, "Biotech Bellyache," *Boston Globe*, August 23, 1983, 1.

**07** James Bates, "Biotech Detective Scores Coup: Amgen Scientist Spent Years

Searching for the Key to Producing EPO," *Los Angeles Times*, June 2, 1989, 1; Gordon M. Binder, *Amgen* (n.p.: The Newcomen Society of the United States, 1998), 13.

**08** Alun Anderson and David Swinbanks, "Growing Pains for Amgen as Epoetin Wins US Approval," *Nature*, June 1989, 493; Edmund L. Andrews, "Mad Scientists," *Business Month*, May 1990, 54; Edmund L. Andrews, "Patents; Unaddressed Question in Amgen Case," *New York Times*, March 9, 1991.

**09** Henry Gee, "Amgen Scores a Knockout," *Nature*, March 1991, 99; Barry Stavro, "Court Upholds Amgen's Patent on Anemia Drug Medicine," *Los Angeles Times*, March 7, 1991, 1; Edmund L. Andrews, "Amgen Wins Fight Over Drug," *New York Times*, March 7, 1991, Dl; Rhonda L. Rundle and David Stipp, "Amgen Wins Biotech Drug Patent Battle," *Wall Street Journal*, March 7, 1991, A3; Elizabeth S. Kiesche, "Amgen Wins EPO Battle, but Patent War Goes On," *Chemical Week*, March 20, 1991, 16; Paul Hemp, "High Court Refuses Genetics Patent Appeal," *Boston Globe*, October 8, 1991, 39.

**10** Wade Roush, "'Fat Hormone' Poses Hefty Problem for Journal Embargo," *Science*, August 4, 1995, 627; Larry Armstrong, John Carey, and Geoffrey Smith, "Will This Drug End Obesity?" *Business Week*, August 7, 1995, 29; Christiane Truelove, "Bio Biotech, Big Pharma," *Med Ad News*, September 1999, 50; David Ewing Duncan, *The Amgen Story: 25 Years of Visionary Science and Powerful Medicine* (San Diego: Tehabi Books, 2005), 135, 136, 157.

**11** David Ewing Duncan, *The Amgen Story: 25 Years of Visionary Science and Powerful Medicine* (San Diego: Tehabi Books, 2005), 135, 136, 157.

**12** Paul A. Gompers, "The Rise and Fall of Venture Capital," *Business and Economic History*, Winter 1994, 2; Carl T. Hall, "Biotechnology Revolution–20 Years Later," *San Francisco Chronicle*, May 28, 1996, Bl.

**13** "Investors Dream of Genes," *Time*, October 20, 1980, 72.

**14** Ron Scherer, "Wall Street's Wild Fling with Hot High Tech," *Christian Science Monitor*, October 17, 1980, 1, 17; Robert Lenzner, "Taking Stock," *Boston Globe*, October 19, 1980, 1; Adam Lashinsky, "Remembering Netscape: The Birth of the Web," *Fortune*, July 25, 2005; Douglas MacMillan, "Google's Historic IPO: Beatable," *Business Week*, August 16, 2007; "Corporate Chronology," *Genentech Inc.*,

**15** "Robert A. Swanson, 70 (1947~1999)," *MIT Entrepreneurship Center-Legendary Leaders and Memorials*, http://entrepreneurship.mit.edu/ legendary_leaders_memorials.php; "TimelineofBiotechnology," *Biotechnology Institute*, http://www.biotechinstitute.org/what-is-biotechnology/timeline?tid=103.

**16** Ray Snoddy, "Genentech Push to Manufacturing," *Financial Times*, June 18, 1982, 13; William D. Marbach, Pamela Abramson, Robb A. Allan, Cynthia Rigg, and Phyllis Malamud, "The Bust in Biotechnology" *Newsweek*, July 26, 1982, 73; Peter Behr, "Boom or Bust in the Biotech Industry," *Environment*, July/August 1982, 6; 제넨테크 연례 재무보고서 1985년 (San Francisco: Genentech Inc., 1985).

**17** Jerry E. Bishop, "Genentech Seeks Human Tests of Drug to Dissolve Clots During Heart Attacks," *Wall Street Journal*, November 16, 1983, 60; "Licensing of Activase Marks New Era in Treating Heart Attacks," *Genentech, Inc. Press Releases*, November 13, 1987, http://www.gene.com/gene/news/press-releases/display.do?method= detail&id=4271;Marilyn Chase, "Genentech Expected to Post Strong Net for 1987, Spurred by Launch of TPA," *Wall Street Journal*, January 12, 1988, 1.

**18** Nell Henderson, "Biotech Breakthrough Focuses on Heart Attacks: Survival Tech Works on Delivering New Drug," *Washington Post*, October 12, 1986, HI.

**19** Andrea Gabor and Peter Dworkin, "Superdrugs from Genetic Secrets," *U.S.*

*News & World Report*, March 24, 1986, 54; Joan O'.C. Hamilton, "Biotech's First Superstar," *Business Week*, April 14, 1986, 68; Louise Kehoe, "Fresh Blood and New Heart; Eagle Eye," *Financial Times*, January 19, 1988, 32.

20 The TIMI Study Group, "Comparison of Invasive and Conservative Strategies after Treatment with Intravenous Tissue Plasminogen Activator in Acute Myocardial Infarction," *New England journal of Medicine*, March 9, 1989, 320, 618~627; Lawrence K. Altman, "Study Finds No Difference in 2 Heart Attach [sic] Drugs," *New York Times*, March 30, 1989; Michael Waldholz, "Genentech Heart Drug Dealt Critical Blow–Head to Head Study Finds TPA Is Only As Effective As Rival Streptokinase," *Wall Street Journal*, March 30, 1989.

21 Michael Waldholz, "Heart Attack Study May Spur Use of Less–Costly TPA Alternative," *Wall Street Journal*, August 12, 1988, 1; Richard L. Hudson, "Genentech's Heart Drug TPA Appears Only to Equal Its Rivals, Report Says," *Wall Street Journal*, September 2, 1988, 1; Marilyn Chase, "Lost Euphoria: Genentech, Battered by Great Expectations, Is Tightening Its Belt," *Wall Street Journal*, October 11, 1988, 1; Marilyn Chase, "Little Difference is Found Between TPA and Rival in Small Study of Heart Drugs," *Wall Street Journal*, November 14, 1988, 1; Michael Waldholz, "Genentech Heart Drug Dealt Critical Blow–Head to Head Study Finds TPA Is Only As Effective As Rival Streptokinase," *Wall Street Journal*, March 30, 1989, 1; "Genentech's Fortunes: A Boost for CD4 and 'Crosscurrents' in 1988," *Pharmaceutical Business News*, April 14, 1989; Sabin Russell, "Heart–Attack Drug Study is a Blow to Genentech," *San Francisco Chronicle*, March 9, 1990, A1; "Heart–Attack Drugs: Trials and Tribulations," *Economist*, March 16, 1991, 86; 제넨테크 연례 재무보고서 1989년 (San Francisco: Genentech Inc., 1989).

22 Charles Petit, "Genentech Beats Cheaper Rival in Battle of Heart Attack Drugs," *San Francisco Chronicle*, May 1, 1993, A1; 제넨테크 연례 재무보고서

1994년 (San Francisco: Genentech Inc., 1994).

**23** Gene Bylinsky, "How Intel Won Its Bet on Memory Chips," *Fortune*, November 1973, 184: Thomas C. Hayes, "Intels Earnings Grew Sharply in Fourth Quarter," *New York Times*, January 14, 1984.

**24** Gordon M. Binder, Amgen (n.p.: The Newcomen Society of the United States, 1998), 10.

**25** James Bates, "Biotech Detective Scores Coup: Amgen Scientist Spent Years Searching for the Key to Producing EPO," *Los Angeles Times*, June 2, 1989, 1: David Ewing Duncan, *The Amgen Story: 25 Years of Visionary Science and Powerful Medicine* (San Diego: Tehabi Books, 2005), 66, 71; Edmund L. Andrews, "Mad Scientists," *Business Month*, May 1990, 54; Pamela Sherrid, "Biotech Battle Royale," *U.S. News & World Report*, March 20, 2000, 52; "Billion Dollar Babies: Biotech Drugs as Blockbusters," *Nature Biotechnology*, April, 2007.

**26** White, Weld & Co. and McDonald & Company, "Prospectus: The Progressive Corporation Common Stock," *The Progressive Corporation*, April 15, 1971: April Dougal Casbarre (updated by David Bianco), "The Progressive Corporation," *International Directory of Company Histories* (New York: St. James Press, 1999), 397; 프로그레시브 연례 재무보고서 2000년 (Mayfield Village, OH: The Progressive Corporation, 2000).

**27** James Wallace and Jim Erickson, *Hard Drive* (New York: Harper Business, 1992), 20, 27, 53, 67, 71~76.

**28** According to Table 1, page 23, in the Bukoski and Korotkin article cited here, in 1970, 3.9 percent of U.S. public secondary schools used computers for instruction. William J. Bukoski and Arthur L. Korotkin, "Computing Activities in Secondary Education," *American Institutes for Research in the Behavioral Sciences*, September 1975, 2~30; Andrew Molnar, "Computers in Education: A Brief History," *THE Journal*, June 1, 1997.

**29** Andrew Molnar, "Computers in Education: A Brief History," *THE Journal*,

June 1, 1997.

**30** James Wallace and Jim Erickson, *Hard Drive* (New York: Harper Business, 1992), 76, 77, 97, 110.

**31** Jeffrey L. Rodengen, *The Spirit of AMD: Advanced Micro Devices* (Ft. Lauderdale, FL: Write Stuff Enterprises Inc., 1998), 127: Stephen Kreider Yoder, "Changing Game: Intel Faces Challenge to Its Dominance in Microprocessors," *Wall Street Journal*, April 8, 1991, A1; Ken Siegmann, "Intel Loses Copyright Suit Against Rival," *San Francisco Chronicle*, March 11, 1994, A1; Jim Carlton and Stephen Kreider Yoder, "Computers: Humble Pie: Intel to Replace its Pentium Chips," *Wall Street Journal*, December 21, 1994, B1: Don Clark, "Intel's 4th Period Net Fell 37% on Big Charge for Pentium Woes," *Wall Street Journal*, January 18, 1995, B6; Stewart Alsop and Patty de Llosa, "Can AMD Avoid the Intel Graveyard?" *Fortune*, April 14, 1997; Ira Sager and Andy Reinhardt, "Chipping at Intel's Lead,"*Business Week*, October 19, 1998, 46; Advanced Micro Devices, 연례 재무보고서 1994, 1998년 (Sunnyvale, VA: Advanced Micro Devices, 1994 and 1998).

**32** Advanced Micro Devices, 연례 재무보고서 1995년 (Sunnyvale, VA: Advanced Micro Devices, 1995); Jeffrey L. Rodengen, *The Spirit of AMD: Advanced Micro Devices* (Ft. Lauderdale, FL: Write Stuff Enterprises Inc., 1998), 133~136.

**33** Jim Carlton, "Advanced Micro Woos a Partner to Fight Intel," *Wall Street Journal*, October 23, 1995, A3; Robert D. Hof and Peter Burrows, "Intel Won't Feel the Heat from this Fusion," *Business Week*, November 6, 1995; "My Chip is Faster than Your Chip," *Business Week*, February 10, 1997, 70; "Advanced Micro Lands Deal with Digital," *Dow Jones Online News*, April 25, 1997: Jeffrey L. Rodengen, *The Spirit of AMD: Advanced Micro Devices* (Ft. Lauderdale, FL: Write Stuff Enterprises Inc., 1998), 137~139: Ira Sager and Andy Reinhardt, "Chipping at Intel's Lead," *Business Week*, October 19, 1998, 46; "Semiconductors: The Monkey and the Gorilla," *Economist*,

December 5, 1998, 71.

**34** Dean Takahashi, "More Bad News Puts Intel Rival Further Behind," *Wall Street Journal*, June 24, 1999, Bl; Angela Key, "Hello (Again) Mr. Chips," *Fortune*, April 3, 2000; "Semiconductors: The Monkey and the Gorilla," *Economist*, December 5, 1998, 71; Jeffrey L. Rodengen, *The Spirit of AMD: Advanced Micro Devices* (Ft. Lauderdale, FL: Write Stuff Enterprises Inc., 1998), 133~136, 141.

**35** James Wallace and Jim Erickson, *Hard Drive* (New York: Harper Business, 1992), 167, 173, 175~177, 179~181; Lisa Miller Mesdag, "Famous victories in Personal Software," *Fortune*, May 2, 1983, 153; Julia Pitta, "Coulda Been a Contender," *Forbes*, July 10, 1989; John Markoff, "PC Software Maker Novell to Buy Digital Research," *New York Times*, July 17, 1991.

**36** James Wallace and Jim Erickson, *Hard Drive* (New York: Harper Business, 1992) 176, 190; Lisa Miller Mesdag, "Famous Victories in Personal Software," *Fortune*, May 2, 1983, 153; Julia Pitta, "Coulda Been a Contender," *Forbes*, July 10, 1989.

**37** Marcia Stepanek, "Q&A with Progressive's Peter Lewis," *Business Week*, September 12, 2000; "About Us: Provisions of Proposition 103 Affecting the Rate Regulation Division," *California Department of Insurance*, http://www.insurance.ca.gov/0500-about-us/0500-organization/0400-rate-regulation/prop-103.cfm; 프로그레시브 연례 재무보고서 1991년 (Mayfield Heights, OH: The Progressive Corporation, 1991).

**38** Stephen Phillips, "Driven to Succeed Peter Lewis, Progressive's Artful Chief Exec, Aims to Overtake Auto Insurance Industry's Leaders," *Plain Dealer*, September 1, 1996, 1.l; "Ralph Nader Biography," *Academy of Achievement*, http://www.achievement.org/autodoc/page/nad0bio-l; James Wallace and Jim Erickson, *Hard Drive* (New York: Harper Business, 1992), 76; Brian Dumaine, "Times are Good? Create a Crisis," *Fortune*, June 28, 1993, 123; David Craig, "Progressively Thinking," *USA Today*, September 15, 1994,

01.B; Carol J. Loomis, "Sex. Reefer? And Auto Insurance!" *Fortune*, August 7, 1995, 76.

**39** Betsy Wiesendanger, "Progressives Success is No Accident," *Sales & Marketing Management*, September 1991, 57; Ronald Henkoff, "Service is Everybody's Business," *Fortune*, June 27, 1994, 48; Carol J. Loomis, "Sex. Reefer? And Auto Insurance!," *Fortune*, August 7, 1995, 76; "Leading Writers of Private Passenger Auto Insurance," *Best's Review*, September 1988, 22; "All Private Passenger Auto," *Best's Review*, October 1998; "Gearing Up: Insurers are Using Driver Safety Programs, Sharply Focused Advertising and the Internet to Court Teen Drivers," *Best's Review*, October 2003; Chuck Salter, "Progressive Makes Big Claims," *Fast Company*, November 1998, 176.

**40** Malcolm Gladwell, *Outliers*, paperback edition (New York: Back Bay Books/ Little Brown and Company, 2011), 20~30.

**41** 우리의 계산은 '부록'에도 나와 있다. 저자 말콤 글래드웰이 쓴《아웃라이어》에서 언급된 데이터가 실제와 다르거나 모호한 부분이 있다는 뜻은 아니다.《아웃라이어》 페이퍼백 (New York: Back Bay Books/Little Brown and Company, 2011) 22~23 페이지에서 글래드웰은 캐나다 심리학자 로저 반슬리와 A. H. 톰슨이 모은 통계치에 관해 소개하고 있다. "반슬리는 내셔널 하키리그 선수들의 통계를 살펴보았다. 마찬가지였다. 자료를 보면 볼수록 그것은 우연한 결과가 아니라 캐나다 하키를 지배하는 철의 법칙이라는 확신이 들었다. 최고 중의 최고로 구성된 어떤 엘리트 하키 선수팀을 선택하더라도 그들의 40퍼센트는 1~3월, 30퍼센트는 4~6월, 20퍼센트는 7~9월, 10퍼센트는 10~12월에 태어났다."《아웃라이어》 페이퍼백 주석에서 글래드웰은 인용에 관해 다음과 같이 밝히고 있다. "반슬리와 톰슨은 그들의 연구를 다음의 웹사이트에 올려놓고 있다. http://www.socialproblemindex.ualberta.ca/relage.htm." 이 웹사이트에서는 반슬리와 톰슨의 논문에 다음과 같이 언급하고 있다. "출처:Barnsley RH, Thompson AH, Barnsley PE (1985). Hockey success and birth-date: The relative age effect. *Journal of the Canadian Association for Health, Physical*

*Education, and Recreation*, Nov.-Dec., 23~28." 우리는 이 출처의 자료를 도서관 서고에서 찾아보았다. 그리고 그 논문에 있는 NHL 데이터 표(24페이지 "표 2. 1. 1982~1983시즌 내셔널 하키리그 선수 생월")에는 다음과 같은 분기별 생월 분포가 나와 있다. 32.0%, 29.8%, 21.9%, 16.2%. 그렇다고 해도 생월 효과에 대한 우리의 반대 주장은 여전히 유효하다. 진정 최고의 하키 엘리트라고 할 수 있는 명예의 전당에 오른 선수들에게서는 유소년 선수들에게서 발견되는, 흔히 생월이 빠른 아이들이 얻을 수 있는 이점이 사라지고 없기 때문이다. 위대한 선수들은 태어난 날짜에 상관없이 10X 리더로 자라나는 길을 스스로 찾는다.

**42** "Athlete Profile: Ray Bourque," *Sports Illustrated*. February 3, 1998. http://sportsillustrated.cnn.com/olympics/events/1998/nagano/athletes/235.htm; "Ray Bourque," *National Hockey League*, http://www.nhl.com/ice/player.htm?id=8445621; "Ray Bourque," *HockeyDB.com*, http://www.hockeydb.com/ihdb/stats/pdisplay. php?pid=520; Robin Finn. "Bourque: A Star Without the Sparkle," *New York Times*, February 3, 1986; Joe Lapointe, "Hockey: Bourque, at 33, is Still Mr. Defense," *New York Times*, January 21, 1994; "Athlete Profile: Rav Bourque," *Sports Illustrated*, February 3, 1998, http://sportsillustrated.cnn.com/olimpics/ events/1998/nagano/athletes/235.htm; Nancy Marrapese–Burrell. "The Clock Chimes for Father Ice Time," *ESPS*, http://espn.go.com/classic/biography/s/Bourque_Ray.html; "One on One with Ray Bourque," *Hockey Hall of Fame*, http://www.legendsofhockey.net; *NHL Stats*, http:// www.nhl.com/ice/statshome.htm.

**43** *Greensboro Youth Hockey Association*, http://www.gyhastars.com/Page.asp?n=9340&org=gyhastars.com.

**44** Friedrich Nietzsche, *Twilight of the Idols* (Indianapolis: Hackett Publishing Company, 1997). 이 책은 1888년 처음 출판되었다.

**45** Lamar Muse, *Southwest Passage: The Inside Story of Southwest Airlines' Formative Years* (Austin, TX: Eakin Press, 2002), 92.

**46** "Pacific Southwest Airlines: Speech by Paul C. Barkley, President, to the Society of Airline Analysts of the New York Society of Security Analysts,

June 23, 1982," *Wall Street Transcript*, August 9, 1982.

**47** Gary Kissel, *Poor Sailors' Airline* (McLean, VA: Paladwr Press, 2002), 234, 245, 262, 281, 283, 291, 295; Howard D. Putnam with Gene Busnar, *The Winds of Turbulence* (Reno, NV: Howard D. Putnam Enterprises Inc., 1991), 206, 207; "PSA Inc. Debt Rating is Lowered by Moody's," *Wall Street Journal*, October 7, 1982, 41; "PSA Plans Layoffs, Melding of Operations," *Wall Street Journal*, December 1, 1983; "PSA's Airline Warns of Closing if Workers Make No Concessions," *Wall Street Journal*, November 12, 1984, 1.

**48** Richard F. Hubbard and Jeffrey L. Rodengen, *Biomet Inc: From Warsaw to the World* (Ft. Lauderdale, FL: Write Stuff Enterprises Inc., 2002), 12~29; David Cassak, "Biomet's Contrarian Conservatism," *Business and Medicine Report*, May 1999.

## 에필로그

**01** F. Scott Fitzgerald, *The Crack-Up* (New York: New Directions; 1945), 57.

## 자주 받는 질문들

**01** David Breashears, *High Exposure* (New York: Simon & Schuster Paperbacks, 1999), 285; Sally B. Donnelly, "One Airlines Magic: How Does Southwest Soar Above its Money-Losing Rivals? Its Employees Work Harder and Smarter, in Return for Job Security and a Share of the Profits," *Time*, October 28, 2002, 45; Robert McGough, "Like to Drink and Drive?" *Financial World*, November 27, 1990, 27; 프로그레시브 연례 재무보고서 1981년 (Mayfield Village, OH:The Progressive Corporation, 1981), 11; Noreen Seebacher, "Stryker Products:Just What the Doctor Ordered,"

*Detroit News*, May 6, 1991, 3F; Geoffrey Brewer, "20 Percent-Or Else!" *Sales & Marketing Management*, November 1994; Barry Stavro, "Amgen Bets Its Future on Biotech Anemia Drug," *Los Angeles Times*, May 12, 1987, 9A; Gordon M. Binder, "Amgen," *The Newcomen Society of the United States*, 1998, 19; Tom Wolfe, "The Tinkerings of Robert Noyce," *Esquire Magazine*, December 1983, 346~374; Leslie Berlin, *The Man Behind the Microchip* (New York: Oxford University Press Inc., 2005), 151, 157, 163; James Wallace and Jim Erickson, *Hard Drive* (New York: Harper Business, 1992), 260; Rich Karlgaard, "ASAP Interview: Bill Gates (Microsoft Corp.'s CEO)," *Forbes*, December 7, 1992; Julia Lawlor, "Microsoft's Rite of Spring," *USA Today*, April 8, 1993, 01B; Geoffrey Smith and James Ellis, "Pay That was Justified-And Pay that Just Mystified," *Business Week*, May 6, 1991.

**02** William Patrick Patterson, "Software Sparks a Gold Rush," *Industry Week*, October 17, 1983; Dennis Kneale, "Overload System:As Software Products and Firms Proliferate, A Shakeout is Forecast," *Wall Street Journal*, February 23, 1984; "25-Year PC Anniversary Statistics," *Computer Industry Almanac Inc.*, http://www.c-i-a.com/pr0806.htrn; Michael Miller, "More Than 1 Billion Sold," *PCMag.com*, August 6, 2002, http://www.pcmag.com/article2/0,2817, 427042,00.asp.

## 부록

**01** 조직행동 연구는 사례 조사방법론에 대한 아래 연구의 통찰에서 비롯되었다. Juliet M. Corbin and Anselm C. Strauss, *Basics of Qualitative Research : Techniques and Procedures for Developing Grounded Theory* (Thousand Oaks, CA: Sage Publications, 2008, 3rd ed). Robert K. Yin, *Case Study Research : Design and Method*s (Thousand Oaks, CA: Sage Publications, 2009, 4th ed). Matthew B. Miles and A. Michael Huberman, *Qualitatnc*

*Data Analysis: An Expanded Sourcebook* (Thousand Oaks, CA: Sage Publications, 1994, 2nd ed).

재무 분야 연구의 사례로 마크 첸Mark Chen은 2004년 〈저널오브파이낸스Journal of Financ〉에 실린 원고에서 '왜 어떤 기업들은 옵션의 행사가격 조정에 제한을 두는 반면 다른 기업들은 그렇지 않은가'에 대해 분석했다. 그는 먼저 옵션의 행사가격 조정에 제한을 둔 기업들을 고르고(종속변수 혹은 결과변수에 의거 선별) 난 뒤에 이들 각 기업과의 산업, 규모, 관찰 대상 기간의 유사성을 토대로 비교 기업들을 짝지었다. (Mark A. Chen, "Executive Option Repricing, Incentives, and Retention," *Journal of Finance*, June 2004, 1167~1199.) 짝을 지워 비교한 재무 분야의 또 다른 연구로는 다음과 같은 것들이 있다. Belen Villalonga, "Does Diversification Cause the 'Diversification Discount' ?," *Financial Management*, Summer 2004, 5~27: and Kenneth Lehn and Annette Poulsen, "Free Cash Flow and Stockholder Gains in Going Private Transactions," *Journal of Finance*, July 1989, 771~787.

의약 분야 연구에서 샘플을 작위적으로 골라 짝 지어 비교하는 방법을 사용한 사례에는 다음과 같은 것들이 있다. Andrew D. Shaw et al., "The Effect of Aprotinin on Outcome after Coronary-Artery Bypass Grafting," *New England Journal of Medicine*, February 2008, 784~793; and Jack V. Tu et al., "Effectiveness and Safety of Drug-Eluting Stents in Ontario," *New England Journal of Medicine*, October 2007, 357: 1393~1402.

**02** Kathleen M. Eisenhardt and Melissa E. Graebner, "Theory Building from Cases: Opportunities and Challenges," *Academy of Management Journal*, February 2007, 25~32.

**03** Jeffrey A. Martin and Kathleen M. Eisenhardt, "Rewiring: Cross-Business-Unit Collaborations in Multibusiness Organizations," *Academy of Management Journal*, April 2010, 265~301. 6개 기업에서 진행한 공동 프로젝트 가운데 각 기업당 프로젝트를 2개씩(하나는 높은 성과를 낸 것, 다른 하나는 저조한 성과를 낸 것) 선택했다. 각 기업에서 짝지은 2개의 프로젝트는 규모, 투입자원, 지속성, 복잡성, 중요도, 유형면에서 서로 유사한 것으로 골랐다. 이렇게 고른 짝

을 기반으로 그들은 결과에서 차이가 나는 이유를 설명하기 위한 질적 분석을 시행했다.

**04** 학문적 연구에서 종속변수dependent variable 혹은 결과변수outcome variable 상에서 샘플을 고르면 설계가 잘못되었다고 간주되는 경우가 있다. 하지만 그러한 평가는 혼란스런 용어의 사용에 기인한다. 성공 기업 중에 골랐다는 것의 진정한 의미는 하나의 종속변수(성공)상에서만 골랐으며, 실패 기업을 포함해 다른 사례는 무시했다는 의미이다. 하지만 이는 종속변수의 여러 값(성공과 비성공)에서 골랐다는 것과는 아주 다른 의미이다. 우리는 성공적인 기업들만 연구한다면 한계가 있다는 주장에 동의하여 비교 기업을 연구 대상에 포함시켰다.

**05** 두 가지 출처는 다음과 같다. Gary Kissel, *Poor Sailors' Airline: A History of Pacific Southwest Airlines* (McLean, VA:Paladwr Press, 2002), 171, 172, and Lamar Muse, *Southwest Passage: The Inside Story of Southwest Airlines, Formative Years* (Austin, TX:Eakin Press, 2002), 84.

**06** 조직사회학에서 사건 중심 역사 분석의 고전적인 글로는 다음을 들 수 있다. Nancy B. Tuma and Michael T. Hannan, *Social Dynamics: Models and Methods* (Orlando, FL: Academic Press, 1984).

**07** 이러한 견해는 앞서 언급했던 캐시 아이젠하르트와 멜리사 그래브너의 글에 잘 나타나 있다.

**08** Robert K. Yin, *Case Study Research: Design and Methods* (Newbury Park, CA:Sage Publications, 2008, 4th ed).

**09** 긍정적인 결과의 원인은 자신의 행동으로 돌리는 반면 좋지 않은 결과는 외부 탓으로 돌리는 등, 왜 사람들은 원인을 엉뚱한 곳에서 찾는지에 관해서는 사회심리학에서 많은 연구가 있었다. 이에 관해 잘 설명한 책은 다음과 같다. Lee Ross and Richard E. Nisbett, *The Person and the Situation: Perspectives of Social Psychology* (New York:McGraw-Hill, 1991).

**10** 이는 짐 콜린스의 저서 《위대한 기업은 다 어디로 갔을까》의 주된 발견이다.

**11** 우리가 CRSP 데이터베이스에 자료가 등재된 기업들만 고른 이유는 다음과 같다. 첫째, CRSP는 뉴욕증권거래소, 아메리칸 증권거래소, 나스닥에서 공개적으로 거래되고 있는 주식들을 추적한다. 이는 우리가 연구 기간 동안 상장된 매우

보편적인 기업 가운데 사례 기업을 선발했음을 보여준다. 둘째, CRSP는 장시간에 걸친 주식수익 데이터의 가장 믿을 만한 원천이기 때문에 기업을 엄격하게 비교해볼 수 있다. 어떤 기업이 우리 연구를 위한 재무적 선별 기준에 부합하는지 평가하기 위해서는 CRSP에 기록이 있어야 했다. 특히 대체 데이터베이스인 SDC를 사용하지 않기로 결정했는데, 이는 필요를 충족하는 데에 몇 가지 약점이 발견되었기 때문이다.

**12** 1972년 12월 29일자로 CRSP 데이터베이스에 오른 기업은 총 3,001개였다. 그 이유는 상장된 기업들이 이날 기록되기 시작했기 때문이다. 그래서 시장 대비 3배 이상의 실적을 보여야 한다는 조건이 1972년 12월 29일 이전 몇 달, 혹은 한두 해 전에 상장된 일부 기업들에게 불이익을 주진 않을까 우려했다. 그날은 데이터베이스상의 비정상적인 날이므로, 이례적인 한순간을 독단적으로 제외할 수 있지 않을까도 고민했다. 이 문제를 다루기 위해 우리는 그날에 등재된 기업들 가운데 2~3배 사이의 실적을 낸 총 46개의 기업을 추적했다. 그 결과, 우리 연구의 다른 기준을 통과할 만큼 뚜렷이 성과가 좋은 기업이 없었다. 이들은 부족한 수익, 불규칙한 패턴, 평평하거나 아래로 기우는 수익률 패턴, 혹은 상장일 판정의 어려움 등 여러 가지 이유 때문에 제외되었다. 게다가 1972년 12월 29일 이전의 수익률과는 상관없이, 1972~1992년의 기간 동안 최소한의 수익을 유지하지 못한 기업은 선발하기 어려운 후보라고 생각했다. 따라서 우리는 재무적 성과에 따라 선별 과정을 시행한 다른 기업들과는 달리 1972년 12월 29일에 등재된 기업들에게 특별히 다른 기준을 적용해야 할 이유를 찾지 못했다.

**13** 마이크로소프트(1986년), 암젠(1983년), 스트라이커(1979년)는 상장된 해와 매치이어가 동일했다. 인텔, 사우스웨스트항공, 프로그레시브는 1971년에 상장되었지만, CRSP에는 1973년 1월부터 기록되기 시작했으므로 그해가 매치이어이다. 바이오멧은 1983년에 온라인 등재되었지만 비교 기업인 커쳐너가 늦게 CRSP에 올랐기에 그해(1986년)를 매치이어로 삼았다.

**14** 분석 기간은 CRSP에서 10X 기업의 주식수익 데이터를 얻을 수 있는 첫 번째 달로부터 2002년 6월 28일까지이다. 그 첫 번째 달은 흔히 10X 기업이 상장되고 난 뒤 첫 번째 달이다. 사우스웨스트항공, 프로그레시브, 인텔은 그보다 늦다. 이들 기업은 1972년 1월부터 CRSP에 기록되기 시작했다. 우리는 커쳐너의 IPO

일자(1986년)가 바이오멧보다 늦기 때문에 이를 사용했다.

**15** 혁신의 정도와 유형의 차이를 조사한 학문적 연구는 많다. 일부 유명한 연구에는 다음이 있다. Rebecca M. Henderson and Kim B. Clark, "Architectural Innovation: The Reconfiguration of Existing Product Technologies and the Failure of Established Firms," *Administrative Science Quarterly*, March 1990. 9~30; Michael L. Tushman and Philip Anderson, "Technological Discontinuities and Organizational Environments," *Administrative Science Quarterly*, September 1986, 439~465; Clayton M. Christensen, *The Innovators Dilemma: When New Technologies Cause Great Firms to Fail* (Boston: Harvard Business School Press, 1997).

**16** 아주 작은 혁신과 기존 제품의 개선은 포착하기 힘들지만 점진적 혁신도 포함했다.

**17** 미국특허청 공식 데이터베이스http://patft.uspto.gov/netahtml/PTO/search-adv.htm. 우리는 매년 새로 생겨나는 특허 수를 집계했다. 매년 적용되는 특허의 수를 이용해도 같은 결과에 이르렀다. 7장에 있는 특허 데이터에 관한 그림은 1983~2002년까지를 보여주고 있지만, 이 집계에는 창업(암젠 1980년, 제넨테크 1976년) 후부터 2002년까지 획득한 모든 특허가 포함되어 있다.

**18** 기업의 혁신성을 측정하는 데 특허 수를 이용하는 것(기업의 특허 생산력을 주로 측정)에 더하여, 경영학자들은 흔히 이 특허들을 후속 특허에서 평균 몇 회 이용했는지 살펴본다. 이는 각 특허들의 상대적 질과 중요도를 잘 드러낸다. 우리는 제시 싱 교수에게 의뢰하여 암젠과 제넨테크의 특허 인용 데이터를 얻었는데, 그 정보로 특허 1개당 평균 인용횟수를 알 수 있었다. 경우에 따라서 어떤 특허는 아주 많이 인용되었지만 대부분은 적게 인용되었고, 평균 특허 인용횟수는 6.6회였다. 2010년 6월에 싱 교수는 우리에게 "제넨테크는 산업 평균 대비 인용횟수가 1.1(1.0은 평균을 의미)로 기술 분야 기업 가운데에서도 평균 이상입니다. 암젠은 이 경우에도 평균 이하인 0.78입니다"라는 의견을 보내왔다. 특허 인용을 이용한 유사한 연구와 싱 교수의 데이터베이스에 관해서는 다음의 자료를 참고하라. Jasjit Singh, "Distributed R&rD, Cross-Regional Knowledge Integration and Quality of Innovative Output," *Research Policy*, 2008, 77~96.

**19** 총알은 정의상 소규모 실험이기 때문에 기업 자료나 공공 자료에 기록이 남아 있

지 않을 수 있다. 따라서 총 쏘기의 존재가 덜 집계될 가능성이 다분하지만, 이러한 잠재적 편차는 우리가 데이터를 수집한 모든 기업들이 다 마찬가지이다. 한편 대포 쏘기는 쉽게 발견할 수 있을 만큼 커다란 투자와 노력이 수반되기 때문에 이 집계는 문제가 없었다.

**20** 일부 학자들은 사회, 특히 금융시장에서 운의 역할을 언급해왔다. 우리는 그들의 글을 읽고 영감을 얻어, 이 연구에서 운을 하나의 분명한 변수로 고려했다. 이 분야에서 나심 니컬러스 탈레브의 책 두 권이 가장 잘 알려져 있다. *Fooled by Randomness: The Hidden Role of Chance in Life and in the Markets* (New York: Random House, 2005, 2nd ed.)과 *The Black Swan: The Impact of the Highly Improbable* (New York: Random House, 2010, 2nd ed.).

**21** 하키 명예의 전당, http://www.hhof.com.

**22** 명예의 전당에 오른 선수 중에 캐나다 출신으로 1950년 이전에 태어났으며 NHL에서 최소한 한 시즌 이상 활약했던 사람들을 다음과 같이 세 그룹으로 나누었다. 1873~1899년(N=21), 1900~1929년(N=63), 1930~1949년 (N=36). 이들 중 12.7퍼센트가 12월에 태어났지만(일반 국민들은 약 8퍼센트), 15.9퍼센트가 1월에 태어나(일반 국민들은 약 8퍼센트) 1900~1929년 그룹을 제외하고는 1~3월 출생자 비율은 일반 캐나다 국민들과 같았다. 1930~1949년 그룹에서 생월이 가장 많았던 달은 1월(13.9퍼센트), 8월(13.9퍼센트), 12월(13.9퍼센트)로 1~3월에 특별한 편차가 존재하지 않았다.

**23** 1926~1981년까지의 캐나다 인구 통계 자료는 프랭크 트로바토Frank Trovato와 데이브 오디낙Dave Odynak이 언론기사에 사용했던 것이다. "The Seasonality of Births in Canada and the Provinces 1881~1989: Theory and Analysis," *Canadian Studies in Population*, 1993, 1~41. 우리는 조정하지 않은 숫자를 사용하였으며, 이는 다른 연구에서 사용된 다른 숫자들과 아주 유사하다. 하키 선수들 사이의 연령 효과에 관련된 원천 연구는 다음을 참조. Roger H. Barnsley, Angus H. Thompson, and Paula E. Barnsley, "Hockey Success and Birth-Date: The Relative Age Effect," *Journal of the Canadian Association for Health, Physical Education, and Recreation*, November 1985, 23~28.

GREAT BY
CHOICE
위대한 기업의 선택